唐代巴蜀地区重玄学研究

TangDai BaShu DiQu ChongXuanXue YanJiu

张雷／著

华龄出版社
HUALING PRESS

图书在版编目（CIP）数据

唐代巴蜀地区重玄学研究 / 张雷著. -- 北京 : 华龄出版社, 2024.4

ISBN 978-7-5169-2664-2

Ⅰ. ①唐… Ⅱ. ①张… Ⅲ. ①玄学—研究—四川—唐代 Ⅳ. ①B235.05

中国国家版本馆 CIP 数据核字 (2024) 第 012246 号

策划编辑 李 路　**责任印制** 李未圻
责任编辑 郑 雍　**装帧设计** 谢蔓玉

书　名	唐代巴蜀地区重玄学研究	**作　者**	张 雷
出　版 发　行	华龄出版社 HUALING PRESS		
社　址	北京市东城区安定门外大街甲 57 号	**邮　编**	100011
发　行	(010) 58122255	**传　真**	010-84049572
承　印	涿州市荣升新创印刷有限公司		
版　次	2024 年 4 月第 1 版	**印　次**	2024 年 4 月第 1 次印刷
规　格	660mm × 960mm	**开　本**	1/16
印　张	14.25	**字　数**	200 千字
书　号	ISBN 978-7-5169-2664-2		
定　价	89.80 元		

目录

Contents

绪　论

“重玄学”作为道教哲学体系的重要内容之一，在道教思想史乃至中国哲学思想史上都占有十分重要的地位，具有非常重要的学术价值。隋唐时期，得益于两朝中央政府的大力支持，道教地位不断上升。特别是随着成玄英、李荣等一大批知识精英的加入，道教义理体系取得重要的发展，开始从炼形固体的外丹学向侧重精神修炼的重玄学转变。特别是在借鉴佛教中观论思想的基础上，通过重新解读《老子》《庄子》等道家经典，唐初之重玄学不仅改变了早期道教的理论体系和修习宗旨，也为此后道教思想体系向性命双修以及内丹学说的转变奠定了理论基础。

同时，唐代道教重玄学思想的出现，接续了自先秦老庄道家思想、秦汉黄老之学与魏晋玄学的传承，在道教史乃至中国哲学思想史上都有承上启下的意义。学者陈云教授曾说，“从历史的角度来看，重玄学同时还是一个在魏晋玄学的基础上、融摄了佛教中观思想、并经过数代道教学者不断地创造与积累而形成的道教学派。”[1] 通过对“重玄学”思想内涵的深入挖掘和深刻阐释，可以极大地丰富和完善中国哲学史逻辑发展的思想内容与演变历史。

“然而，它确是哲学思想史上被忽略了的一个环节，是道教思想上被忽略了的一个重要思想学派。”[2] 自蒙文通先生肇始，直至20世纪末，随着《中国重玄学》等一系列学术成果的问世，学界对于重玄学的研究才逐渐走向

[1] 陈云：《唐五代时期巴蜀重玄之风——以李荣、杜光庭为例》，《中华文化论坛》2012年第5期，第101-105页。

[2] 李养正：《道教思想史研究的新进展——评〈中国重玄学〉》，《中国道教》1994年第4期，第55-58页。

丰富和深入，重玄学思想也得到了越来越多的关注。

此外，从时间而论，唐代为重玄学大盛之时期；从空间而论，除长安以及荆州之外，巴蜀则是重玄之风比较浓重的区域。"'重玄'一派……盛于唐初，天宝以后，流风余韵犹存蜀中……"[1]，并且唐代重玄学不仅在道教学者中盛行，更是及于释氏之徒，蜀中重玄学之盛不言而喻。同时，与重玄学义理相似之三论宗等佛教思潮，在唐初同样盛行于巴蜀地区。正是在这一背景下，李荣、黎元兴、王玄览、张君相、文如海、杜光庭等重玄学者，汇集于巴蜀地区谈玄论道，为重玄学的发展奠定了深厚的基础。

近年来，尽管学界对于重玄学的认识已经取得了丰富的成果，但是对于巴蜀重玄学，尤其是重玄学与巴蜀文化的交融，以及巴蜀重玄学思想渊源与学者群体的系统研究，还有进一步深化的空间。巴蜀地区地处西南，自古就形成了与中原地区迥异的信仰体系与文化传统，巫鬼崇拜、神仙方术盛行。自先秦两汉以降，随着道家思想在巴蜀地区的传播，蜀中更是形成了"重道贵老"的文化传统。可以说，巴蜀地区不仅是作为"制度道教"的诞生地之一，也是后来道文化最兴盛的区域之一。唐代重玄学之所以能够在巴蜀地区发展壮大，与巴蜀"重道贵老"的风气是密不可分的，巴蜀重玄学的研究对于进一步细化唐代重玄学的研究和发展具有重要的意义。

本文的创新与突破之处主要在于以下几点。其一，本文在前人已有的研究基础上，进一步将重玄学研究聚焦于唐代巴蜀地区，并对唐代巴蜀重玄学学术渊源、学者群体、思想传承等核心论题进行了系统探讨；其二，本文还进一步发掘了张君相、文如海等学界鲜有触及的巴蜀重玄学者，力图更加全面地展示巴蜀重玄学的整体面貌；其三，本文并不反对将孙登定为重玄学之宗，但从更加广阔的视野而言，为了进一步梳理重玄学之脉络，笔者将重玄学之源流追溯至老子。并大致勾勒出了唐代巴蜀重玄学的学术脉络，并将学术脉络追溯至严君平、扬雄；其四，本文将巴蜀重玄学归纳于蜀学的范畴中，进一步丰富了蜀学的内涵，更突显了巴蜀重玄学之地域

[1] 蒙文通：《蒙文通文集》第六卷，《道书辑校十种》，巴蜀书社，2001，第359页。

特色。

从理论上来看，唐代巴蜀重玄学思想，既有当时重玄学的时代烙印，同时又有很浓厚的地域色彩和个人色彩。汇集于巴蜀地区的重玄学者群体，对于当时重玄学思想的发展，以及对道教理论体系的充实都产生了深远的影响。因此，对巴蜀重玄学学术脉络尤其是巴蜀重玄学者的深入研究，对于管窥唐代重玄学，乃至整个道教思想的发展情况，都具有重要的意义。其次，巴蜀地区本身就有深厚的道教和佛教文化基础，巴蜀重玄学又是典型的融释入道，对于巴蜀重玄学的研究不仅对唐代道教研究具有重要意义，同时对于探究唐代儒、释、道三教关系也有十分重要的意义。最后，巴蜀重玄学带有浓厚的蜀地学术特色，作为蜀学的重要内容，巴蜀重玄学的研究对于进一步把握蜀学也具有十分重要的意义。

就现实意义来看，重玄学思想不仅是道教理论体系的重要内容，同时也是中国哲学思想史上一次重要转折，上承老庄道家学说以及魏晋玄学，对后世宋明学术也产生了重要的影响。对唐代巴蜀重玄学主要概念进行系统的逻辑分析，客观上能加深对其思想内容的把握，研究出的学术结论也能为道教学术史，乃至当代中国哲学史增加新的内容。另外，巴蜀重玄学作为蜀学的重要内容，其所具有的双重否定式思维方式，也值得我们借鉴，是我们当代从事传统文化创造、转化和创新发展的重要资源。

第一章　重玄学源流辨析

第一节　重玄学源流总论

关于“重玄学”一词的界说，学界此前已有诸多论述，总体来看主要有广义和狭义之分。笔者仅综多家之言，就“重玄学”的概念发挥一点浅见。就狭义而言，重玄学可以说是注解《道德经》的一个流派。就广义而论，以双遣双非的重玄思想方式为内核的学说，均可称为重玄学。

关于重玄学思想渊源的问题，在重玄学大盛的唐朝便有两种论调，一种提法来自唐初道士成玄英，另一种提法来自唐末学者杜光庭，两位都是重玄学者。成玄英把重玄学的源流追溯为东晋人孙登，他提出：

> 释义解经，宜识其宗致。古今注疏，玄情各别。而严均平《旨归》，以玄虚为宗夫，顾征君《堂诰》，以无为为宗，孟智周、臧玄静以道德为宗，梁武帝以非有非无为宗，晋世孙登云“托重玄以寄宗”。虽复众家不同，今以孙氏为正，以重玄为宗，无为为体。[1]

成玄英把注解《老子》的“宗致”分为几家，即严遵《老子指归》，顾欢《老子义疏》，尽管其余诸位学者也都曾注解老子，而孙登则独以“重玄”作为解读《老子》的宗旨，故孙登应为重玄学之宗。此外，还应注意的是，“托重玄以寄宗”说明在孙登之前早有重玄的提法，只是孙登用重玄注解《老子》实属首创。但是，关于孙登注解老子的著作早已佚失，其重玄思想之

[1] 成玄英：《老子道德经开题序诀义疏》，《敦煌卷子》，第 2353 页。

整体我们亦难以窥之。

根据现有的史料记载，“重玄”这一提法在南北朝时期就被广泛使用。除了道教内部使用之外，佛教徒僧肇与支道林也曾使用“重玄”的概念。僧人僧肇在《涅槃无名论》亦曾用“损之又损”来解释重玄之域：

> 况乎虚无之数，重玄之域，其道无涯，欲之顿尽耶？《书》不云乎，为学者日益，为道者日损。为道者，为于无为者也。为于无为而日损，此岂顿得之谓？要损之又损之，以至于无损耳。[1]

另外一位重玄学者杜光庭在总结各家解《老》之学时，也应和了成玄英的观点，认为孙登以重玄立宗，在诸人之中最为精妙：

> 此明注解之人意不同也。又诸家禀学立宗不同，严君平以虚玄为宗，顾欢以无为为宗，孟智周、臧玄静以道德为宗，梁武帝以非有非无为宗，孙登以重玄为宗。宗旨之中，孙氏为妙矣。又此经以自然为体，道德为用。修之者于国则无为无事，自致太平；于身则抱一守中，自登道果。得之者排空驾景，久视长生。[2]

但值得注意的是，杜光庭在《道德真经广圣义序》中提到:“隐士孙登、字公和,魏文明二帝时人”[3]。杜光庭认为重玄之宗乃曹魏时期的隐士孙登，而并非东晋之孙登。现代学者蒙文通先生认为这种提法属于杜光庭的谬误，《校理老子成玄英疏叙录》中有：“杜以孙登为隐士字公和，魏文明二帝时

---

[1]（东晋）僧肇，张春波校释：《肇论校释》，中华书局，2010，第 219 页。

[2] 杜光庭：《道德真经广圣义序》，《道藏》第 14 册，文物出版社、上海书店、天津古籍出版社 1988 年联合出版，第 341 页。

[3] 杜光庭：《道德真经广圣义序》，《道藏》第 14 册，文物出版社、上海书店、天津古籍出版社 1988 年联合出版，第 309 页。

人，此涉与嵇阮同时前一孙登而致误者也。”[1] 虽然指出朝代的谬误，但蒙文通先生显然也认同孙登为重玄之宗首。此外，在《中国重玄学》一书中，卢国龙教授亦推孙登为重玄之宗。

笔者认为，就孙登“托重玄以寄宗”，以“重玄”解老等历史记载来看，孙登确为重玄之宗首无疑。但如果从更加宏观的视野出发，就道教思想发展的整个历程而言，把“重玄”归宗于老子似乎更加合适。

首先，先前学界把孙登托为重玄宗首，但并未向前回溯。就现实而言，一个人的思想不可能凭空产生，其必是在前人的基础之上，又受同时代思想的影响，才能产生属于自己的思想。故而，重玄学源流确有上溯的必要性。复次，就名实之辩而论，之所以推孙登为首，是因其以“重玄”之名来释老之肇始。然而老子“玄之又玄”[2] 已藏“重玄”之义，“重玄”之实已存，只是隐而未发，尚未言及名相。《道德经》中亦以玄来论述有无，“故常无欲，以观其妙。常有欲，以观其徼。此两者，同出而异名。同谓之玄”[3]。同时，《道德经》中亦有双重否定式的思维模式，“损之又损，以至于无为”[4]，两个“损”字已经具有了多次否定的意味，经过双重形式的“损”，才能达于与道合一的无为之境。故而，推老子为重玄学之宗首，实属合情合理。

此外，唐代重玄学的形成与兴盛，固然有受到同一时期佛教义理的影响，然而从道教思想发展历程而论，亦是与道教前期的思想一脉相承。就道教具有思辨性质的思想而言，如果把先秦道家思想视作是道教思想发展的第一个时期，魏晋玄学则可以视为道教思想的发展的第二个时期，重玄学则可以视为道教思想发展的第三个时期。这三个时期的道教思想彼此之间存在着从上而下的延续和承接，有着千丝万缕的联系，后一个时期的道教思想，

[1] 蒙文通：《古学甄微》，巴蜀书社，2015，第 351 页。

[2] 王卡点校：《老子道德经河上公章句》，中华书局，1993，第 2 页。

[3] 王卡点校：《老子道德经河上公章句》，中华书局，1993，第 2 页。

[4] 王卡点校：《老子道德经河上公章句》，中华书局，1993，第 186 页。

可以说是在前一个时期基础之上的进一步发展与超越。[1]

先秦道家时期，作为道教另外一部经典的《庄子》，亦对重玄学影响颇深。《庄子》的“齐物”之论反对人们站在各自的角度而产生的是非观念，主张取消物与物、是与非之间的区别对待，主张站在道的角度来体认真理。“彼是莫得其偶，谓之道枢。枢始得环中，以应无穷。是亦一无穷，非亦一无穷也。故曰莫若以明”[2]。重玄学代表人物成玄英对《庄子》的疏文中有“彼此是非，相因而有，推求分析，即体皆空也”[3]，意即彼与此、是与非均是相对而产生的，其本质实则为空。由此可见，成玄英显然继承了《庄子》相对主义的态度，并推演出“即体皆空”的道理。这里的“空”并非借鉴于佛教，成玄英释其为“虚浮”之义，亦是从《庄子》本来的思想中脱胎而来。从本质来讲，重玄学双重否定思维是一种逆向回溯本源的方法，这种思维其实在《易经》中早已有之。《易经·说卦》中有“是故，易逆数也”[4]，即是逆向回溯本源之说。邵雍解释道：“乾一，兑二，离三，震四，巽五，坎六，艮七，坤八。自乾至坤，皆得未生之卦，若逆推四时之比也。”[5] 易经通过已生而回溯未生，最终回溯到本源，亦为重玄学提供了可借鉴的思路。此外，魏晋玄学亦对重玄学影响颇深，郭象在注解《庄子·齐物论》时，对“枢始得环中，以应无穷”[6] 一句，则有“无是无非，故能应夫是非”[7] 的解释，

---

[1] 关于这三个时期的承续，汤一介先生在《论魏晋玄学到初唐重玄学》一文中曾有论述，参见强昱：《从魏晋玄学到初唐重玄学》，上海文化出版社，2002，第1-22页。

[2]（晋）郭象注，（唐）成玄英疏，曹础基、黄兰发点校：《南华真经注疏》，中华书局，1998，第35页。

[3]（晋）郭象注，（唐）成玄英疏，曹础基、黄兰发点校：《南华真经注疏》，中华书局，1998，第34页。

[4]（宋）朱熹注，廖名春点校：《周易本义》，中华书局，2009，第262页。

[5]（宋）朱熹注，廖名春点校：《周易本义》，中华书局，2009，第14页。

[6]（晋）郭象注，（唐）成玄英疏，曹础基、黄兰发点校：《南华真经注疏》，中华书局，1998，第35页。

[7]（晋）郭象注，（唐）成玄英疏，曹础基、黄兰发点校：《南华真经注疏》，中华书局，1998，第35页。

这是单重的否定形式。对文中“类与不类，相与为类，则与彼无以异也”[1]一句的注解，则有“然则将大不类，莫若无心，既遣是非，又遣其遣。遣之又遣之，以至于无遣，然后无遣无不遣，而是非自去矣”[2]，如此才可以达到“玄冥之境”，这里显然已经有了明显的双重否定式的思维。他在注解其他篇目时，也有类似的论述。后世重玄学者王玄览在发挥此论时，亦曾提出“既得真妄寂，则入于环中，在中不见边，以是中亦遣，所以旷然无怀，乘之以游”[3]。王玄览此时解释“环中”，已把重玄双遣双非之思维模式，运用得淋漓尽致。可见，从道教内部而言，重玄学是直接承接先秦道家思想和魏晋玄学而来。

在展开论述之前，笔者愿意用针与线的关系做比喻，来说明学统的传续问题。针就如同是历史上一个又一个的学者，线就如同是学者与学者之间的学脉传续。思想的传续与演进是错综复杂的，就如同针与线的关系一般，一个针可以有许多的线穿过，一个线亦可分出多条支线来穿过不同的针。一个人可能受了诸多人的影响才形成了他现在的思想，这种影响可以是前辈先贤的，亦可以是同时代的。一个人所受到的影响可能是深的，也可以是浅的，可能某个人对他影响很深，可能某个人的某些言论对他有一定的影响，可能某个人对他只是产生了浅浅的影响。影响的深浅，亦可以说是主线与支线的不同。同样，一个人对于其他人的影响，亦是多维的，其以一言布道，听者随类各得其所。《道德经》的不同注解版本不就是如此吗？老子又何曾有分别之义，只因注解者得其全义之一隅罢了。有的人思想宏大，或后世产生了深远的影响，或为同时代之翘楚，其人其论亦被后世所录，如此他在思想史中便能有一席之地。有的人或思想不甚精深，或未对同时代与后世产生深远影响，或不喜著述抑或未能留名，如此则不免被湮

[1]（晋）郭象注，（唐）成玄英疏，曹础基、黄兰发点校：《南华真经注疏》，中华书局，1998，第 41 页。

[2]（晋）郭象注，（唐）成玄英疏，曹础基、黄兰发点校：《南华真经注疏》，中华书局，1998，第 41 页。

[3] 王玄览：《玄珠录》，《道藏》第 23 册，第 627 页。

没于历史长河。于是，挂在思想长河之中的针那么多，我们无法一一遍览，也只能去摘取那些最有价值和代表性的进行研究。而这也正是本文的研究思路之一，有了以上的铺垫，笔者才能展开之后的论述。

就时间而言，由老子而开出的重玄学思想，经过不断的演进和流变，而在中国大地上开枝散叶，在唐朝时得以大兴于世。就地域而论，唐朝重玄学在长安、巴蜀以及荆州之地均是非常兴盛，巴蜀地区更聚集了李荣、黎元兴、王玄览等一大批著名的重玄学者。由于篇幅有限，笔者无法展开系统论述，只能就本文论题的范围“唐代巴蜀地区”展开阐述。

以地域为限定，重玄学在巴蜀地区亦有其肇始，启其端者当首推西汉巴蜀地区思想家严君平。在现存的文献记载之中，严君平可以说巴蜀地区留下道教哲学思想中最早的一位。笔者以严君平直接老子之学统，如果以针与线的关系而论，并无不妥。就其传续而言，严君平的思想可以说是道教从先秦道家时期至魏晋玄学时期转化的重要中间环节，其弟子扬雄则进一步建立起了第一个系统性的调和儒道的太玄理论系统，两者合力推开了魏晋玄学的大门，为唐朝重玄学的发展奠定了深厚的基础。严君平的一些思想已经有了魏晋时期本体论的雏形，他曾有“形于无形，事无不理，穷于无穷，极于无有，以能雕琢，复反其母，既复又反，为天下本”[1]的论述。他的本体论、宇宙生成论以及辩证法思想，对魏晋玄学的学者王弼等有很大的启示。其思想又兼容儒释，把忠孝节义的儒家理念也纳入他的学术体系。如此之论调，并非笔者首创，学界先前已有诸多论述。学者王德有先生在《严遵与王充、王弼、郭象之学源流》一文中也提出了，王充、王弼与郭象的思想均源自严君平。[2]作为魏晋玄学的先声，严君平的思想同样也为巴蜀地区重玄学批判和超越魏晋玄学提供了重要的思想资源。

[1]（汉）严遵，王德有点校：《老子指归》，中华书局，1994，第48页。

[2]详见王德有：《严遵与王充、王弼、郭象之学源流》，载于陈鼓应主编《道教文化研究　第四辑》，上海古籍出版社，1994，第222-231页。

第二节 严君平思想研究

一、严君平生平及著述

严君平，本名为庄遵，君平为其字。《汉书》中因避汉明帝刘庄之讳，故改为严。西汉末年（公元前86年—公元10年），蜀郡邛州（今四川省邛崃市）人，为著名的思想家、易学家。他终生不曾出仕，隐居于巴蜀井中（今巴蜀市君平街），讲学于郫县（今巴蜀市郫都区）平乐山。他终年91岁，亦葬于平乐山中。关于其人其事，史书中有零星的一些记载。《汉书·王贡两龚鲍传》有：

> 昔武王伐纣，迁九鼎于雒邑，伯夷、叔齐薄之，饿（死）于首阳，不食其禄，周犹称盛德焉。然孔子贤此二人，以为"不降其志，不辱其身"也。而孟子亦云："闻伯夷之风者，贪夫廉，懦夫有立志奋乎百世之上，（行乎）百世之下莫不兴起，非贤人而能若是乎！"
>
> 汉兴有园公、绮里季、夏黄公、角里先生，此四人者，当秦之世，避而入商雒深山，以待天下之定也。自高祖闻而召之，不至。其后吕后用留侯计，使皇太子卑辞束帛致礼，安车迎而致之。四人既至，从太子见，高祖客而敬焉，太子得以为重，遂用自安。语在《留侯传》。
>
> 其后谷口郑子真，蜀有严君平，皆修身自保，非其服弗服，非其食弗食。成帝时，元舅大将军王凤以礼聘子真，子真遂不诎而终。君平卜筮于巴蜀市，以为"卜筮者贱业，而可以惠众人。有邪恶非正之间，则依蓍龟为言利害。与人子言依于孝，与人弟言依于顺，与人臣言依于忠，各因势导之以善，从吾言者，已过半矣。"裁日阅数人，得百钱足自养，则闭肆下帘而授《老子》。

博览亡不通，依老子、严周之指著书十余万言。扬雄少时从游学，以而仕京师显名，数为朝廷在位贤者称君平德。[1]

这段文字，书写了自殷周以来至西汉时期，一些隐士的情况。并且通过与儒生的对比，总结了一些隐士在社会中“激贪厉俗”与“礼进退让”的作用。由此大概可以看出，严君平活动的时间主要是在汉成帝的时期，以卜筮为业，修身以自保是其重要的处事原则，对日常生活起居也有着非常严格的规范。同时，严君平还教授人以《老子》，能够博古通今旁征博引，并以忠孝等儒家标准教人，还曾有著书十万余言。其德行潜移默化，在蜀地有移风易俗之功，并受到“蜀人爱敬”。除《汉书》之外，《高士传》《三国志》《华阳国志》亦有相应的记载与评述。

《高士传》除了截取《汉书》中所载严君平的部分事迹以外，亦有其与罗冲的交谈。蜀国有人问严君平为何不出仕当官，严君平认为其钱财已经非常富足了，故而不出仕。而且名和利对他来说，是一种束缚，而非是一种长养。这也体现了严君平素有的隐士之风，其不屈于仕宦之生活，亦不艳羡于家财万贯。其不出仕之缘由，乃非其所志所长；不做商贾的原因，乃是非其所愿所益；阐发老子，接引后学才是其所求。

民国以前，在其他的记载之中，对于严君平的记载并无太多引用与增述。直到20世纪以来，蒙文通先生在《巴蜀古史论述》中有对严君平的评述，“西汉一代，司马相如、王褒长于辞赋，严君平、李宏、扬子云是道家，子云同时也长于辞赋”[2]，其论点大致与《华阳国志》《魏书》相同。并进一步指出严君平的思想是“辞赋、黄老、阴阳、术数合为一家”[3]，蜀地文化深受其影响。又据现代学者何介福所考据，今巴蜀市之君平街即是其隐居之地，童家桥又有“汉隐士严君平墓”[4]。学者袁庭栋认为在巴蜀学术史中，

[1]（汉）班固，（唐）颜师古：《汉书》第十册，中华书局，1962，第3055-3058页。

[2] 蒙文通：《巴蜀古史论述》，四川人民出版社，1981，第97页。

[3] 蒙文通：《巴蜀古史论述》，四川人民出版社，1981，第98页。

[4] 何介福：《巴蜀史》，西南交通大学出版社，2009，第32-33页。

汉代最重要之人物应首推严君平。[1]

其弟子扬雄更是对他赞誉有加，认为他为人清洁，可以说是巴蜀之贤达，不论什么时候，都不会改变其操守，扬雄对于严君平的赞颂之情，溢于言表。认为其师才智过人，知是非故可明哲保身，通达圣道故可明德昭昭。他借汤丕、文王、孔子、许由等人来烘托严君平，认为严君平是可媲美以上诸位圣贤的真君子。在《方言》中，亦有对其师的赞美：

> 常闻先代輶轩之使，奏籍之书，皆藏于周秦之室。及其破也，遗弃无见之者。独蜀人严君平、临邛林闾翁孩者，深好训诂，犹见輶轩之使所奏言。翁孺与雄外家牵连之亲，又君平过误有以私遇，少而与雄也。君平财有千言耳，翁孺梗概之法略有。[2]

从以上所有的评价中，我们不难看出，严君平是一个西汉末年非常有德行的隐者，亦是为后世儒道所效仿的对象。

二、严君平对老子之道的继承与发挥

严君平流传于世的主要著作，即是《老子指归》，有别于其他注疏《老子》的写法，其书主要以阐发义理为主。[3] 我们探讨严君平的思想，可以通过《老子指归》来窥其端倪。《老子指归》中对《老子》思想的继承，主要体现在对道论、人生观与政治观三个方面。其思想对扬雄有直接的影响作用，亦为魏晋玄学之先河，进一步影响了巴蜀地区的重玄学发展。

杜光庭称严君平是以“虚玄”为宗来解读《老子》，明代刘凤指出“其

[1] 袁庭栋：《巴蜀文化志》，巴蜀书社，2009，第 123-124 页。

[2]（汉）扬雄，张震泽校注：《扬雄集校注》，上海古籍出版社，1993，第 264 页。

[3] 对此任继愈先生很指出：“《老子指归》既不是一部‘老子注’，也不是一部‘老子论’，而是介于两者之间的关于《老子》的分章大意解说。”参看任继愈：《中国哲学发展史》，人民出版社，1985，第 645 页。

为旨与老氏无间，故因其篇章以发归趣”[1]。总而言之，严君平的思想，并非是对于老子思想的片面化解读和继承，而是对其中思想的整体全面的继承与弘扬，可以说与老子之思想一脉相承。

老子所言的“道”有多层含义。首先，老子之“道”有本体论的意味。道是宇宙的本体，是独立于具体事物而存在的，不生不灭，永恒的存在。其次，老子之“道”具有生成论的意味。道是万世万物的本根，从道而化生“一”，“一”即是宇宙处于混沌未分时候的状态。“一”生“二”，即是由混沌之体而化生为“阴阳”二气的过程。“二”生“三”，即是说明“阴”与“阳”二气是相因而存在的，“三”可以说是二气流变的一个共同体。“三”生“万物”，即是“阴阳”二气这个统一体不断的运动，从而化生出万事万物。最后，老子之“道”亦是规律性的“道”，“道法自然”，万事万物都遵循着道的规律，这个最高原则即是“自然”。“反者道之动”[2]亦是一种规律，宇宙间的一切事物在发展过程中，莫不遵循着一些规律，这即是事物总是向着它相反的方向去运动。

严君平对于老子之道进行了进一步的继承与发挥，也体现在多个层面。首先，对于老子本体性的“道”而言，严君平赋予了“道”更深层次的内涵，对“道”形容为“无”与“虚”。同时，严君平还承认了道的本体性的地位，并提出：“天地所由，物类所以，道为之元，德为之始，神明为宗，太和为祖。”[3]不同的事物都把“道”作为其依据。他认为道体是“虚无”的，而世间之外物确是有形体的存在。道是自然化生万物，并不对万物运行的方式加以干扰，正因为如此，道才可以长久的存在。“虚无”可以说是对于作为本质之道的一种存在状态的描述，这种状态不是与“有”相对的。而是说道作为世界万物的本质来说，是区别于其他物质的存在，而且是无形无相的，不可以用感官去感知的。

[1]（汉）严遵，王德有点校：《老子指归》，中华书局，1994，第155页。

[2] 王卡点校：《老子道德经河上公章句》，中华书局，1993，第161页。

[3]（汉）严遵，王德有点校：《老子指归》，中华书局，1994，第3页。

其次，对于老子之宇宙论中“一”“二”“三”的具体含义，严君平阐释以“德”“神明”“太和”的含义，并以气化论的思想解释道生万物的过程：

道德变化，陶冶元首，禀授性命乎太虚之域、玄冥之中，而万物混沌始焉。神明交，清浊分，太和行乎荡荡之野、纤妙之中，而万物生焉。天圆地方，人纵兽横，草木种根，鱼沉鸟翔，物以族别，类以群分，尊卑定矣，而吉凶生焉。[1]

所有事物的生化与发展都是有一定的次序的，宇宙的生化就是一种气化的过程，物与物之间是相互连通的。“道德”可以说是由阴与阳未分之时的混沌之气，随着宇宙的气化过程，而成阴阳二气，阴阳二气在交互流变的过程中，又形成了“清”“浊”“和”三种气，在三种气的交互作用下，最终形成了天地万物。

最后，对于老子“道法自然”的思想，严君平则进一步指出“道性自然”的论点：

道高德大，深不可言，物不能富，爵不能尊，无为为物，无以物为，非有所迫而性常自然。无为自为于物，不为物而故为，理数必自如然，非有物使之然。[2]

道有着“自然”与“无为”的特征，这些特征在其生化万物，承载万物的过程中一直存在。宇宙万物在生化与发展的过程中都是顺其自然的，“道”并没有人为的调整万物的生化过程。这样，虽然世界万物各有不同，却能够根据自身的特性去发展，其原因就在于道性的“自然”与“无为”。这里不难看出，严君平虽然没有直接提出“道性”的概念，但是已有“道性”

[1]（汉）严遵，王德有点校：《老子指归》，中华书局，1994年版，第32页。
[2]（汉）严遵，王德有点校：《老子指归》，中华书局，1994年版，第46页。

的提法了。

严君平作为扬雄的老师，其思想对扬雄有着最为直接的影响。首先，在宇宙论上，严君平影响了扬雄的理论。扬雄同样认为天地生于混沌恍惚之中，“太易之始，太初之先，冯冯沈沈，奋搏无端”[1]。又有：

> 大潭思浑天，参摹而四分之，极于八十一。旁则摹九据，极之屯百二十九赞，亦自然么道也。故观《易》者，见其卦而名之；观《玄》者，数其画而定之。《玄》首四重者，非卦也，数也。其用自天元推一昼一夜阴阳数度律历之纪，九九大运，与天终始。故《玄》三方、九州、二部、八十一家、二百四十表、韦百二十九赞，分为兰乾日一二吉？[2]

扬雄认为“玄”才是世界的核心，这显然是对严君平“虚无”之道的进一步改造。然后其生化的过程，从“玄”开始，然后“三方”“九州”“二十七部”“八十一家”，这个过程显然也是对严君平宇宙生化过程的进一步改造。严君平把“神明”作为其宇宙生化过程的一个中间概念：

> 故神明所居，危者可安，死者可活也；神明所去，宁者可危，而壮者可煞也。阳气之所居，木可卷而草可结也；阳气之所去，气可凝而冰可折也。故神明阳气，生物之根也。[3]

扬雄则在此基础之上，借用了“神明”的说法，并对其外延加以拓宽。严君平之“神明”可以说是“阳气”，而扬雄之“神明”则是阴阳二气的

[1]（汉）扬雄，郑万耕校释：《太玄校释》，中华书局，2014，第258-259页。
[2]（汉）扬雄，郑万耕校释：《太玄校释》，中华书局，2014，第383-384页。
[3]（汉）严遵，王德有点校：《老子指归》，中华书局，1994，第110页。

统合。[1]

其次，严君平根据老子“反者道之动”的理念，认识到了事物向自己的对立面发展的规律。比如福与祸之间：

> 福生于祸，祸生于福，福之与祸，同营异域，俱亡俱存，异情同服，相随出入，同来异极，非有圣人，莫能独得。[2]

有福则必然有祸，有祸则必然有福，福与祸相依而存，又朝着彼此的方向发展。故而对于我们来说，没有必要刻意去求福，这样的话就不会有祸端了。扬雄对于他的理念显然有所继承，并进一步发挥。扬雄认为，通过参究《易经》损益的道理，就可以知道《老子》中所讲的福祸之道。人的欢喜与忧虑可以说是共存的，又何况是吉与凶呢。物必有盛有衰，又何况是人事呢。如果一味地贪婪于富贵，离灭亡也就不远了。矛盾总是向着自己相反的方向发展着，又相互地转化着。而对于个人而言，能否取得成功，最终要的是时机，而且成功者与失败者之间又发生着相互的转化。扬雄还进一步指出，圣人只有在乱世的时候才能发挥其价值，而太平盛世的时候反而只能选择隐退。

综上所述，严君平不仅仅对老子之道进行了进一步的发挥，而且其对老子思想的阐发对扬雄的思想产生了很大的影响。其师徒二人对进一步开启魏晋玄学，乃至于巴蜀重玄学的大门，有着不可估量的作用。从这一渊源来看，就巴蜀地区而论，严君平可以说是巴蜀重玄学之学术源头。

[1] 扬雄有曾有言：“玄者，幽攡万类而不见形者也。资陶虚无而生乎规，关神明而定摹，通同古今开类，摛措阴阳而发气。”参见（汉）扬雄，刘韶军点校：《太玄集释》，中华书局，1998，第 184 页。

[2]（汉）严遵，王德有点校：《老子指归》，中华书局，1994，第 64 页。

第三节　扬雄思想研究

一、扬雄生平及著述

扬雄，其字为“子云”，为西汉末年巴蜀人氏，在汉宣帝甘露元年（公元前 53 年）降生，在王莽天凤五年（公元 18 年）过世，终年 71 岁。其祖先为周王室的分支，其先祖伯桥被周王室册封于晋国之扬地，故而以“扬”为姓氏。历经几代，起起落落，扬氏最终迁徙到蜀郡的郫县。扬季为扬雄之五世祖，其世代以农桑为主业，过得并不富裕。扬雄自小酷爱学习，并且可以博览群书，沉默寡言而好沉思，自小就有清净少欲的特质。其家产并不丰厚，但却过得怡然自得，从小就有大的志向，不是圣贤之书，便不会去读，而且也不汲汲于富贵之中。

扬雄一开始是非常爱好辞赋之学的，巴蜀地区有文人司马相如，他所作的辞赋非常宏伟富丽，扬雄非常向往。同时，他又很崇拜屈原，认为屈原之文辞甚至是超过司马相如的，每次读其文章，都会有痛哭流涕。他认为君主的时运是非常重要的，如若可以得其时，就可以无不畅通，否则即不能发挥其才能。其作书，经常怀念屈原，名为《反离骚》。

扬雄四十多岁的时候，从巴蜀地区赶往京城。当时朝廷之大司马非常欣赏他的文章，故而招其为门人。后来进入朝廷，成为朝廷之御用文人，其为官之一生一共经历了四代皇帝。其学问精通儒家与道家，王充曾称赞他“鸿茂参圣之才”。

扬雄所涉猎的学术范围极其广泛，旁及天文、经学、语言学等。扬雄历经诸位帝王，最终官至大夫。其品格高洁，一生廉洁，著作等身，尝模仿《周易》《论语》而作《太玄》与《法言》，这两部著作亦可代表扬雄的主要思想。

二、扬雄对魏晋玄学的影响

魏晋玄学的主要学术特征即是统合儒、道两家，亦即是统合“名教”与“自然”之间的矛盾。调和儒道的这种理论应是开始于汉代初年学者陆贾、贾谊等，但是扬雄则是系统性建立儒道调和体系之第一人，即是太玄理论体系。这个学术体系对魏晋玄学的产生有着非常重要的意义，同时扬雄的思想亦为巴蜀地区开出重玄学提供了丰厚的土壤。

在《魏晋玄学论稿》一书中，汤用彤先生认为虽然东汉之“玄”与魏晋玄学有很大的区别，然而魏晋玄学亦不是凭空产生，其学术的端倪在扬雄之学中已然存在了。[1] 而且自扬雄之后，汉代许多的学者对于玄远的境界都非常的钦慕，这种心态与魏晋玄学之名士有异曲同工之妙。[2] 不难看出，汤用彤先生其实是肯定了扬雄与魏晋玄学之间存在着诸多的联系。可见，先前的学者已经看到了扬雄与魏晋玄学之间的诸多关系。笔者认为，“太玄”与“玄学”之间虽然有不同，但是“太玄”对于“玄学”思想之发生发展所产生的作用，还需要进一步探究。

在扬雄的思想体系中，“玄”可以说是世界万物的根本，“玄者，幽摛万类而不见形者也”[3]。“太玄”一词，则属于扬雄首次创作。学者刘韶军说：“太为极，玄为道，太玄即终极之道，这是杨雄用‘太玄’命名‘玄’的原因所在。”[4] 可以说“太”是起到了修饰“玄”的作用。扬雄所提出的“太玄”，它的意思是接近于“道”的，扬雄对于魏晋玄学的影响则主要体现在以下

[1] 关于这个论点，汤用彤有“谈玄者，东汉之与魏晋，固有根本之不同”之言。又“贵玄言，宗老氏，魏晋之时虽称极盛，而于东汉亦已见其端矣”。他认为扬雄之谈玄，“其所游心，未超于象数。其所研求，常在乎吉凶”。参见汤用彤：《魏晋玄学论稿》，生活·读书·新知三联书店，2009，第47页。

[2] 汤用彤先生有言“溯自扬子云以后，汉代学士文人即间尝企慕玄远。……其所以寄迹宅心者，已与正始、永嘉之人士无或异。”具体参见汤用彤：《魏晋玄学论稿》，中华书局，1962，第48页。

[3] 朱之谦：《老子校释》，中华书局，1984，第7页。

[4] 刘韶军：《扬雄与太玄研究》，人民出版社，2011，第362页。

几个层面。

第一，就宇宙观而论，扬雄以“玄”作为万事无物之根本。这种思想的提出在当时是非常具有创新性的，其思想的高度其实已经在当时所流行的五行与象数学说之上。两汉的学说有一个变化，尤其是对于从宇宙论衍化为本体论的过渡阶段，扬雄的思想有着重要的意义，从而对魏晋玄学“以无为本”之论调，起到了非常大的启发与奠基的作用。

第二，魏晋玄学的特点是兼容儒道，以《老子》《周易》《庄子》三者结合来论道，这不得不说在扬雄的思想中已经初现端倪。《老子》《周易》《庄子》之间的互释互注，就是儒道兼容的一个具体例子。但是，用《老子》来解释《易经》，其实在扬雄就早已有之。也可以说是肇起于严君平，而在扬雄处进一步发扬光大。扬雄之“太玄”论中，一个核心的要点，就是用《周易》来解释《老子》，《周易》与《老子》互释。

其实，扬雄并非完全赞同道家反对名教的理论，他对儒家之礼教是非常推崇的，“老子之道德，吾有取焉尔，及搥提仁义，绝灭礼学，吾无取耳”[1]。但是同时，扬雄又很赞赏老子的“守玄”之道，“是故玄知默，守道之极；爱清爱静，游神之廷，惟寂惟寞，守德之宅”[2]。这样的话，两种思想之间自然存在着一种矛盾和冲突。这种冲突，在魏晋玄学初期同样存在，只是到了元康，才得到了调和与缓解，在“庙堂”与“山林”之间没有区别。对于扬雄来说，其统合儒道的思想是非常明显的。学者刘韶军曾提出：“杨雄的‘太玄’是儒家思想与《老子》道论的结合，保留了儒家在道论方面与道家相比而表现出来的不足，是在融合儒家与道家基础上对儒家思想的发展。”[3] 而扬雄这种学术的理路与其老师严君平之间有着重大的关系。儒家所提倡的“仁义”、老庄所提倡的“道德”、《周易》所言及之“利害”，在严君平的思想体系中并行不悖。严君平兼摄儒道的理念深深地影响了扬雄，并且通过扬雄又进一步影响了魏晋玄学。

在扬雄的“太玄”思想体系之中，用《老子》来解释《易经》，并且推

[1]（汉）扬雄，汪荣宝注疏，陈仲夫点校：《法言义疏》，中华书局，1987，第93页。

[2]（汉）班固，（唐）严师古注：《汉书》，中华书局，1962，第3571页。

[3] 刘韶军：《扬雄与太玄研究》，人民出版社，2011，第363页。

崇道家之自然论思想，这显然是受到了严君平的影响。严君平在成都以卜筮为生，《老子》《易经》之间相互发明。而《老子》中有“道法自然”的思想，在扬雄这里，可以说是“玄法自然”。《太玄·玄挽》中有：“上索下索，遵天之度；往述来述，遵天之术。无或改造，遵天之类。挽拟之天元。”[1]扬雄以道家之自然论的角度对“玄”进行解析，这也体现扬雄儒道兼摄的学术特点，这对于之后魏晋玄学的影响是非常大的。

第三，在学术理路上的影响。主要体现在“言意之辩”“辨名析理”“一多之辩”等几个方面。

一个思想的建立，一定要依赖一种全新的哲学思维。魏晋玄学的建立，很大程度上是依靠玄学家们思维模式上的突破。一种是汤用彤先生所提出的“言意之辩”，二是冯友兰先生所提出的“辨名析理”。

扬雄在著作中，曾经有过言与意的讨论。他认为言语不可以通达于人心，而书亦不可通达其言语。只有圣人可以知道言语之中真正的解释，了解书中的真理。言语是内心之声，而书则是内心之画。声音与画之形态，君子与小人都可以看到。而声音与画的内核，才是让君子与小人同时能够动情的存在。明显可以看出，扬雄的思想是在“言尽义”论与“言不尽意”论之间的。扬雄此番言论，显然对魏晋玄学之后有着十分重要的作用。

除此以外，玄学家们所用的“辨名析理”的思维理念，也就是时人所说“名理之学”。其内容最重要的在于讨论君主与臣民之间各自的责任问题，是否能够名与实相符。如此，他们可以进一步讨论选拔人才的准则，这样的话就慢慢向着“辨名析理”的方向发展，最后也即成就了“名理之学”。在扬雄的思想体系中，名实之辩亦是被他所常常关注的问题。如《问神》云：“或曰：君子疾没世而无名，盍势诸名卿？可几也。曰：君子德名为几。”[2]《重黎》云：“名者，谓令名也。”[3]《孝至》云：“不为名之名，其至矣乎！为名

[1]（汉）扬雄，郑万耕校释：《太玄校释》，中华书局，2014，第 338 页。
[2]（汉）扬雄，陈仲夫点校：《法言意疏》，中华书局，1987，第 173 页。
[3]（汉）扬雄，陈仲夫点校：《法言意疏》，中华书局，1987，第 367 页。

之名，其次也。”[1]除此以外，扬雄其著作有《十二州箴》等，其内容多属于劝谏的言论，其规劝百官能够各自守住自己的职责，这应当也属于是“名理之学”的范围。扬雄在《法言》中有品鉴人物之论，这对后来魏晋时期品鉴人物有着深远的影响。其书虽然没有罗列出具体的标准，但汉代末年品鉴人物之学大盛，其特征是以“辨名析理”为思维导向的“名理之学”，扬雄之论显然对此有着一定的影响。

魏晋玄学中有“一多之辩”的论题，扬雄的思想对这一论题的产生也有着重要的影响。这种思想在《老子》一书中就早有萌芽，“道生一，一生二，二生三，三生万物”[2]“朴散则为器”[3]。道可以化生出天地万物，天地万物最后又复归于道。庄子在此基础之上，有“万物皆一”“道通其分”的论调，在有关于人生论上则有“终则复始”之论。《周易》有“生生之谓易”[4]之论，又生化万物的过程即是“易有太极，是生两仪，两仪生四象，四象生八卦”[5]。扬雄之《太玄》是仿照《周易》而作的，他又有“以一阳乘一统，万物资形”[6]之论调。不难看出，魏晋玄学中“一多”之辩与扬雄之思想有着千丝万缕的联系。这也进一步说明，扬雄的思想直接影响了魏晋玄学的诸多理论，亦间接影响了后来唐代重玄学的形成。

综上所述，老子可以说首开重玄学之先河，严君平与扬雄可以说是巴蜀重玄学之源流，他们向下进一步促使魏晋玄学的开启、及至影响唐朝巴蜀重玄学。在浩瀚的中国道教史中，既有像老子这样的开创者，也有像严君平与扬雄一样的中继者，也有像王弼、郭象等魏晋玄学家这样的创新者，也有像李荣、杜光庭等重玄学家这样的集大成者。

[1]（汉）扬雄，陈仲夫点校：《法言意疏》，中华书局，1987，第 173 页。

[2] 王卡点校：《老子道德经河上公章句》，中华书局，1993，第 168-169 页。

[3] 王卡点校：《老子道德经河上公章句》，中华书局，1993，第 114 页。

[4]（宋）朱熹注，廖名春点校：《周易本义》，中华书局，2009，第 229 页。

[5]（宋）朱熹注，廖名春点校：《周易本义》，中华书局，2009，第 14 页。

[6]（汉）杨雄，郑万耕校释：《太玄校释》，中华书局，2014，第 1 页。

第二章　李荣以道体为中心的重玄思想

第一节　李荣的生平及著述

李荣，其生卒不详，是唐朝时期著名的道教学者，巴蜀重玄学的重要代表人物之一。其道号是“任真子”，为绵州巴西人（今四川绵阳），其主要生活年代为唐高宗、武周期间。后世关于的生平的资料并不是很多，笔者就仅有的一些材料对其生平作一个简要的论述。

李荣在少年时期曾经于巴蜀地区修行，与唐代著名诗人卢照邻、骆宾王等人交往甚密。骆宾王在《代女道士王灵妃赠道士李荣诗》：“只言柱下留期信，好欲将心学松蕣。不能京兆画峨眉，翻向成都骋驺引。为想三春斜邪路，莫辞九折邛关道。”[1]《宋高僧传·法江传》“明庆中，东明观道士李荣者，本巴西人也。”[2] 在玄宗天宝元年的时候，将绵州改为巴西郡，故而“巴西”即为今四川省绵阳市。从上述的记载中不难看出，李荣为巴蜀地区无疑。李荣在唐高宗初年便被召请入京城，入驻东明观。卢照邻在诗歌《赠李荣道士诗》中曾有记载：“敷诚归上帝，应诏佐明君。独有南冠客，耿耿泣离群。”[3] 此外，据文献记载，李荣在长安曾经参与过五次宫廷辩论，与佛教开展论争，是位能言善辩的道士，时人称其为“老宗魁首”，可以说是当时佛道辩论的领袖之一。《全唐诗》曾有记载：

[1] 陈熙晋：《骆临海集笺注》卷 4，中华书局，1962，第 65 页。

[2] 赞宁：《宋高僧传》第二册，中华书局，1987，第 551 页。

[3] 蒙文通：《蒙文通文集》第六卷，《道书辑校十种》，巴蜀书社，2001，第 558 页。

> 京城流俗，僧、道常争二教优劣，递相排斥。总章中兴善寺为火灾所焚，尊像荡尽。东明观道士李荣因咏之曰："道善何曾善，云兴遂不兴。如来烧亦尽，唯有一群僧"。时人虽赏荣诗，然声称从此而减。[1]

可以看出当时的佛道争辩和相互排斥是非常之激烈的。同时，佛道之争爷并非仅仅是学术上的争论，更是事关两个教派存亡兴衰的问题。受世俗政治影响，高宗之后女皇武则天开始崇奉佛教，道教之势力随之开始逐渐衰退。李荣之声名也逐渐暗淡，此后其记载也是很少。

根据现有之记载，李荣的著作主要有《老子注》《西升经注》《庄子注》等，其中，《庄子注》已经佚失，《西升经》的一部分在《西升经四家注》中还有留存。《老子注》也已佚失，其保留部分被学者蒙文通、严灵峰等辑录起来，有传于世。蒙文通先生钩沉索隐，考辨源流，据强思齐《道德经玄德纂疏》、李霖《道德经取善集》、顾欢《道德经注疏》、范应元《道德经集注》等诸多版本，将李荣遗留的文字思想辑录起来，又加以增删，而成今日之注本。由此而成的《辑校老子李荣注》被收录在《蒙文通文集》第六卷中，可以说是至今仍然最具有参考价值的版本。

第二节　李荣的重玄思想研究

李荣的思想，与成玄英有非常多相似的地方，因此许多学者把李荣视为是成玄英思想的继承者。蒙文通先生对此亦有推测，认为成玄英应是李荣之师父。但史料中未有明确记载，故而也就无从考证。大体来看，李荣与成玄英虽有相似之处，但其思路已经出现了明显的转向。在成玄英的基础上，李荣进一步提出"虚极"之道论、"息应还真"之修养论、"无欲守静"之治国论，为巴蜀重玄学从道体论向道性论的发展奠定了基础。

---

[1] 中华书局编：《全唐诗》，中华书局，1984，第190页。

一、“虚极”之道论

关于其道论的思想，李荣曾经提出“道者，虚极之理也”[1]，这也可以说是其思想的核心所在：

> 道者，虚极之理也。夫论虚极之理，不可以有无分其象，不可以上下格其真，是则玄玄非前识之所识，至至岂俗知而得知，所谓妙矣难思、深不可识也。圣人欲坦兹玄路，开以教门，借圆通之名，目虚极之理，以理可名，称之可道，故曰吾不知其名，字之曰道。[2]

成玄英以“虚通”来喻道，可见两人思想的相通之处。李荣所认为的“虚极”有整体的意味，不能用“有”与“无”来对其进行分别，不能用“上”与“下”来对其进行区分。作为“虚极”之道，幽远深微而又玄妙之极，不可以用普通的知觉来感受它，亦不可用世俗的知识来揣测它。这里的“理”用虚极来阐释，是等同于道的，这里不得不说为宋明理学之“理”提供了可以借鉴的地方。圣人想要教授人们以道，故而以言教的方式展开，为其假立名目。以上即是李荣对于道的理解。同时，李荣还认为以往学者在注解“道”的时候，有很多的问题存在，故而对其进行了批判：

> 是以往之贤俊，争探深隐。魏晋英儒，滞玄通于有无之际；齐梁道士，违惩劝于非迹之域，雷同者望之而雾委，唯事谈空，迷方者仰之以云蒸，确乎执有。[3]

李荣认为魏晋玄学家中，以王弼等为代表“贵无派”与以裴頠为代表的“崇有派”，对于道的注解是存在一定的问题的。王弼的“贵无论”是以“无”

[1] 蒙文通：《蒙文通文集》第六卷，《道书辑校十种》，巴蜀书社，2001，第564页。
[2] 蒙文通：《蒙文通文集》第六卷，《道书辑校十种》，巴蜀书社，2001，第564页。
[3] 蒙文通：《蒙文通文集》第六卷，《道书辑校十种》，巴蜀书社，2001，第562页。

为本源,“无”是世界万物产生的本源,这是一种本体论的阐发。裴颇的“崇有论”认为事物的本源不可能是“无”,因为“无”是没有办法产生“有”的,所有一切之“有”只能是“有”所生出来。而这两种说法都是有偏颇的,一个执于有,而另外一个执于无。正确的态度,应是不滞“有”“无”,亦不滞“中道”的重玄之义。故而以“有”与“无”来阐发其道论:

有物者道也,名之曰道,故言有物。然道之为物,唯恍唯惚,不可以有无议,不可以阴阳辩,混沌无形,自然而成,故曰混成。[1]

李荣认为之所以能有万事万物的产生,究其原因是因为道。但是道生化万物的过程是玄妙而不可测度的,以人的感官是不能完全测度的。《易经》有“阴阳不测之谓神”[2]的说法,可见道不可见,道化生万物的过程也非常理所可以观察和理解。既然如此难以捉摸,那么就不可称呼其为“有”。而且道是混沌不清的,而且其生物的过程也是自然而然的,故而可以称呼其为“混成”。他进一步解释:

道是何物,而令德从。明夫大道幽玄,深不可识,语其无也,则有物混成,言其有焉,则复归无物。归无物而不有,言有物而不无,有无非常,存亡不定。[3]

道是世界之本源,故而可以让德来依从于它。作为本源的道,既能化生万物,最后又复归于万物。因从体用关系而论,道为体,而物为用,但没有用,就不能见体,故而体还要复归于用,才能体现其价值。有与无之间也不是应执着于一端的,应是有无双谴。对于一个物而言,其本身是没

[1] 蒙文通:《蒙文通文集》第六卷,《道书辑校十种》,巴蜀书社,2001,第597页。
[2]（宋）朱熹注,廖名春点校:《周易本义》,中华书局,2009,第229页。
[3] 蒙文通:《蒙文通文集》第六卷,《道书辑校十种》,巴蜀书社,2001,第593页。

有自性的，有生则必然有灭，故而可以说是无常的。“有”与“无”的关系可以说是相因而生的：

天下之物生于有，有生与无，从无中出有，自有归无，故曰相生。[1]

“无”作为本体而言，无形无相而不可见，需要依靠“有”来提现其价值。而“有”作为没有自性的存在，不能够自生，其背后依赖的是“无”。故而二者之间是相因而存的关系。李荣更进一步讲道：

单有而无无，有不得焉利，单无而无有，无不得焉用。明有因无以为利，无因有以为用，既识有无之相因。自知粗妙之相藉也。[2]

如果对于世界而言，只有“有”的存在，而没有“无”的存在，那么“有”就失去了其所依靠的东西，便也就不会存在。如果只有“无”的存在，而没有“有”的存在，那么“无”将会失去其作用，亦即是不能显现其作用。所以“有”与“无”可以说是相互依存而生的，缺一不可，而且互为依赖，不可执其中一端。故而李荣提出了：

道非偏物，用必在中……盈必有亏，无必有有，中和之道，不盈不亏，非有非无，有无既非，盈亏亦非，借彼中道之药，以破两边之病。[3]

就道的作用而言，不可以偏向于物，而其用必然是在中道之中。有“盈

[1] 蒙文通：《蒙文通文集》第六卷，《道书辑校十种》，巴蜀书社，2001，第567页。
[2] 蒙文通：《蒙文通文集》第六卷，《道书辑校十种》，巴蜀书社，2001，第587页。
[3] 蒙文通：《蒙文通文集》第六卷，《道书辑校十种》，巴蜀书社，2001，第570页。

满”则必有“亏损”，有“无”的存在，则必然会有“有”的出现。李荣提出了“药病”模型，中道之药是为了治疗众生偏执于“有”与“无”而用的，病已经痊愈，那么药自然就不再有存在的意义了。如此时再吃药，恐是一执，故而中道亦需遣除。正如李荣在对《老子》中“玄之又玄”之以做注解的时候说道：

> 道德杳冥，理超于言象，真宗虚湛，事绝于有无，寄言象之外，托有无之表，以通幽路，故曰“玄之”。犹恐迷方者胶柱，失理者守株，印滞此玄以为为真道，故极言之非有无之表，定名曰玄。借玄以遣有无，有无既遣，玄亦自丧，故曰又玄。[1]

“道”与“德”可谓是幽深而又玄远的，其理是超言绝象的存在，只是因为没有办法言说，故而假借“有”与“无”来解释道的真义，这可以称呼为以“玄”来粉饰。但“有”与“无”并非是真理，追求真理之人会执着于此而忘失真道。要窥得“道”的真谛，“有”与“无”必须遣去，此是一“玄”。此“玄”的本义是用以遣除“有”与“无”的，既然“有”与“无”都已经遣除了，那此“玄”亦没有必要存在了，这即是“又玄”。李荣这里所讲的“理”可以说是道的代名词，也接近于宋明理学中所讲的“理”。

二、“息应还真”之修养论

李荣所崇尚的道是“虚极”之道，其底层逻辑是重玄思维方式，主张一破到底。其修养论也如老子“损之又损”所言，是作减法的：

[1] 蒙文通：《蒙文通文集》第六卷，《道书辑校十种》，巴蜀书社，2001，第566页。

息应还真，摄迹归本也；从体起用，自寂之动也。[1]

所谓“应”即是应物之义，即是向外求之义。修真之人不能沉溺于外物外境上，而是应熄灭应物之心，熄灭有求之心，而回归于道的本生。应物属于道之行迹，而并非是道之本身。世界万事万物之别过于纷乱，如在应物上下功夫，则容易迷失真道，所以需要循迹以求本，从流而溯源。为此，李荣进一步阐述了明道、循道、体道的重要性：

自本自根，生天生地，始制有名也。既得其子，以知其母，子之依母，天之理也，故言知止也。子依母，物无伤害，人依道，理无危殆。[2]

子从亲生，必须孝于亲；物从道生，必须守于道。母子相守，本本相收，能行此者，国家安也。掩目闭口，外患不生，既无疲劳，又绝勤苦，会无名之始，归有名之母，修身之道也。[3]

在他看来，道是自本自根的存在，正因其不凭借于任何物而存在，故而才可以化生万物，化生天地。既然万物是道所化生的，那么万物与道的关系，就如同是子与母的关系一样。子女依靠母亲，正如同万物依靠于道，只有遵循道的法则，才能够生生不已。而人亦是如此，只有遵道而行，才不会受到伤害。如果违背了道的规律，受到惩罚也是必然的。果能遵道而行，则断无受到伤害之理。子女由母亲所生，所以必须孝顺父母；万物从道而生，所以必须顺从于道的法则。此处李荣以人之道来比喻天之道，可谓是非常之巧妙。只有遵循于道，人民才能够安泰，国家才能富强。

[1] 蒙文通：《蒙文通文集》第六卷，《道书辑校十种》，巴蜀书社，2001，第 582 页。
[2] 蒙文通：《蒙文通文集》第六卷，《道书辑校十种》，巴蜀书社，2001，第 607 页。
[3] 蒙文通：《蒙文通文集》第六卷，《道书辑校十种》，巴蜀书社，2001，第 632 页。

为了论证人必须遵循于道的理论，李荣又提出："人之受生，咸资始于道德，同禀气于阴阳，而皎昧异其灵，静躁殊其性。"[1] 人能够受生，最根本的在于其禀受道。从物质而言，李荣认为人是禀受阴阳二气而化生的，阴阳二气可以说是道与人之间的一种媒介。之所以后天不能秉持道而行，是因为后天之欲的存在：

> 物之性也，本乎自然，欲者以染爱累真，学者以分别妨道，遂使真一之源不显，至道之性难明。[2]
>
> 百姓不能以性制情，而乃纵心逐欲，注耳目于声色，专鼻口于香味，因兹昏惑，以此聋盲。[3]

本来万物之性，都是效仿于自然之道的，人亦是如此。之所以产生后天的种种差别，是因为有欲之人因为贪爱执着而使真道丧失，为学之人因为产生了分别之心而不能见道，故而众生虽禀道生，却不能见道。对于黎民百姓亦是如此，因放纵情欲，而痴迷于犬马声色之中，导致智识昏昧。李荣列举了丧失道以后的种种坏处：

> 不能养性，内为情欲之所伤，外为毒虫之所害。[4]
>
> 道滞俗，去本求末，通六情之兑，开五欲之门，虽常有累之事，终失无为之道，亡没此身，难可救拔。[5]

如果众生迷失道之所在，就不能颐养其性情，在内因为其杂念纷飞，

[1] 蒙文通：《蒙文通文集》第六卷，《道书辑校十种》，巴蜀书社，2001，第510页。
[2]《道德真经玄德纂疏》卷十七，《道藏》第13册，文物出版社、上海书店、天津古籍出版社1988年联合出版，第507页。
[3] 蒙文通：《蒙文通文集》第六卷，《道书辑校十种》，巴蜀书社，2001，第530页。
[4] 蒙文通：《蒙文通文集》第六卷，《道书辑校十种》，巴蜀书社，2001，第630页。
[5] 蒙文通：《蒙文通文集》第六卷，《道书辑校十种》，巴蜀书社，2001，第633页。

或所欲之物不能满足，或所执之情忽然断灭。在外因内欲念困扰下而不能正定，自然不能同赤子一般不被毒虫所侵扰。众生因流于俗念，舍弃本源而追求外物。道教之“五欲”与佛教有所不同，指的是声、色、香、味、爱憎。道教之“六情”是指人的喜、怒、哀、乐、好、恶六种情感。因为有五欲六情的牵绊，所以才使得身心俱疲，陷溺于凡俗而不能成道。关于如何通过修行恢复先天之本然，李荣首先批判了不正确的修行方式：

> 此明流俗有为之徒，不能同赤子之握固，似含德之知和，遂欲丧其精，运力伤其气。益生以滋味，补气以乐石，中心欲使气盛而不衰，体善而不恶，其可得乎，故曰善之为善，斯不善已也。[1]

耽着于情欲的人，不能同得道之人一般固摄其心神而不失其真。因为放纵自己的欲望而使得精气丧失，因为过度的耗费气力而使得元气耗散。他们一边做着纵欲的事情，一边却想着用美味佳肴来补益自己的身体，用药物来补充自己的元气。他们希望自己可以达到元气盛而不衰竭，身体能够保持一个良好的状态，这又怎么可能达到呢？就比如一个杯子，一边漏着水，一边往里面加水，这样只会让水漏得更快而已，元气亦是如此。那么如何才是正确的修行方法，李荣提出了保持“清虚”的特性。“学道者虚心遗于正色，澡虑荡于纷累，虽于朽身弊俗，复得成于真道也。”[2] 真正修道的人，应当使心保持在“空虚”的状态，要把心中的欲念清空，如此，即使身体没有超脱，亦可合于真道。不难看出，相比于身体的超脱，李荣更加看重精神的超脱。除此之外，李荣推崇“静”而驳斥“躁动”：

> 其性静而贞，其行清而远，守之厚者，可得虚极之道。[3]

[1] 蒙文通：《蒙文通文集》第六卷，《道书辑校十种》，巴蜀书社，2001，第637页。
[2] 蒙文通：《蒙文通文集》第六卷，《道书辑校十种》，巴蜀书社，2001，第584页。
[3] 蒙文通：《蒙文通文集》第六卷，《道书辑校十种》，巴蜀书社，2001，第584页。

动则有生有死，失于真性，静则不死不生，副于慧命也。[1]

李荣认为性情安静坚定的人，才能够长久的存在，而能进一步坚守这种信条，就会与道合德。人一旦心念躁动，就会被心中之烦恼与外物所累，就会丧失真常之性，则不能从生死的苦海中解脱出来。只有保持“静”，才能够保存慧命，而达于不生不死的境界。这种“静”不是一片死寂，而是动中之“静”，这亦是“无为而无不为”之境界：

夫欲去有所累，所以归无为，而惑者闻无为，兀然常拱手，以死灰为大道，土块为至心。恐其封执无为，不能悬解，故云‘无为而无不为’也。无为而无不为，非无为也；有为而归无为，非有为也。此则为学为道，道学皆忘，唯动与寂，寂动俱息也。[2]

李荣这段话的评述可谓非常之精妙。修道的最高境界非是如同石木一般没有知觉，不明白真道的人容易执着于空，陷入断灭空的境地。修道所说的“无为”，并不是什么都不做，而是做一切事情却一点也没有执着之心，如同没有做一样，这即是“无为而无不为”。此处李荣又提出了“为学”与“为道”两个命题，这个命题也是道教历来就有的。所谓“为学”就是作加法，不断增加自己的知识与学养。所谓“为道”就是作减法，不断去除心中的欲望。“为学”与“为道”的关系正如同“有”与“无”之间的关系一般，又如同“动”与“静”之间的关系。两者相辅相成，均为助道之良药，只有两端皆遣，才能达于重玄之境。

[1] 蒙文通：《蒙文通文集》第六卷，《道书辑校十种》，巴蜀书社，2001，第585页。

[2] 蒙文通：《蒙文通文集》第六卷，《道书辑校十种》，巴蜀书社，2001，第629页。

三、“无欲守静”之治国论

李荣之治国论，亦是从修养角度出发的，他认为只有保持良好的修养，才能治理好国家。他对于君王的要求是很高的：“上若能无欲守静，百姓不须整理而自齐，万国无烦教令而自正也。”[1] 这句话可以说是李荣治国论的总纲。他认为在上位之君主不能有过多的欲望，不能有过于繁杂的政令，只要做到了“无欲守静”的功夫，百姓自然不需要太多的规约，就会做的很好。国家亦是如此，君主若能做到“无欲守静”，不需要太多的政令国家也可以治理得很好。所以他提出：

> 皇帝之道隆，功成也；无为之风著，事遂也。前历明三古，言失道后德，自淳至浇，后重结之，欲示绝仁弃义，反浇还淳也。道浅易视，德高难见，今圣化既深，神功莫测，日用不知，故言自然。[2]

在上位之君王如能道德昌隆，以“无为”作为治理国家的要领，自然可以普化万民。所谓“三古”，按照易经的说法，应是伏羲、文王、孔子。还有一种说法，乃是指伏羲所在之时代为上古之时，神农所在之时为中古之时，五帝所在的时代为下古之时。世上之人原本都是保持纯朴善良的本质，本来就在道之中，故而社会可以按照其规律无为而治。而失去道以后，就开始提倡德，进而开始提倡仁义。所以治理国家，最好的方式仍然是返本归真。因为幽深的规律，本来就是“百姓日用而不知”的，只有圣人可以体会。对于君臣之道，李荣也提倡以君王之德来感化臣下：

> 夫为上也，化之以道，示之以信，上能信下，下亦信上，上若不能信下，下亦不信于上。此中古之时也，未能忘言，借言传意，

[1] 蒙文通：《蒙文通文集》第六卷，《道书辑校十种》，巴蜀书社，2001，第 612 页。
[2] 蒙文通：《蒙文通文集》第六卷，《道书辑校十种》，巴蜀书社，2001，第 587 页。

更相亲誉，是以重言。[1]

在上位之君主如果能够以道来治理臣子与部下，而且能够信任其臣子，那么臣子对其回馈亦会是信。如果在上位之君主不能以信来待臣子，其臣子亦会不信。此亦是儒家“所恶于上，毋以使下”[2]之义。

同时，治理国家也是需要道的，李荣提出了“道为国母”的理念：

> 今理国以道为根则根深，修身以德为蒂则蒂固，蒂固则长生，根深则久视，天人之式，家国之要也。[3]
>
> 夫水所以载舟，亦所以覆舟。高以下为基，下亦危于高也。下之贱也，尤乃危高，高之贵焉，诚能减下。失道则高下相危，得道则君臣俱泰。[4]

治理国家如果能够按照“道”的规律来进行，以“道”的原则作为治理国家之根本，如此则国家之根基可以牢固，国家则可以长治久安。水可以载舟，亦可以覆舟的理念，显然是借鉴了儒家的理论体系。君主同百姓之间的关系，就如同船与水之间的关系一样。当百姓安居乐业的时候，水流平稳，船就可以正常的航行，君王的统治可以得到稳固；但如果百姓生活在水深火热之中，自然水流湍急，船身则会晃动不堪，君王的统治也岌岌可危。在高位之君王与在下位之百姓亦是相辅相成的关系，君王之所以能在上位，是因为在下之百姓为其作为根基；但是百姓如果不满君王之统治，此时根基则有危殆。能以道治理百姓，则君王与百姓均能安泰；如违反道的规律，肆意妄为，则江山社稷摇摇欲坠。这个理论最早出自荀子，唐代名臣魏征在与唐太宗交谈时亦多次引用。李荣的理念即是要以百姓为

[1] 蒙文通：《蒙文通文集》第六卷，《道书辑校十种》，巴蜀书社，2001，第 587 页。
[2]（宋）朱熹：《四书章句集注》，中华书局，1983，第 10 页。
[3] 蒙文通：《蒙文通文集》第六卷，《道书辑校十种》，巴蜀书社，2001，第 642 页。
[4] 蒙文通：《蒙文通文集》第六卷，《道书辑校十种》，巴蜀书社，2001，第 567 页。

治理国家之根基，牢牢把握住这一点，国家就会长治久安。

对于国家之武力，李荣同以往的道家学者一样，都不喜用兵。“兵者，动有亡国失人之患，故言不善。存者人之所爱，亡者人之所恶，有道之主，不处好兵也。”[1] 如果一旦用兵，就有政权不稳的危险，所以不是什么好的事情。让一个东西长久的保存下去是每个人都所喜欢的，而让一个东西消亡是每个人所不喜欢的，故而遵道而行的君王都不喜武力。正如同儒家《大学》中所讲“好人之所恶，恶人之所好，是谓拂人之性，灾必逮夫身”[2]，对于人是如此，国家亦是如此。除此之外，李荣还提倡平等之道：

> 物情不悦，食玉衣锦，不以为美。人心既适，饭蔬被褐，足可为甘。今陶圣化，过大钧，人无贵贱，所食者皆甘也；服无好恶，所衣者皆美也；家无贫富，所居者皆安也；乡无丰俭，所住者皆乐也。既无远徒之者，故绝弱丧之人。[3]

李荣早在唐朝时，就提出这样平等的想法，可谓是非常之超前的。每个人不追求过分的美食华服，没有过分的欲望，人亦无高低贵贱之分，人人平等。在这样的社会中，每个人都会变得富足，国家自然便可以长治久安。最后，李荣的终极理想亦同于老子：

> 两国为邻，望之在目，鸡鸣狗吠，听之闻耳，从始至终，以少及老，不相往来，人人皆自足，家家俱有道，故曰人相忘于道术，鱼相忘于江湖，其斯之谓也。[4]

这反映了一种没有剥削、战争、文化等的一种质朴的社会，这种思想

[1] 蒙文通：《蒙文通文集》第六卷，《道书辑校十种》，巴蜀书社，2001，第 604 页。
[2]（宋）朱熹：《四书章句集注》，中华书局，1983，第 12 页。
[3] 蒙文通：《蒙文通文集》第六卷，《道书辑校十种》，巴蜀书社，2001，第 665 页。
[4] 蒙文通：《蒙文通文集》第六卷，《道书辑校十种》，巴蜀书社，2001，第 655 页。

亦是同其“无为而治”的思想一样，一以贯之的。如果各个国家之间能够各受其命，各自安分守己，而不贪求向外扩张。那么就会天下太平，人民安居乐业。

总体来说，李荣治国论之核心还是在于君王本身。作为君王，其对百姓的政策也应该追求无为而治。只有君王自身欲望淡薄，才能够上行下效，才能治理好国家。经过上述分析可以看出，李荣的治国论吸收了很多同时代的儒家思想，可以说是儒道结合的产物。尤其是载舟覆舟等论述，隐含着儒家朴素的“民本”思想，体现了隋唐时期三教之间的论争与融合。

四、李荣重玄思想的影响

由于声名卓著，李荣被称为“老宗魁首”，可见其思想在当时就已经广为流传，具有很大的代表性。作为成玄英之后唐代重玄思想的代表人物，李荣对成玄英的思想有继承也有发展。因李荣之思想与成玄英之思想有许多共通之处，有学者也推测李荣为成玄英之弟子，但目前并未有文献可以证明。当知，思想之流通与传播，与道教宗派内部法脉之传续是有所不同的。重玄思想作为一种思辨性的哲学而言，其传续并不一定是师徒之间的传承，而是思想的传播与流变。即使李荣不是成玄英法脉之弟子，其思想与成玄英有一定承接关系，这是肯定的。相比于成玄英思想的孤独与空寂，李荣则进一步转向了思辨与解脱。相比于成玄英一破到底理论之无所依托，李荣则以“虚静”作为其最终归宿与寄托。

更为重要的是，李荣的思想进一步影响了道教的发展。道教以《老子》为其理论之核心，更是尊老子为太上老君。而佛教传入中国之后，曾试图否定《老子》与道教之间的关系，认为道教与道家并无关联。唐代重玄学的出现，即是对佛教的一种辩驳。在如此之背景下，李荣的重玄思想与道教的宗教神学自然有所不同，李荣之道多形容为“自然”“玄妙”等，而非是宗教化的“天人感应”。李荣所论之道，是人人皆可去求的。但他的道又是深不可识的，这样正好又契合了道教神学对于道之神明性的追求。李荣用“虚极”来阐发道，既保证了道的自然之性，亦契合了道的神秘之性。李荣的思想为后来道教思想的发展与转向，提供了理论基石。

此外，李荣之思想对后世儒释道三教的融合，也有着深远的影响。李荣在阐释《老子》时，不仅吸收了佛教理论，同时还兼用了许多儒家的思想，其学术理路在于努力把儒家之思想融入以“道”为核心的道教思想体系内。这种融合还受到了当时统治者的推崇，后来唐玄宗以重玄之思维注解老子就是一个例证。随着儒释道三教之间的论争与融合，特别是对儒家思想的吸收，也使得道教之“道”进一步政治化与儒学化，为道教的发展提供了新的方向和契机，同时也成为催生宋明理学的一个重要因素。

第三章　黎元兴以道性为中心的重玄思想

第一节　黎元兴的生平及著述

黎元兴为初唐益州（今巴蜀地区）名道，原名为黎兴，元兴为其字，广汉雒人（即今四川省广汉市）。作为道教重玄学派的重要代表人物，其思想具有重要的研究意义与价值。记载其生平的史料不多，笔者只能通过现有的资料来对其生平进行一个整理的描摹。据卢国龙教授考证，卢照邻在《益州至真观主黎君碑》所记载之人即为黎元兴，为至真观修建者昭庆法师之大弟子。该碑文在《全唐文》《文苑英华》《全唐文》《卢升之集》《重修巴蜀县志》等书中均有收录。根据记载，此碑建造于仪凤二年（677 年）。碑文主要记载了至真观的历史以及黎元兴本人的一些事迹。

根据黎君碑记载，法师祖上多为显贵，或有爵位，或执一方之政：

金天命秩，即有天地之官；火正分司，实掌羲和之任。夏殷之际，代为伯相，或食邑于鲁，或书社于卫，故鲁之黎城，卫之黎阳，即其地也。魏晋之交，或立功于吴，剖符于蜀。在吴者其后封于寿春，黎将故城有黎氏之墓，石文石阙之字在焉。在蜀符坚时秦为蜀郡太守，北齐时练山为益州刺史，故子孙因家于蜀。法师，练山之六代孙也。[1]

[1]（宋）李昉：《文苑英华》，文渊阁《四库全书》第 1341 册，台湾商务印书馆，第 380 页。

卢照邻对黎元兴家世评价如此之高，可能当时确有实证，但如今已不可考。可以看出，他同一般高道高僧一样，一出生便显示出了异于常人之象。“玄珠结庆，剖江汉之圆流；紫胞贻祉，动岷精之垂曜。豫章七岁，非复常材；朝阳五色，岂云凡鸟”[1]？同时，黎元兴的成长经历，也彰显了他一步步成为高道之路。他自幼便流露出对道门的向往和不俗的学识，“初登小学，笑孔墨之神劳；一见玄书，以彭聃为己任。玉笈云囊之术，龙缄凤蕴之图，莫不吞楚梦于胸中，指鲁城于掌上”[2]。其继任至真观主之后，不仅开设讲堂、传道收徒，更是博施广济，可见其仁德之厚。“见诸疾苦，便开五色之囊。遇彼饥寒，辄有千金之费。巾拂之外，余无所留。凡所经过，洪济多矣”[3]。黎元兴不仅在当地有很高的声望，名声更是传入长安，被李唐国君招请，而黎元兴拒而不受。《黎君碑》借高士许由曾拒尧之征请来代指此事，“临长水而饮犊，不就尧征；卧巨泽而牧羊，徒劳汉使”[4]。从现存史料来看，黎元兴本人生平的大体情况即是如此。

黎元兴曾为《道德经》作注，杜光庭在总结历代注解《道德经》时提到：“巴蜀道士黎元兴（作注义四卷），”[5]可惜未能留世。其著作仅存《海空经》遗世，这是学界研究其思想的主要依据。《太上一乘海空智藏经》为《海空经》的全称，又被称为《七宝庄严》。“太上”为至高无上之意，通常表明为太上老君所言说，此经则不同。所谓“一乘”者，乃是《本际经》所言“真一”之义，即认为道教乃是不二之教。《海空经》在《序品》中亦解释

[1]（宋）李昉：《文苑英华》，文渊阁《四库全书》第1341册，台湾商务印书馆，第381页。

[2]（宋）李昉：《文苑英华》，文渊阁《四库全书》第1341册，台湾商务印书馆，第381页。

[3]（宋）李昉：《文苑英华》，文渊阁《四库全书》第1341册，台湾商务印书馆，第382页。

[4]（宋）李昉：《文苑英华》，文渊阁《四库全书》第1341册，台湾商务印书馆，第381页。

[5] 杜光庭：《道德真经广圣义序》，《道藏》第14册，文物出版社、上海书店、天津古籍出版社1988年联合出版，第310页。

了“海空智藏”之义，“言此真士，其心若空，理包物外，是为智藏”，即是对真士的称谓。之所以称这部经为《七宝庄严》，此经《法相品》解释道：“此经即是众宝之聚，又当名为七宝庄严。”[1]由于深受佛教的影响，黎元兴多引用佛教的名词，七宝即是如此。

明代正统《道藏》所收录为全本，敦煌抄本残缺不全，《云笈七签》亦对此书有引用。《正统道藏》洞真部所收录的版本为足本，位于第一册的第604～608页。前人李德范所出版的《敦煌道藏》收录了《海空经》的残本，位于第59～110页。收录于《中华道藏》的版本，是以《正统道藏》所录本为底本，并且参考了敦煌本，最后点校而成，位于第284～373页。此经一共有十卷，即《序品》《哀叹品》《法相品》《普说品》《问病品》《持戒品》《平等品》《供献品》《舍受品》《普记品》。宋代著名学者张君房所编纂的《云笈七签》中，《说戒喻》《道性论》《三相论》《道性因缘》《本性淳善》《有为无为法》《观四大相》《色声烦恼》《柭喻》《病说》篇目，均节录于此经。

关于造经的时间，可以从武周时僧人玄嶷《甄正论》中所录文字中略窥端倪：

> 至如本际五卷，乃是隋道士刘进喜造。道士李仲卿续成十卷，并模写佛经潜偷罪福，构架因果参乱佛法。自唐以来，即有益州道士黎兴，澧州道士方长，共造海空经十卷。道士李荣又造洗浴经以对温室，道士刘无待又造大献经以拟盂兰盆，并造九幽经将类罪福报应。[2]

撇开对于道教的批评，可知《海空经》造经的时间早于刘进喜所作《本际经》，晚于李荣《洗浴经》和刘无待《大献经》。此经为方长（即方惠长）与黎兴（即黎元兴）所共造，据《集古今佛道论衡》所载，方惠长与僧人

[1]《太上一乘海空智藏经》，《道藏》第1册，天津古籍出版社，1988，第633页。
[2] 玄嶷：《甄正论》，《大正藏》第五十二卷，台北新文丰出版公司，第569页。

子立等曾于龙朔三年（663 年）论义，高宗朝曾与李荣同时游学长安，可知《海空经》应作于唐太宗贞观末年与唐高宗当政初期之间，反应了当时重玄学的发展与变化。王悬河所造《三洞珠囊》《上清道类事相》、孟安排《道教义枢》、未知作者之《道门经法相乘次序》等道经对《海空经》均有记载。王悬河为高宗武后时期高道，弘道元年间（684 年）曾于巴蜀刻碑两处，即《道藏经序碑》。《三洞珠囊》与张大安所造《后汉书注》大约在统一时期，《后汉书注》又为太子李贤命张大安所撰。李贤在太子位的时间为上元二年（675 年）至调露二年（680 年），后被贬为庶人，由此可知《三洞珠囊》编写于太子李贤在位期间。《三洞珠囊》中把《庄子》叫作《南华论》，而不以“经”称，且对唐讳不避，即可知此经编纂于 680 年前后，此经中所载的《海空经》成书时间应更早一点。又据《道门经法相乘次序》，唐高宗问道于潘师正时，潘已引用此经。问道发生在高宗祭嵩山之时，前后两次拜访高道潘师正，第一次是在上元三年（676 年），第二次是在调露初年（679 年）。由此可知，《海空经》造经时间，最迟应在 679 年之前。综上所述，《海空经》的成书时间应是 670 年之后的事情。

目前学界对于黎元兴及其著述的研究较少，不过寥寥数篇，主要从文献和著作方面做了初步的研究。令人遗憾的是，重玄思想作为黎元兴思想的核心，学界对此尚未有过深入探讨。故此，笔者将基于此核心要点，展开进一步的分析与研究。

黎元兴为唐代蜀地著名道士，其重玄思想的形成自然与当时的学术风气息息相关。根据史料记载，可以推测出黎元兴主要生活在唐太宗后期和高宗武后时期。唐代多逢明主，胸襟博大，又兼之唐代乃多民族融合之政权，故而形成了一种宏大、包容、开放的文化氛围。唐太宗及高宗时期，为了维护其统治，对儒释道三教采取了兼收并用的政策，三教鼎力与三教融合成了该时期的主要特征。重玄学源于道家思想，肇始于东晋孙登，在融摄儒、佛两家的基础上达到极盛，从而成为道教主流思想。黎元兴的重玄思想便是在这种背景下应运而生的，自然也深受三教融合的影响。

唐代兼收并蓄的文化氛围为黎元兴重玄思想的形成提供了丰厚的沃土。唐太宗及唐高宗对于多元的文化现象大多持包容的态度，加之唐代良好的社会风气、开明的文化政策、独特的人文风尚，奠定了唐代文化氛围的基调。唐代社会风气开明，敢于吸收和接纳外来文化，“对异族、异端、异议、异曲、异服、异俗等等，少有拆防拒斥而多所延纳兼容”[1]。道教学者们也以极大的热情继承与开创着种种文化，有些学者还走向了政治舞台。在几代统治者的推崇之下，道教也得到了极大的发展，“开元之初，贤臣当国，四门俱穆，百度唯贞，而释、老之流，颇以无为请见。上乃务清净，事薰修，留连轩后之文，舞咏伯阳之说”[2]。唐初统治者多重文治，唐太宗有“戡乱以武，守成以文，文武之用，各随其时”[3]之论，这也成为了后来继任者们的普遍共识。在此基础上形成的文化政策，与历代相比，更具有海纳百川的宏大气象。政府积极鼓励儒、释、道三教文化以及其他文化多元化发展，各个学科之间的壁垒逐渐突破，不同文化之间的界限亦随之消融，呈现出融合与互相借鉴的态势。统治者非常重视教育，积极鼓励与推动文化的发展。道教学者们多思想开放、个性张扬，除却著书立说之外，更是主动融入社会的改造。

唐代儒、释、道三家虽然存在着各种矛盾与争端，但三教互融互摄的总体趋势却始终存在。尤其是佛、道二教争论一直存在，在思想的演进过程中相互补充、相互借鉴。二教多从时代的需要和自身的发展出发，吸收对方的理论来充实自身的思想体系。就儒家而言，隋唐时期逐渐从式微走向振兴。唐代经过对天人之辩的重新阐发和援引佛道入儒的转变，儒家思想体系日趋成熟，地位逐渐攀升。经过不断探索，儒家逐渐跳脱出“夷夏之辨”的缰锁，以儒为本，统合儒释，以包容的心态吸取外来文化的精髓，

[1] 林正根：《论纳异心态与唐代气魄》，《中国史研究》，1995 年第 3 期。

[2]（后晋）刘昫等：《旧唐书》卷九，《玄宗本纪下》，中华书局，1975，第 236-237 页。

[3]（宋）司马光：《资治通鉴》卷一九二，《太宗贞观元年》，中华书局，1976，第 6030 页。

终开宋明理学之先河。就佛教而言，经过与中国本土儒道文化的相互冲突和相互融合，在唐代逐渐走向鼎盛时期。佛教吸纳儒道思想，开宗立派，逐步完成其中国化的进程。不少著名的佛教学者还提出了三教融合、三教一致的观念。就道教而言，一方面保持着自身的核心观念，另一方面不断从儒道汲取营养以完善自身，从而使得它从注重神仙方术的本土宗教发展为教理教规成熟的士大夫式的宗教。从开创初期，道教便借鉴如儒家伦理思想，在唐代更是充实了儒家关于名教的内容。道教义理不甚精微，戒律也尚欠完善，在佛教的影响之下，开始不断充实自身的义理与戒律。

特别是巴蜀地区，在隋唐时期也迎来了三教融合的盛况。作为道教的发源地和道教文化的繁盛之区，巴蜀本就有“重道贵老”的文化传统。两汉时期，又以经学闻名于世。至唐初，随着佛教在巴蜀的传播，三论宗、净土宗、密宗、禅宗等诸多佛教宗派在巴蜀地域均有很大影响。由此而形成的三教互融互摄的背景，为巴蜀重玄学的发展提供了重要的基础。

据考证，黎元兴为高宗武后时期的蜀地高道。唐高宗晚年患病，武后逐渐掌管政权，武后无意于道教理论，而沉迷于道教长生久视之术，在其从政期间，重玄学的中心逐渐由长安转到蜀地。促成这一学术转变的，正是李荣等一批游学于长安的蜀地重玄学者。根据记载，《海空经》为黎元兴与方惠长所共同创造，“自唐以来，即有益州道士黎兴、澧州道士方长，共造《海空经》十卷”[1]。方惠长所在之地澧州（今湖南省澧县）距离重玄学者孟安排修学之地荆州很近，两者皆受到了自长安而来的学术影响。就地域而言，重玄学在高宗武周时期，有一个基本的脉络，即从长安而过益州最后至荆州，黎元兴亦受此影响。

随着道教学者的推动，重玄学成为道教主流思想体系。众所周知，东晋隐士孙登首托“重玄”以释《老子》，以开重玄之先河。经过不断发展，在隋唐时期，重玄哲学思辨性发展到了极致。唐代也涌现出了一批重玄学者，

[1] 玄嶷：《甄正论》，《大正藏》第五十二卷，台北新文丰出版公司，第569页。黎兴即为黎元兴，方长即为方惠长。

他们吸收佛教“中观”思想，以双遣双非为理论特征，以重玄为宗，对道教的认识论、道性论、修炼论展开全新的阐发，使得重玄学逐渐成为道教主流思想。重玄学派之代表亦不可甚数，且多为当世名道，唐末五代学者杜光庭便指出：“隋朝道士刘进喜、唐朝道士成玄英、蔡子晃、黄玄赜，李荣、车玄弼、张惠超、黎元兴，皆明重玄之道。”[1] 黎元兴的重玄思想便是在这样的背景下产生的，自然也带有这个时代鲜明的烙印。

第二节　黎元兴的重玄思想研究

黎元兴曾注解《老子》，“作《注义》四卷”[2]，可惜未能传世，但其遗世之作《海空经》，却处处流露出对《老子》思想的继承与阐发。他的重玄思想以道教理论为基底，融合佛教理论，并把“双遣双非”的重玄思维模式贯穿始终，堪称重玄学者中的翘楚。

隋唐时期，道体问题是重玄学者争论的热点，他们认为道是一种本体，并且希冀通过修持，达到与道冥合的最高境界。最高的解脱境界是当时重玄学者所共同追求的，但是个体的有限性如何能超越整个社会乃至宇宙的桎梏而实现自由，这个难题在当时一直悬而未决。黎元兴作为当时重玄学派的重要代表，其思想自然也无法脱离这个中心议题，又加之佛教思想的影响，他形成了独具特色的重玄思想体系。在他庞杂的思想体系中，亦有其清晰的脉络，即重玄之体的内在本质、重玄之最高境界。

一、“道性”为重玄之体

重玄之体即是道体，这也是被历代道教学者所重视的议题，可以说道

[1] 杜光庭：《道德真经广圣义序》，《道藏》第 14 册，文物出版社、上海书店、天津古籍出版社 1988 年联合出版，第 340 页。

[2] 杜光庭：《道德真经广圣义序》，《道藏》第 14 册，文物出版社、上海书店、天津古籍出版社 1988 年联合出版，第 310 页。

体论即为重玄学之本体论。重玄学者认为要实现超越与解脱就要体道，但作为道体，从其作为万物生成本源的角度而言，是外在于人而存在的，这点不同于佛教的佛性之义。故而，如何将道与修行联系起来，便成为一个重要的问题。道体是为了说明道的存在性问题，而道性则是要揭示道的内在本质。重玄学者发现，从本质而言，人与道有互通之处——即人性是复合于道性的，这样道性之说便能为修养论提供合理的依据。重玄学者之前多论道体，而黎元兴关于道性的论说，便使得重玄学进入了一个新的阶段。

由于深受佛性论的影响，黎元兴肯定了一切众生皆有道性，“亦复能知一切众生悉有道性”[1]，这与众生皆有佛性的理论不谋而合。佛教肯定了一切众生悉皆成佛，一阐提众生亦是如此。黎元兴则提出“是诸饿鬼皆有道性”[2]，连罪恶深重的恶鬼也不例外，他们只是因为不信和诽谤海空智藏才受此地狱之苦，通过虔诚忏悔罪业便可得生人天：

> 亦见光中海空宝台秘密之藏，说言众生、是诸饿鬼皆有道性。尔时，饿鬼闻是语已，各各忏悔，即便命终，托生人天。是诸地狱悉皆空虚，无受罪者。唯有不信、诽谤一乘海空智藏，饥渴逼切，于此狱中百千余岁，未曾得闻甘露之名，未曾得闻甘雨之润。当尔之时，地狱空虚。[3]

这也表现出道性广大周遍，无所不包的特性，也暗示诸众生皆有与道性合一的可能。

黎元兴用道性来说明修炼合道的可能性，而用法相来指代本体，通达法相即可解脱。“即法相者，即是解脱，是解脱者即是法相。以是之故，法相既空，解脱亦空”[4]。法相既是主体，但客体又由其演变而来，故而“六

[1]《太上一乘海空智藏经》，《道藏》第1册，天津古籍出版社，1988，第664页。
[2]《太上一乘海空智藏经》，《道藏》第1册，天津古籍出版社，1988，第647页。
[3]《太上一乘海空智藏经》，《道藏》第1册，天津古籍出版社，1988，第634页。
[4]《太上一乘海空智藏经》，《道藏》第1册，天津古籍出版社，1988，第683页。

尘既空，法相亦空”。[1] 关于法相是实是空的问题，黎元兴借天尊回答海空智藏之语给出了自己的解释：

> 善哉善哉，真人大士心了法相，清净无累，是故能有今者之问。所谓利益一切，成就无量，功果之津，于斯已现。我当为汝分别解说，使今会众及未来生咸得照了，度脱生死，入法源流。海空智藏，一切法相因有为生，其源不实，其归亦空。所以者何？法相之兴，由于众生，众生既空，法相亦空。法相之兴，由于鬼神，鬼神既空，法相亦空。法相之兴，由于世界，世界既空，法相亦空。法相之兴，由于摄教，摄教既空，法相亦空。法相之兴，假乎权名，权名既空，法相亦空。法相之兴，生于兴造，兴造既空，法相亦空。法相之兴，由于善方，善方既空，法相亦空。法相之兴，由于恶生，恶生既空，法相亦空。法相之兴，由于不足，不足既空，法相亦空。法相之兴，生于知足，知足既空，法相亦空。法相之兴，由于眼根，眼根既空，法相亦空。法相之兴，生于耳根，耳根既空，法相亦空。法相之生，生于鼻根，鼻根既空，法相亦空。法相之生，生于舌根，舌根既空，法相亦空。法相之生，生于身根，身根既空，法相亦空。法相之生，生于意根，意根既空，法相亦空。以是因故，知法相体皆生于空，自空生空，是知空空，非有实际。若化众生，众生受化，得法宗本，以度苦海，所行法相，即便归空。[2]

他以重玄道体非有非无之模式来阐发法相之说：

> 所谓三相，有相、无相、非有非无相。若照此相，则得入于智慧之源。夫观三相，舛越不同。自有众生从有相观，入至无相；

[1]《太上一乘海空智藏经》，《道藏》第 1 册，天津古籍出版社，1988，第 683 页。

[2]《太上一乘海空智藏经》，《道藏》第 1 册，天津古籍出版社，1988，第 627 页。

自有众生从无相观，入至有相；自有众生神意挺然，非彼二相而得观见有无之相。[1]

法相有三，即“有相”“无相”“非有非无相”，此三者皆为偏见，不合正道。一者为断见，持此论者认为“万物今虽见有，必归于无。当知一切尽是虚无，非有实事，无湛然慧，无观空慧，无应感慧”[2]。从一切有而观一切无，认为万事万物均是虚幻不实的，这势必陷入虚无主义，此即断灭空。二者为狭见，持此论者认为“即此世中皆从无生，向本无此，而今有之，有何缘生？必因于无。是知无中皆悉有有，以有有故，一切无无”[3]。从无之本体而观一切有，万物皆从无而生，没有无这个本因，也就不存在一切有，此即偏空。三者为或见，持此论者认为“即世众生悉皆非有，亦复非无。所以尔者，若言有者，则终归无；若言无者，今见则有。若必尔者，则为不定。不定业故，不得出生。人天果报，当知六道，形有则有，形灭则无”[4]。从非有非无的角度而观有无二相，这势必又会陷入有无之间相互否定的困境，成为不定之论。黎元兴认为这三种观点看似有智慧，实则有违宗门之义。在他看来，不仅要破有相与无相，更进一步要破非有非无相，这样才能窥探重玄之体的内在本质。

此外，黎元兴还对道性的特征做出了详尽的阐释。首先，道性有“不生不灭、无因无果”的恒常之性，“道性之性，无生无灭，无生灭故，即是海空。海空之空，无因无果，无因果故，以破烦恼。以是因缘，名为修习”[5]。道性作为本体性的存在，其“不生不灭”的恒常特性为其也为众生修成道果提供了无限的可能性。老子之道具有亘古长存的特性，“有物混成，先天

[1]《太上一乘海空智藏经》，《道藏》第1册，天津古籍出版社，1988，第610页。
[2]《太上一乘海空智藏经》，《道藏》第1册，天津古籍出版社，1988，第611页。
[3]《太上一乘海空智藏经》，《道藏》第1册，天津古籍出版社，1988，第611页。
[4]《太上一乘海空智藏经》，《道藏》第1册，天津古籍出版社，1988，第611页。
[5]《太上一乘海空智藏经》，《道藏》第1册，天津古籍出版社，1988，第620-621页。

地生。寂兮寥兮，独立而不改，周行而不殆，可以为天地母”[1]，黎元兴对道性的解释亦是对老子之道的继承与发扬。“无因无果”并非是持有断灭见，和否定因果关系，而是指如果能通过修炼而达到与道合一的境界，便可以在因果中而不昧因果，虽受果报而能不起烦恼，了了常知。正因道性“无生无灭”之故，众生便共有道性，“道性之性，无生无灭；众生道性，为悉共有，为各各有。若共有者，一人得入海空藏时，一切众生亦应俱得”[2]。这个论断看起来奇怪，但细想便能体会其中妙义。黎元兴解释道，就拿仇怨来讲，一人与千百人结怨，如果一人放下怨恨之心，则千百人皆能和睦；一人如果对其他人有怨心，那千百人怨心自然而起。道性亦是如此，一人得道性，则一切人得；一人不得，则一切人皆不可得。其次，由其“不生不灭、无因无果”的恒常之性决定了道性众所共有的平等之性。若道性为各自所有，则可以数量，故而为无常之相，有违恒常之性。在这里，黎元兴一语道破了道性的平等之性，“众生道性，不一不二，究竟平等，犹如虚空，一切众生同共有之”[3]。不一不二者，乃是如如平等，无此与彼之别。道性广大，无始无终，遍虚空满法界，圆盖一切众生，故而能称之为究竟平等。

既然所有众生识神开始时均禀赋于自然，其道性都是无差异的，无二无别的，“一切众生识神之初，亦复如是，禀乎自然，自应道性，无有差异”[4]。那么众生又是为何显示出如此大的差异性呢？在他看来：

夫一切六道四生业性，始有识神，皆悉淳善，唯一不杂，与道同体，依道而行，行住起卧，语嘿食息，皆合真理。如鱼在水，始生之初，便习江湖，不假教令。亦如玉质本白，黛色本青，火性本热，水性本冷，不关习学，理分自然。一切众生识神之初，亦复如是，禀乎自然，自应道性，无有差异。云何而生种种恶缘、

[1] 王卡点校：《老子道德经河上公章句》，中华书局，1993，第 101 页。
[2]《太上一乘海空智藏经》，《道藏》第 1 册，天津古籍出版社，1988，第 608 页。
[3]《太上一乘海空智藏经》，《道藏》第 1 册，天津古籍出版社，1988，第 621 页。
[4]《太上一乘海空智藏经》，《道藏》第 1 册，天津古籍出版社，1988，第 615 页。

> 地狱、饿鬼、畜生等报？当知皆是六根所引。何谓六根？跟、耳、鼻、舌、身、意。眼根因缘，着诸色触，色相攀缘，其理不一，种种诸色皆入眼根。以是缘故，眼根生漏，漏既互生，生于无量无边诸法，或善或恶，以不定因，生于恶果。耳根因缘，亦复如是，着诸声触，声相攀缘，其理不一，种种诸声皆入耳根。以此缘故，耳根生漏，漏既交生，生于无量无边诸法，或善或恶，以不定因，生于恶果。鼻根因缘，亦复如是，着诸香触，香相攀缘，其理不一，种种诸香皆入鼻根。以此绿缘，鼻根生漏，漏既互生，生于无量无边诸法，或善或恶，以不定因，生于恶果。舌根因缘，亦复如是，着诸味触，味相攀缘，其理不一，种种诸味皆入舌根。以此缘故，舌根生漏，漏既交生，生于无量无边诸法，或善或恶，以不定因，生于恶果。身根因缘，亦复如是，着诸细滑，身相攀缘，其理不一，种种细滑皆入身根。以此缘故，身根生漏，漏既互生，生于无量无边诸法，或善或恶，以不定因，生于恶果。意根因缘，亦复如是。着诸攀缘，以攀缘故，其理不一，种种攀缘皆入意根。以此缘故，意根生漏，漏既交生，生于无量无边诸法，或善或恶，以不定因，生于恶果。最胜当知，三涂所起，由于六根、六触、六情、六染，是四大结能生种种善恶业因，增长三涂种种苦恼，能改无始一切善本。以是缘故，一切众生初由六根种诸过患，过患既生，缘起不灭。汝等当知，六根为灾，不可限量。是故学者应当捡肃六根，不可放逸攀缘诸相。[1]

四生六道的一切众生刚有神识的时候，均是纯善而不杂的，均依道而行，行住坐卧一切行为莫不合道。就如同鱼在水中，从出生伊始便游戏于江湖，不需要另外来学习。众生之所以后天显示出如此大的差异，是因为眼、耳、鼻、舌、身、意六根所致。眼根攀缘，执着于种种色相，于是眼根便现有漏之相，

[1]《太上一乘海空智藏经》，《道藏》第1册，天津古籍出版社，1988，第615页。

漏相互相旁生，种下无量无边或善或恶的因，从而感得恶果。耳根、鼻根、舌根、声根、意根亦是如此，皆由攀缘外相之故。三恶道的起因，乃是由于六根、六触、六情、六染，这四类能生出种种的善恶之业，增加三恶道的各种烦恼，能污染无始以来的善根。因为这个原因，一切众生初始由于六根攀缘而种下无量的罪业，罪业的种子既已生起，便相续不止，种种缘生，而现种种众生差异之相。其实《道德经》中对外境给人带来的影响早有论述："五色令人目盲，五音令人耳聋，五味令人口爽，驰骋畋猎，令人心发狂，难得之货，令人行妨"[1]，黎元兴在借鉴佛教教义的基础之上，对此有了进一步的发挥和阐释。

同时，黎元兴还从众生生灭与造化的角度，进一步分析了众生为外物所转，不能见道性质缘由：

> 我今于是思念万兆造化之由。云何众生、一切诸法各有道性，从因缘生？以是因缘，应有缚耶，应无缚耶？是五阴耶，是六尘耶？我今思惟，念念生灭。如是生灭，谁是缚耶，谁非缚耶？，谁是解耶，谁非解耶？如是因缘，因此五阴，生彼五阴，以此阴灭，不生彼阴。云何五阴能染烦恼，念念生灭，烦恼云何？[2]

所谓阴者，乃是有遮盖之意味，遮蔽人本有之道性，使人产生迷惑，从而造出种种的罪业。五阴，在佛教之中亦可称之为五蕴，蕴乃表聚合之义。所谓五阴，乃是指色阴、受阴、想阴、行阴、识阴。色阴者，世间所有之物，皆为障碍，色阴乃是物质聚集之所。色阴又有内色与外色两种。内色指的是眼、耳、鼻、舌、身，我们靠以觉知外界的感官，如此五者，可称为五根。外色指的是色、声、香、味、触，外界的五种外境，可以称之为五尘。根尘一一相对，乃是主客相对之义。受阴者，乃是对主体而言，可以纳受客

[1] 王卡点校：《老子道德经河上公章句》，中华书局，1993，第 45 页。

[2]《太上一乘海空智藏经》，《道藏》第 1 册，天津古籍出版社，1988，第 618 页。

体（即是外境）之所缘。又可以分为心受与身受两种，身受乃是五根（眼、耳、鼻、舌、身）所与五境（色、声、香、味、触）根尘相对所致，又可以分为苦、乐、舍（不苦不乐）三种不同的感受；心受乃是由于第六根意根所对外界之法而升起的感受，有喜与忧两种。所以总的来讲，受有苦、乐、忧、喜、舍五种分别。所谓想阴者，乃是源于心对所知之境产生分别之心，而执取其形，分立名相。即是主体之本根通过对外界环境的对接，会产生一定的认识，而在心中为其立名，如此而言虽为认识，实为分别之心作祟，着相之故。所谓行阴者，乃是行为造作之义。心体既然已经对外界之境执取，产生分别之念，心念一旦积集，产生种种行为也是迟早的事情。由心业而成行业，或恶、或善、或无记（不善不恶）。由于这些业本来最终源头是在心的驱使下完成的，故而又称为心所法，或者心所。识阴，所谓识乃是“了别”之义，亦即是分析判断。一个主体如果仅仅是接受客体的信息，然后产生反应，并且可以主动去获得外界的信息，这样一系列的过程可以说是一种主体与客体之间的机械的交互，这只是一种浅层次的交互。只有具备了对所接受的信息的理解与分析，才能够认识善恶、美丑等信息。这种分析与理解可以称之为识阴。前面的四种，皆是主体与客体之间的一种信息的交互，只有第五种识阴，他本身并不参与主客之间的交互，却能够对信息产生分析。五阴包含了五类法，均为因缘的聚合，相续不断。黎元兴这里假借佛教的名相，实际要说明的其实是道性为烦恼所遮蔽，为无阴所缚，不能得见之义，是表达众生不能得见道性的痛苦。对于这些烦恼在世间现出的种种之象，黎元兴亦有描述。众生临终之前，面临生死忧患之苦，即是有父母、妻子等各种宗族亲戚围绕在前，仍不能避免其苦恼与恐惧，“虽有五情，而无觉知，肢节战动，不能自持，身体虚冷，气命欲尽，即见所修罪福报应，相随业受生，或生三. 涂五道之趣，或生人间，随其功业，无不悉知。”[1] 这段描述，对于众生临终之苦描述得淋漓尽致。众生的生灭亦可以说是如同日出与日落、灯明与等灭一般随着因缘而不断生灭

[1]《太上一乘海空智藏经》,《道藏》第 1 册，天津古籍出版社，1988，第 618 页。

不已。五阴生灭之理亦是如此：

善男子，此五阴灭，彼五阴生。以此五阴，终不变为，生彼五阴，彼之五阴亦非自生，亦非余生。因此阴故，生彼五阴。亦如泥瓶，泥灭瓶成，体虽无差，随时各异。以是之故，因此五阴生彼五阴。以此阴灭，我说彼阴。善阴恶阴，观察善恶，父母交会、烟煴合时，随业因缘，得受生处。于母生爱，于父生慈，父母念时，心生欢喜。如是缘故，悉颠倒因，无爱见爱，无乐见乐，无常见常。如是倒见，作善恶因，烦恼作业。业作烦恼，是名结缚。以是义故，念念生灭。[1]

正因为烦恼的生生灭灭，五阴的生生灭灭，众生才无有出期。关于灭却烦恼的方法，黎元兴亦有提及：

若有善人亲近知识，便得闻见三洞《灵宝》十部妙文。以闻法故，恭敬礼拜，围绕赞叹，读诵书写，一心受持，清净供养，六时思惟，存念一切，无有绝时。于是时中，而坐忏悔。忏悔心已，即生欢喜。欢喜心故，舍远妻子，独处山林，存真念道。以是因缘，于生死中即得解脱，灭诸烦恼。如灯破闇，名之为灭度。以是义故，名因缘灭。[2]

不难看出，黎元兴所提及的灭却烦恼的方法，带有比较强的宗教的意味。但其中的方法却是有可行之处，以清净之心进行各种宗教的活动与修行的项目。二六时中，均能以清净之心存念，如此清净之念便可以转换烦恼之念。黎元兴对此又有过进一步的分析：

[1]《太上一乘海空智藏经》，《道藏》第 1 册，天津古籍出版社，1988，第 618 页。
[2]《太上一乘海空智藏经》，《道藏》第 1 册，天津古籍出版社，1988，第 618 页。

众生五阴亦复如是，有烦恼故，名为系缚；无烦恼故，名为解脱。善男子，譬如根眼开时见色，闭时无见。烦恼击缚，合散生灭，理无别法。众生五阴，亦复如是。若有烦恼，名为击缚；若无烦恼，是名解脱。以是因缘，说烦恼者，击缚众生；烦恼若灭，则无众生。离烦恼已，无别众生；离众生已，无别烦恼。亦名烦恼击缚众生，亦名众生击缚烦恼。[1]

烦恼虽有，亦属于生灭之法，五阴亦是如此。众生本有道性，而产生种种不同众生，乃是由于烦恼之故，因为无阴之故。烦恼生，则生分别之心，则见种种众生之别；烦恼灭，则众生一如，如百川入海，众位归元。故实无众生可度，而说度脱众生，实际是度脱自己心中之烦恼；心中烦恼灭却，即无众生之别。既然众生被外境所迷惑，虽有道性而不可见，得见道性便显得非常重要了。

二、“无为果”为重玄之最高境界

众生之道性本自天然，由于后天被无量的罪业与烦恼所蔽，犹如乌云遮月，不能得见。道性无始无终，故而众生虽现种种差异烦恼之相，然终不失道性，“善男子，一切众生，不失道性”[2]。因此，“得见道性”便是亟待解决之议题，此亦为黎元兴重玄之说的最高境界。

“得见道性”亦可称之为“得入一乘海空法藏”[3]，亦可称之为得“无为果”，此二者皆为异名而同实之称。黎元兴把修行的成就分为五种道果，即“地仙果”“飞仙果”“自在果”“无漏果”“无为果”，代表了“得见道性”的不同程度。这里不难看出佛道交融的影子，无为果作为最高的修行境界，亦

[1]《太上一乘海空智藏经》，《道藏》第1册，天津古籍出版社，1988，第618页。
[2]《太上一乘海空智藏经》，《道藏》第1册，天津古籍出版社，1988，第619页。
[3]《太上一乘海空智藏经》，《道藏》第1册，天津古籍出版社，1988，第620页。

不免受佛道交融的影响。同时，取“无为果”为最高境界，亦合老子之意，“为学日益，为道日损。损之又损，以至于无为”[1]，为道的最高境界便是达于无为之境。那么如何才能“得见道性”呢？

（一）明确修行的初发心

由初发心而始，经过修行，最终可以成就清净微妙之身。初发心既是起因，又是根本，此无不暗合佛氏初发心即证菩提之义。就布施而言，施予的过程虽然没有什么区别，所得福德却大不相同。如果于布施时不生广济、救度、慈悲之心，就如同把粪便投入大海，所得福德甚是微薄，这是因为不发善心之故。就譬如空旷的地方发出音声，却不能听到，这是因为其声响极其微弱，不能传入人耳之故。黎元兴借布施的例子来举证初发心的重要性，同样是布施，因发心不通，所获福德因此不一。由此，黎元兴还特别强调了初发心的无上妙用：

> 善男子，云何清净真仙童子持不杀戒，具五念心，谓下、中、上、上上、中上，乃至正见，亦复如是。是五十心，名初发心，具足决定，成五十心，是名满足，如是百心，名百福德，具足百福，成于一相。如是转输，具足成就七十二相，是名清净微妙之身。[2]

既然发心如此之重要，那么又该如何发心呢？

第一，要“发平等心”。因众生同有道性，故而发平等心即是修心以见性之始。“若有众生修行一乘微妙经典，发平等心，以此善根，愿与仙童共之此土，寿命长远，有大势力，获大神通”[3]，发平等心能有如此不可思议之福德，皆因不分别之故。因无分别之心，故能破一切相，除无量宿障，

[1] 王卡点校：《老子道德经河上公章句》，中华书局，1993，第 186 页。
[2]《太上一乘海空智藏经》，《道藏》第 1 册，天津古籍出版社，1988，第 626 页。
[3]《太上一乘海空智藏经》，《道藏》第 1 册，天津古籍出版社，1988，第 625 页。

从而得见道性，寿命增长、有大势力、获大神通亦是道性所显发之故。黎元兴指出，发平等心亦可除去身口意所造无量之业，临命终时亦可得生善道、中土之国。

第二，要“发信心”。信心为修道之要，长养一切善根功德，并可得海空智门，“若男若女，随类而解，俱发信心，受此大法，日夜读诵，永无休息。如是等人，同得平等海空智门”[1]。如果诽谤正法，而生不信之心，即得身口意之重病，轮转生死，在三恶道受诸苦恼，永无休止。还有人修行之初能升起信心，但信念不坚，犹如春天花开，而群蜂毕至，沉迷于其色其味而不知疲厌，及至花落又各自散去。如此之人与不信之徒并没有什么实质性的差别。

第三，要发“慈悲心”。黎元兴论述了发慈悲心的种种功德，“若其前世行慈悲心，救度一切，此人今生得大威德，人所尊重”[2]。同时，他还论述了没有慈悲心的种种祸患，没有慈悲心，便没有忍辱心；没有忍辱心，便没有精进心；没有精进心，便没有方便心；没有方便心，便没有智慧心；没有智慧心，便转为牛马等动物，常为人所驱使，而不能言。《老子》把“慈”作为三宝之一，并认为“慈故能勇”“夫慈，以战则胜，以守则固。天将救之，以慈卫之”[3]，可见慈心之重要。黎元兴则在此基础上，创造性的提出“能弃一切色，方等慈悲心”[4]，只有离于一切色相，方能视众生平等，生出真正的慈悲心。最后，要“发布施心”。发布施心亦有无量功德，如能念念相续，即为修道，“初念之心勤行精进，生布施心。如是等法，念念相生。以是因缘，相续不断，故名修道”[5]。发布施心亦应以平等为要，以智慧为先导，不问贫富贵贱、贤愚道俗，均能一视同仁。布施心即是要上供下施，在上供养诸天善神，在下施予贫苦之人。《老子》对布施之功德亦有论述，“既以为人，

[1]《太上一乘海空智藏经》，《道藏》第 1 册，天津古籍出版社，1988，第 686 页。
[2]《太上一乘海空智藏经》，《道藏》第 1 册，天津古籍出版社，1988，第 613 页。
[3] 王卡点校：《老子道德经河上公章句》，中华书局，1993，第 263-264 页。
[4]《太上一乘海空智藏经》，《道藏》第 1 册，天津古籍出版社，1988，第 669 页。
[5]《太上一乘海空智藏经》，《道藏》第 1 册，天津古籍出版社，1988，第 619 页。

己愈有；既以与人，己愈多”[1]，德施与财施均有利人利己之功。黎元兴则提出，所施之物包括身、智、财，要舍人所不能舍，行人能所不能行，才能求得无妙果。除此以外，还应发大乘心，发无为心，发无上道心等，发种种心的目的都是为了得见道性，证得无为果。

（二）要善用其心

发一切心是得道见性的先行位，发心之后要善用其心，修行才能进一步增益。“此真士其身如海，其心若空，理包物外，是为智藏”[2]。海空智藏与道性异名而同实；“其心若空”亦合老子“虚其心”之义，要使人心达于真空之相，心之理才能包藏物外，合于道性。一切众生，用心各异，其心若有偏，便不可见性，“夫三界人行，各各不同，有躁有静，有愚有智。若有愚者，非昏钝愚；若有智者，非妙感智。躁不恒动，静不恒止”[3]。按其用心偏颇不同，可以分为静、躁、愚、智四种心，四种心相杂，或智而躁、或愚而静，如此皆不可成就。深究其因，乃用心不定之故，心不定则有分别善恶之念，不能升起平等之心，故而不能见性。

黎元兴特别强调了心之力的重要性，“一切善恶皆因于缘，缘藉心起。又答决理，心力不定，是生善恶。如此妙说，皆自清通。我今尚疑，愿为决了”[4]。他假借佛教因缘之说，强调了善恶都是因缘之法，“三界之中所行诸法，是知因藉众生心力”[5]而根本又在于自心，心之力不定，从而是非善恶纷起。世间一切之物，其质微者势重，其质重者势微。金属木石之力大不过水火之力，水火之力又不如风力，而一切有形有相之力皆不如心力。心力能断一切恶，能生一切善，亦能成就无量功德，“我随心力，断生熟肉，断生杀念，作大慈悲，不食杂味，日中一食，不受别食，救济众生厄难苦处，

[1] 王卡点校：《老子道德经河上公章句》，中华书局，1993，第 308 页。
[2]《太上一乘海空智藏经》，《道藏》第 1 册，天津古籍出版社，1988，第 608 页。
[3]《太上一乘海空智藏经》，《道藏》第 1 册，天津古籍出版社，1988，第 609 页。
[4]《太上一乘海空智藏经》，《道藏》第 1 册，天津古籍出版社，1988，第 627 页。
[5]《太上一乘海空智藏经》，《道藏》第 1 册，天津古籍出版社，1988，第 630 页。

种种方便，不惜身命”[1]。如前文所讲，修行可得五种道果，其心力虽有异，而却能趋同于一源。黎元兴讲述了五种道果所成，需要何等心力：

> 若人悉力求地仙者，当须积学，用心坚固。若服食者中废则疾，若遁林泽中废则危。心虑广者不得守一，心虑浮者不得沉静。不一之心、不静之念，是则不能长居名岳，餐漱松流。是知地仙最须静念，虽复愚庸，不习经典，但能修行如上法术，则能获得地仙之果。
>
> 以何心力而得飞仙？亦须静心，坚固不动。其心质直，虽不广览大洞妙音，而专心力守持净戒，如瑠璃珠内外明彻。修如上术，则能获得飞仙之果。
>
> 以何心力得自在果？当修智业，亦须静心。形虽感起，心如山岳，不动如地，虽不具得智慧上法，而修智因终不懈倦，习行神通，思微定志，于思微中能分身形，应赴无量。若能通达此诸术者，是则获于自在之果。
>
> 以何心力得无漏果？当修智慧。种种神通虽不全得，太上无量智慧之门并皆进习，思微定志，晓了照达，辩才说法，能度世人，于一生内及至未来，终不退转，渐渐阶梯，至无上道，不复为远。若修此术，则能获于无漏道果。
>
> 以何心力得无为果？当修种种智慧、种种神通圆备，众行具足，天人最胜。[2]

从论述中不难看出，由于所施心力不同，用力程度不一，所得果位便有差别。无论是哪种果位，都离不开智慧与澄静，即慧力与定力，这是成就果位的根本所在，这里显然有借鉴佛氏定慧之说的痕迹。定力为体，具有静的特性，可以体现无之相；而慧力需应物，故而为用，具有动的特性，

[1]《太上一乘海空智藏经》，《道藏》第 1 册，天津古籍出版社，1988，第 693 页。
[2]《太上一乘海空智藏经》，《道藏》第 1 册，天津古籍出版社，1988，第 609-610 页。

可以体现有之相。善用心力，亦是善用有无之相，不滞于有，亦不滞于无，有无双遣散，即是重玄之境。

既然一切因缘皆由心力而起，成就果位亦需善用心力。那么如何才能用心以达空相，从而见性呢？黎元兴提出了心识的概念：

> 善恶之业皆由于心，由心既空，心识亦空；心识既空，转变亦空。以是因缘，心识速变，过于疾风，难见难闻。此由心识所为之处，随念即成。如此心者，观无有我，乃能包含。如此心者，观无有我，乃能包含。善男子，由如镜像，大小俱照，无不睹见。我心观见，亦复如是。一切之有，甚多甚多，皆现身中。[1]

这里提到的心乃是先天，而心识为后天，这里的心与道性乃是同实而异名，而心识亦即是识神。心识是我们对待外境所升起的反应，即是六根（眼、耳、鼻、舌、身、意）对境所产生的结果，六根攀缘从而对种种境界产生分别，发生取舍、爱嗔、造作，生出种种心念，最终造下出无量或善或恶之业。道性不生不灭、本自空明，虽眼不可见，却为心识升起的根本。只因众生被后天所染，不知有此道性，认妄作真，故而生死流转相续。道性无形无相而不可得见，却能起种种作用，却为实有；心识需凭借道性而起，道性为其内在之动力。道性为体，心识为用，有体方能起用，有用方能显体。故而道性与心识本为一物，如水之与波，并非是两回事。所谓得见道性，乃是明道性本自天真，而心识虚妄不真，不可执着，狂心息处，方能得见道性，此是第一层境界。所谓得见道性者，乃是明了道性不可见，心识之妙用，皆因道性而生起，从用处而见体，从流而得源，此是第二层境界。所谓得道见性者，乃是明悟道性与心识是非一非异的关系，既不能执于道性，亦不可执于心识。从心识来讲，应显万象，似有形貌，而道性不动，离一切相，故而非一。但从心识自道性而发，故而用不可离体；道性可以生起

[1]《太上一乘海空智藏经》，《道藏》第1册，天津古籍出版社，1988，第641页。

心识，故而体不离用。从体用不可相分离而言，故而说非异。此是第三层境界。所谓得见道性者，乃是明了道性与心识皆是无住，归无所得，此时第四层境界。不滞于道性，亦不滞于心识，双遣二者，乃是一玄。更进一步，不滞于不滞，这即是“双遣双非”的双重否定形式，黎元兴的重玄思维在这里贯彻的淋漓尽致只有破除心识，才能洞见道性。破除心识即是要破除分别心，善恶之业皆是心识之分别所起，善不可得，恶亦不可得，非善非恶亦不可得，明了善恶而不加分别即能破妄归真，这亦是重玄思维方式的运用。《老子》中有“天下皆知美之为美，斯恶已。皆知善之为善，斯不善已”[1]，贬斥了善恶美丑分别相对的状态，黎元兴双遣善恶之说亦是在此基础上的演进。那么，如何才能破除心识呢，黎元兴给出了自己的解释：

> 汝今眷属，应当一心发大乘智，离有离无，以是因缘，有无空净，是灭本识亦空，本识空故，法相续生。善男子，若有众生能如是者，即破诸惑。所以者何？大哀天尊随于众生一切根性及烦恼性，为在种种微妙法相。若人非人，若有一人执心空见，空法不离，疑惑正法，于中现世空无所得，若观此法，说同一真，亦如一味，现世得安，成就道果。[2]

“离有离无”即是破除执着心，不执着于一切本有，亦不执着于一切本无，此为“一玄”。“有无空净”即是不但要破除有与无的执着以至于“玄”的境界，更是要破除对于“玄”的境界，以至于空无所得，才能达到“玄之又玄，重妙之门”[3]的重玄之境。善用其心，明了重玄之境还不够，需要有进一步的修持，方能得见道性。

[1] 王卡点校：《老子道德经河上公章句》，中华书局，1993，第 5-6 页。
[2]《太上一乘海空智藏经》，《道藏》第 1 册，天津古籍出版社，1988，第 641 页。
[3] 王卡点校：《老子道德经河上公章句》，中华书局，1993，第 2-3 页。

（三）摄心见性，静念守一

得见道性的最高一个层次，便是无为果，黎元兴解读了无为果的真实含义。“无为果”可以说即是入于“寂无上法门”。在黎元兴看来，“无为”即是“寂静”之义。所谓“寂静”，即是不生不死的境界，因此可以长生不死。因为其不毁不灭，所以应感一切之物。而且“寂静”并不是一个空无所有的存在，而是一种“妙有”的存在。既然说是一种特别的“有”，就不能把它等同于是“无”。既不是“有”，也不是“无”，那即是“无为”的境界。黎元引入“无为”“有为”“寂静”“应感”来解释无为果，实则是对《道德经》“道常无为，而无不为”[1]妙义以重玄思维模式作进一步地阐发。“寂静”等同于“无为”，其实都是道性的代名词，亦可以说道性的性质，故而能不生不灭。“应感”与“有为”亦可以说是心识的代名词。就如同镜子与影子的关系，镜子无不现影，无影不可称为明镜；现出影子皆由明镜，没有镜子不能现影。道性是真空理体，心识是有形妙用，故而有道性之体则必有心识之用，无心识则无从显道性之体。寂静为妙有而非无，虽无形无相，非为空无，却为实有，因能应感万有之故。无为果之所以为最高境界，是因为其通过修炼与道性合一，达真无妙有之境，无非真无，因能显有；有非真有，因无而起。非有非无，亦非非有非无，此亦是重玄之最高境界。要达到此种境界，复归先天之道性，需有静念守一的功夫。

静念守一乃是复归道性的不二之法。这里的“静”不是与“动”相对的一种状态，而是一种绝对超越的境界：

> 静有二种：一者有静，想念思惟，常念净行，一乘海空。二者空静，思念如海，常念净行，即存守一。次以入空，得空道门，方得玄原，了究竟静。即静诸分，尽有归空，亦空于静，亦静诸法。如是演说，理空真空。所以者何？以诸众生，本无自澄，妄起分别，致成流浪，沉迷苦趣。是男是女，若能不生，种种邪见，了相邪空，

[1] 王卡点校：《老子道德经河上公章句》，中华书局，1993，第144页。

> 即归复命，得成道子，安稳其心，入海空藏，观诸法空。海空智藏，汝及今众，为不能晓，故须演说。今说是言，为当来世，若利法子，虚静还源，成我弟子，既静且常，得道常存，疑然不动。[1]

“静”亦可称“虚静”，为世界本原的状态，兼包有无，故而行持“静”行也可分为两种:“有静”与“空静”。“有静”即是“应感”,乃是有为之态;“空静”即是“寂静”,乃是无为之态。由守一而了达空性,然后得竞静之地,在进一步与此境界亦空，最终达于“得见道性”的境界，这亦是重玄之最高境界。这即是重玄学思维方式在修持问题上的运用。

三、黎元兴重玄思想的影响

首先，黎元兴的重玄思想引入诸多佛教教理，补充与完善了道教教义，也使得重玄学发展进入了一个新的阶段。黎元兴在坚守道教的传统教义的基础上，不断吸收佛教理论中的各种名相与思辨方法，使得道教的教义趋于完备的同时更适应时代的需求。与此同时，他也用重玄思想的模式改变与提升道教的修炼体系，使得道教修炼进入更高深的内丹层次。

黎元兴对佛教教理的吸收主要体现在佛性说、因果轮回说、十八界说与中观思维等几个方面。道性之说由来已久，从魏晋到隋唐时期就被道教所宣扬。魏晋时期道教流行外丹之学，道只是作为清净不动的本源，并没有对道与众生的关系提出建设性的观念。但佛性说对于此论证则是由来已久，黎元兴便借用佛性说来不断改造和完善道性说，以此来证明众生成道的可行性。佛教因果轮回之说是基于因果报应理论基础上对众生存在状态的一种描述，众生由于善恶之业而受报感得不一样的生存状态。黎元兴亦借鉴这一理论，他认为“是生死法悉有因果”[2]，不但生死之法，世间许多

[1]《太上一乘海空智藏经》，《道藏》第 1 册，天津古籍出版社，1988，第 665 页。
[2]《太上一乘海空智藏经》，《道藏》第 1 册，天津古籍出版社，1988，第 620 页。

事情亦不离因果。黎元兴认为众生之所以迷失道性流转生死，皆是因为眼、耳、鼻、舌、身、意六根攀缘而造下无量罪业，这便是借鉴了佛教十八界的理论。黎元兴重玄学说中“双遣双非”的思维模式也是对佛教去偏离中的中观思维的借鉴。除此之外，黎元兴也借鉴了许多佛教的名相来充实自己的重玄思想，如“法相”“大乘”“小乘”等。

通过对佛教教理的借鉴，黎元兴的重玄学说具有了更多的思辨性，但并没有舍弃自身的核心思想。它没有采用佛教因明逻辑的方式，而是立足于事物的初始状态来解释现象，并没有放弃道教自身“道”的本体论和生成论。黎元兴将道性学说提高到了重玄思想核心命题的地位，对其弟子重玄学者王玄览有重要的影响。黎元兴提出众生皆有道性的议题，对于进一步的修持，多取法佛教诸法不定、斩断外缘之论，援佛入道痕迹明显，显得有些许生硬。王玄览则在此基础之上，又吸收了当时唯识宗的思想，形成了独具特色的重玄理论。他用“道在境智中间”的理论为道性与众生性之间搭起了桥梁，又以此为枢纽将种种之法归于心识，以断灭心识而复见道性成为主要的路径。就重玄学发展而言，从道体论，到道性论，最后到心性论，这种学术转变，在王玄览处基本完成，为盛唐之后道教理论逐渐从性情修养论向着修仙论的回归奠定了深厚的基础。

其次，黎元兴重玄思想对道教修炼体系产生了深远的影响，为道教由外丹到内丹的修炼方式埋下伏笔。前文也提到，黎元兴将修行的果位分为五种，最上一层为无为果，最下一层为地仙果。“身轻体健，免于老死，是谓地仙”[1]，肉体的长生久视之道一直以来都是道教追求目标，但黎元兴对此似乎不是非常推崇。黎元兴更推崇的是一种精神上的解脱与升华，作为最上一层的无为果，亦是要到无为寂静、常乐自在之境地。要成就最上一层的无为果，更多的也是心性上的磨炼，而非肉体的超脱。如此服食金丹而羽化登仙便不是唯一的方法，延年益寿长生久视的传统观念固然不能抛弃，但黎元兴提升了道教的精神追求。道教由外丹向内丹转变的过程中一

[1]《太上一乘海空智藏经》，《道藏》第1册，天津古籍出版社，1988，第609页。

个重要的议题便是道体与心体的关系，黎元兴道性说的提出，将道体之本质“道性”与心体之本质“心性”联系了起来。人与道所能沟通者乃是由于心，道性亦存于此心之中。人行正道，心便可感通于道性，在不断修炼过程中，心性便可以复归于道性，从而论证了通过自身修为凝结成丹而达与道体的可能性。黎元兴重玄思想的本体论落实在了之后的内丹学说之中：其一，作为本体论的“道炁”成了主导地位。道成了理与炁的统一体，道炁即包含了理。其二，作为于道与人之间的沟通的桥梁的“性命”说逐渐取代了“道性”说。性命说是对于人处于宇宙中一个整体状态的描述，道性之义涵也含摄于其中。内丹的修炼之说，即是让人从后天之气返回此先天之祖炁，至不生不死的境界。黎元兴的重玄思想在唐以降并没有衰落，司马承祯、吴筠等重玄学者将其道性论进一步化为性情修养论，并且结合了上清派所传养生之方术，把重玄学推向了新的阶段。重玄思维以修养论的方式，熔铸于道教的内丹之法中。

最后，黎元兴的重玄思想对宋明理学的产生具有积极的意义。黎元兴重玄思想中“理”已经有了本体论的意味，“其心若空，理包物外，是为智藏”[1]，心与理的关系在这里引而未发，这对宋明理学本体论的创立具有一定的启发意义。其道性与心的关系，在辗转流变之后，也同样为后来理学心性之说所借鉴。晚唐自李翱起，儒门逐渐建立起以“复性”为核心的修养论，亦不免受到黎元兴“虚静还源”思想的影响。上文也曾提到，“静”即超越绝对之境界，“虚静还源”亦即回归本源，合于道性。有学者认为，复性之说肇始于《庄子》与《管子》,《庄子》外篇曾多次提及返归本性之始，即复归本性之意。然而，同为一时之显学，黎元兴“虚静还源”的思想可能比先秦之说对李翱的影响更加直接与深刻。可以说，以黎元兴为代表的重玄学者，与后世宋明理学之间有着高度的一致性。

[1]《太上一乘海空智藏经》，《道藏》第1册，天津古籍出版社，1988，第608页。

第四章　王玄览兼容佛道的重玄思想

第一节　王玄览的生平及著述

从历代的道教高道或者学者来看，在理论上有发挥和建数的人不在少数，而这些人一般也颇爱隐修，不喜言说传教，这与“多言数穷，不如守中”[1]的道教传统不无关系。既是有讲学或是著书立说者，如若没有其门人弟子记录编纂，其思想也大多无从得知，这或许和中国“述而不作，信而好古”[2]之古风有关。就此而言，王玄览的著作得以流传后世，让我们得以窥探初唐重玄学的发展状况，确实得益于王玄览的弟子王太霄所编纂的《玄珠录》，正是这一著作较为完整地记录了王玄览的重玄思想。

根据王卡教授的考证，黎元兴系王玄览的度师，他们之间的思想亦有一脉相承之处。[3] 关于王玄览的生平，并没有太多的记载，我们从《玄珠录》中或许能一窥其貌：

> 先师族王氏，俗讳晖，法名玄览。先祖自晋末从并州太原移来，今为广汉绵竹普闰人也。太霄继体承华，蒙恩入道，岂能敞先人之旧德、测天性之涯量哉。
>
> 伏闻乡老说：师年十五时，忽异常日，独处静室，不草希言，自是之后，数道人之死生、童儿之寿命，皆如言，时人谓之洞见。

[1] 王卡点校：《老子道德经河上公章句》，中华书局，1993，第 18 页。

[2]（宋）朱熹：《四书章句集注》，中华书局，1983，第 93 页。

[3] 参见王卡：《王玄览著作的一点考察——为纪念恩师王明先生百年冥诞而作》，《中国哲学史》，2011 年第 3 期。

至年三十余，亦卜筮，数年云不定，弃之不为，而习弄玄性、鹜反折法，捷利不可当。躺骫大乘，遇物成论，抄严子《指归》于三字后，注老经两卷、及乎神仙方法、丹药节度，咸心谋手试。既获其要，乃拥二三乡友往造茅山，半路觉同行人非仙才，遂却归乡里。

叹长生之道无可共修，此身既乖，须取心证。于是坐起行住，唯道是务。二教经论，悉遍披讨，究其源奥，慧发生知，思穷天纵，辩若悬河泻水，注而不竭。

而好为人相蚕种，逆知丰损；别宅地之利害，见墓田之气色，识鬼神之情状，况众咸信重之。尝有一家欲造屋，材木已具，问立屋得不。不许立。至明年，又问得不。又言不得。更至明年，又问得不。亦言不好。于是数月间，家遭官事，屋宅资财无以供卖。此人方念斯言。有一家儿子患眼，为祭其门前桑树朽孔，遂差。或有问病，为处方合药，验后以为奇。有人平常请问灾厄，或报云：至明年四月一日方好。果至月前三十日夜中亡县中。故人家有患难，无远近皆往问，即便为言臧否，人信之，及还如所言。或到深厚家，莫不尽出子女亲表求相，皆为列言其贫富寿夭，预鉴于未然。行事多奇，皆此类也。亦教人九宫六甲、阴阳术数，作遁甲四合图，甚省要。

年四十七，益州长史李孝逸召见，深礼爱，与同游诸寺，将诸〔大〕德对论空义，皆语齐四句，理统一乘，问难虽众，无能屈者。李公甚喜。时遇恩，度为道士，隶籍于至真观。太霄时年两岁也。既处巴蜀，遐迩瞻仰，四方人士，钦挹风猷。贵胜追寻，谈经问道，将辞之际，多请着文。因是作《真人菩萨观门》两卷，贻诸好事。

曾往还州路，遇道静人稀时，有贤者在后数十步，有一老人如隐者状，逆行来过，顾视师良久，逢贤者语曰：此人是真人。

贤者问若为。老人曰：眼瞳金色，言讫行去。以是论之，亦玄会于嘉号矣。

年六十余，渐不复言灾祥，恒坐忘行心。时被他事系狱一年，于狱中沉思，作《混成奥藏图》。晚年又着《九真任证颂》《道德诸行门》两卷。益州谢法师、彭州杜尊师、汉州李炼师等及诸弟子，每咨论妙义，询问经教，凡所受言，各录为《私记》。因解洪元义，以后诸子因以号师曰洪元先生。师亦不拒焉。又请释老经，随口便书，记为《老经口诀》两卷，并传于世。时年七十二，则天神功元年戊戌岁，奉敕使张昌期就宅拜请，乘驿入都，闰十月九日至洛州三乡驿羽化。

呜呼！人而云亡，道焉乎在，非经文翰，千载谁传。《苏游灵验记》虽略陈梗盘，太霄以暗乏，不明慈训，有预闻见，寡于深远，谨集诸子《私记》，分为两卷，并为序传，题曰《玄珠》。取其明诤圆流，好道玄人可贵为心宝，故以珠名之。师亦名之为《法宝》，故法宝序云：圣人之经，浅者见之有浅义，深者见之有深理，深浅俱通，真伪等用。窃以往古当今，玄文空论，清言脆句，趋道之速，未居于上，非得之于赤水，奚以鉴诸云尔。[1]

王玄览其俗名为晖，鞮应为其字，玄览是其法号，其义则取《老子》“涤除玄览，能无疵”[2]之意。其羽化之后，友人以及诸弟子尊之谓“洪元先生”。其祖上为并州太原（今山西省太原市）人氏，晋末迁至广汉绵竹（今四川省绵竹市），与至真观之昭庆法师与黎元兴一并，皆属同乡。王玄览降生于唐高祖武德九年（626 年），羽化于武周神功元年（697 年），世寿七十二岁。与许多高道一样，王玄览在年少时便显示出了异于常人的禀赋与习性，其喜好静处独居。十五岁时，其喜独居之禀赋愈发明显，从此就像突然开悟

[1] 王玄览：《玄珠录》，《道藏》第 23 册，第 619-620 页。
[2] 王卡点校：《老子道德经河上公章句》，中华书局，1993，第 34 页。

一般，可言人生死寿数，皆可应验，世人皆谓之“洞见”。此突发之异能，按道家理论而言，想来是宿世奉道根基深厚，机缘一到便应显了。其三十岁开始，便迷于卜筮之术，但所预言之事所应验者不多，反不如童年那般神异，于是便放弃了对术数的追求，开始“习玄弄性”。据其弟子王太霄记述，王玄览善阴阳术数之学，有地理风水之识，又以九宫六甲之术教授学人，作有《遁甲四合图》。

后来，他又开始研习佛教大乘经典和道教经典，并把他平日所见所想，均手录于书册。既然是道教的门徒，《道德经》的研究自然是免不了的，他循着汉代严君平《道德指归》所指的路子，开始了进一步的探索，并按照自己的体悟重新注解了《道德经》。不仅如此，他对道教所历来重视的神仙丹药和方法，也是极尽尝试，并得其中的诀要。此后，更是生出去茅山寻访仙道之念，与二三仙友同行，中途觉所同者非是神材，遂折返回乡，求仙访道之事，也无疾而终。经过这次事情，王玄览也出现了历代励志修行者所面临的一个问题，同修无几，明师难寻，自己的修行成果又无人印证与指点。经过两次学问路数的变革，与心路历程的转化，他的心也渐渐地沉淀下来，开始关注自己的内心，也意识到“心证”才是成道的关键。他开始行住坐卧都不忘观照，时刻守护着内心，与此同时也大量深入研究佛道典籍，把“为学日益”与“为道日损”的功夫做到了极致。功夫不负有心人，他整个人开始变换气质，文中形容他“慧发生知，思穷天纵，辩若悬河泻水，注而不竭”，想来是先天灵明自性发露，才能有如此通达的智慧与才辩。智慧发露之后，幼年时的预言能力似乎又一次重演了，不仅对农事收成丰欠都能有极准的预测，还能识阴阳之宅，辨鬼神之情状。不仅如此，其在医药方面也展现出不俗的才能，来求医问药者，无不应验。

在唐朝初年，佛道经常会展开辩论，以考量义理的深浅。佛教内部由于“判教”的问题，也产生过激烈的争执，不同派别的僧人为了争论，经常会找上山门进行较量，从而使得争辩之风大盛。在此背景之下，王玄览的辩论才能得以充分地施展开来，名声也日渐兴隆。在他四十七岁的时候，益州（今四川省巴蜀市）长史李孝逸召见了王玄览，并且对他十分礼遇，曾与他一起游历佛教寺院，并与诸僧人辩论空义。每每被僧人所辩难，他都能一一化解，使僧人们无不折服。王玄览早年并无完全依止于某一个老师，而是自学而成才，这与诸多有师承与门派的道士与僧人有所不同。故而他的思想具有一定的独到之处，没有门户之见，能够通融百家，自成一派。众所周知，唐代崇尚诗歌，标榜以诗词来凸显才情与风度，而僧道往往长于论辩以显思想，王玄览则可以兼而两之，在论辩时可以“皆语齐四句，理统一乘”[1]，真可谓是全才。也就在此时，王玄览被当时朝廷承认，正式进入道门，隶籍于至真观。而当时正是高宗贤亨三年，黎元兴为至真观观主，主领其事。据多方考证，可知黎元兴为王玄览之度师，两人的思想亦有一脉相承的特征。成为正式道士之后，王玄览名声日盛，各方学者均来求学。他也一改往日为人预言灾异祥瑞之习气，也极少与人辩论，终日潜心默坐，以求能悟真道。就在这个时期，他因事而有一年的牢狱之灾，在这段时间内，他并未消沉，而是作了一部《混成奥藏图》。在武周神功六年（697 年），王玄览因声名日盛而受到朝廷的昭请，张昌期为特使请其入京，途径洛阳三乡驿时突然羽化，时年七十二岁。羽化后，王玄览门人及其友人私尊其号为“洪元先生”。

根据《玄珠录》的记载，王玄览平生所著有《遁甲四合图》《九真任证颂》《道德诸行门》《真人菩萨观门》《混成奥藏图》《老君口诀》等，因诸多原因，均已佚失。我们所能看到的，仅仅只有《玄珠录》一部。杜光庭所录《道德真经广圣义序》中录有六十多家的注本，其中“洪源先生王鞮，《注》二卷，《玄珠》三卷，《口诀》二卷”[2]，“鞮”应为王玄览之字。从上可知，杜光庭把《玄珠录》视为解读老子的著作，这也是仅存的一部了解王玄览思想的著作。《玄珠录》有上下两卷，此书“取其明净圆流，好道玄人可贵为心宝，

[1] 王玄览：《玄珠录》，《道藏》第 23 册，第 619 页。

[2] 杜光庭：《道德真经广圣义序》，《道藏》第 14 册，文物出版社、上海书店、天津古籍出版社 1988 年联合出版，第 309 页。

故以珠明之”[1]，王玄览亦称此书为《法宝录》。该书收录于《道藏》太玄部，录有其语录约一百二十余则。王太霄对这部著作的评价亦是极高的，他认为此书“圣人之经，浅者见之有浅义，深者见之有深理，深浅俱通，真伪等用”[2]，颇有“善待问者如撞钟，叩之以小则小鸣，叩之以大则大鸣”[3]的意味。对其的评价也是“窃以往古当今，玄文空论，清言脆句，趋道之速，未居于上，非得之于赤水，奚以鉴诸云尔”[4]。王太霄对其师的评价甚是高明，认为历代没有能超之于其上者，其师亦得赤松子之真传。其仰慕之情状，尤可见尔。

第二节　王玄览的重玄思想研究

《玄珠录》的思想主要反映了唐高宗、武后当政之际道家理论的变化过程。唐代道教思想流变的趋势，是从唐朝初年的道体论，转向道性论，再向心性修养论的转变。同时，这亦是唐朝初年重玄学发展的脉络。到玄宗时期，道教思想转向了性情修养论，同时又开始向着以内丹修仙为核心的理论体系发展。故而，《玄珠录》作为研究道教重玄学的价值，亦在于此。“人能弘道，非道弘人”[5]，如果我们从历史人物来看唐初重玄学发展的流变，那么成玄英、李荣首开其先河，黎元兴则将道性论作为核心思想，王玄览则在此基础之上兼容道释，形成了新的思想体系。

为了讲清楚此学术之演变，有必要了解一下这个时代的思想背景。在隋朝至唐太宗贞观年间，思想界所热门的论题便是超脱有无。在佛教一方，以贯彻中观学说的三论宗和天台宗为代表；在道教一方，则是以重玄学为主流。固然，《本际经》已然开始论及道性问题，天台宗也以佛性为宗旨，

[1] 王玄览：《玄珠录》，《道藏》第 23 册，第 620 页。
[2] 王玄览：《玄珠录》，《道藏》第 23 册，第 620 页。
[3]（清）孙希旦：《礼记集解》，中华书局，1989，第 969 页。
[4] 王玄览：《玄珠录》，《道藏》第 23 册，第 620 页。
[5]（宋）朱熹：《四书章句集注》，中华书局，1983，第 167 页。

但所围绕的话题，无非是“绝四句，离百非”[1]的问题。所以这个时期学术有一个很大的问题，那就是破的多，而立起来的少。如此，缺少了依靠，势必有陷入虚无主义的可能。道的超越性质已然完成，但对于现实世界的人而言，如何实现与超越性的道的联系便成了重要的议题。故而，道性论以及道性与众生性的关系问题，自然成为了重玄学的重要议题。王玄览的思想正是脱胎于这个时代，自然也带有这个时代的烙印。

前文也提到，李荣首开唐初重玄学之先河。他曾与慧立辩论，慧立以“道”有知还是无知来向李荣提出疑难，李荣则以道生万物与道为有知作为回应，慧立遂以善恶皆赋形于物而证明道是无知，李荣则被诘难到无可言对。如若李荣回答道是无知的，慧立则一定会以道如无知又如何能应感众生来修习来诘问。为了解决这个问题，黎元兴提出了道本寂静故能应感众生，王玄览则对这个问题展开了更深一个层次的研究。可以说，黎元兴直接影响了王玄览的思想。黎元兴认为转染成净的过程就是修道的过程，王玄览直接继承了这部分思想，并把这种观念贯彻于整部《玄珠录》。《玄珠录》主要关注的问题，是人与道（即道性与众生性）的关系，并且论述了道体和道物关系，修道的过程即是将知见去除的过程，这个过程中少不了定与慧的修为，心的解脱是最终的目的。王玄览的思想有一条总的纲领，他称之为“四句”：

> 大道师玄寂，其有息心者，此处名为寂，其有不息者，此处名非寂。明知一处中，有寂有不寂，其有起心者，是寂是不寂，其有不起者，无寂无不寂。[2]

---

[1] 这里的“四句”和“百非”均为佛教专有名词，所谓“四句”，即是两个相反的关系项，然后逻辑组合成四个句子，如“有、无、亦有亦无、非有非无”即是如此，这已经包含了整个宇宙之理。所谓“百非”，以上四句各个有四，即为十六；十六又有过去、现在、未来三世，即四十八；又有已生与未生两种，即是九十六；最后加上根本的四句，即是“百非”。“离四句，绝百非”意为离于一切执着。

[2] 王玄览：《玄珠录》，《道藏》第 23 册，第 623 页。

通观整部《玄珠录》，可以说都是对黎元兴思想的进一步继承和延伸。王玄览的思想得益于其“二教经论悉遍披讨，究其源流，慧发生知，思穷天纵”[1]。这句话可谓是非常精当，基本总概了王玄览的治学经历、治学理念、治学方法。最后一句“慧发生知，思穷天纵”[2]，亦可知王玄览之思想不仅仅是从佛、道二教之书本中得来，更是因为其修为的关系，从性灵中流露出来的。“辩若悬河泻水，注而不竭”[3]，如此之辩非同于西方逻辑之辩驳，而是直造先天之境，胸中文气奔涌，不可不发，因道性自足一切之法，故能辩才无碍，如江河之水，往而不竭。就“为学日益”与“为道日损”的两条路而言，他都能兼顾，而且走得不错，不得不说王玄览是道门之贤达，后世之典范。陆九渊先生曾说，“尧舜之前何书可读”[4]，吕纯阳祖师言，“未有神仙不读书”。这两个看似矛盾，但其实又完全可以自恰。通晓两者之间微妙的关系，即是通晓中国传统治学之门径。

一、“道体”与“道物”关系

杜光庭把王玄览的《玄珠录》视为是对于《老子》的解说之书，而《玄珠录》中王玄览所阐发的道确是以重玄思维对《老子》之道做进一步的阐发。《老子》在第一章便提到了“道可道，非常道”[5]，王玄览则以此为理论基石，进一步把道体分为“可道”与“常道”两种。这种区别的划分可以说是先天与后天的区别，亦可以说是对同一种本体不同性质的区别，让无可言说之道有了进一步的界定，也进一步加强了“道”的宗教属性。

首先，王玄览提出“常道本不可，可道则无常”[6]。“常道”乃是万世不

[1] 王玄览：《玄珠录》，《道藏》第 23 册，第 619 页。
[2] 王玄览：《玄珠录》，《道藏》第 23 册，第 619 页。
[3] 王玄览：《玄珠录》，《道藏》第 23 册，第 619 页。
[4]（宋）陆九渊，钟哲点校：《陆九渊集》，中华书局，1980，第 491 页。
[5] 王卡点校：《老子道德经河上公章句》，中华书局，1993，第 1 页。
[6] 王玄览：《玄珠录》，《道藏》第 23 册，第 626 页。

变之法度，是本质属性。“可道”则是变幻莫测的，天地间万事万物的变化即是如此。“常道”与“可道”又是各有功能，各司其职的，“不可生天地，可道生万物”[1]。这里的天地想来也不是指实在的天地，而是天与地乃是万世不变的，故而借此来喻常道；而万物时刻处于变动之中，故而以此来喻可道。“有生则有死，是故可道称无常。无常生其形，常法生其实”[2]，万事万物有生则必有灭，有成必有坏，故而“可道”的性质是无常的，时刻都在变化之中。无常的性质决定了万物形态各异，这是用，是表象；常法决定了万物恒常不变的本质属性，这是体，是本质。

故而他把万世不变的道认为是“真道”；而变化无常、不可捉摸之道则是“假道”“可道为假道，常道为真道。”[3] 这种“可道”亦可以说是“滥道”，“此道有可是滥道，此神有可是滥神”[4]；真道亦可以称之为“道实”“自是滥神滥道是无常，非是道实神实是无常。”[5] 虽然“常道”与“可道”这样的关系，但两者之间其实是可以相互转化的，作为启用的“可道”，如果能够“自了于真常”[6]，即意味着可以向着“常道”转化，“滥则同不滥，生亦同不生，不生则不可”[7]。但进一步而言，“若住于常者，此常会是可。何者？常独住常，而不遍可故，此常对可故其常会成可赴，言已出世，言常亦言可。若也不起言，无常亦无可。常可既元无，亦无无常可”[8]。可见，“常”与“可”之间的转化模式，亦常亦可，无常无可，这亦是重玄思维在思辨中的应用。王玄览更是进一步用《老子》中的思想来证明：“若在众言等，则是有欲观其徼。若悟众言空，则是无欲观其妙。体用不相是，”[9] 有欲则

[1] 王玄览：《玄珠录》，《道藏》第 23 册，第 626 页。
[2] 王玄览：《玄珠录》，《道藏》第 23 册，第 626 页。
[3] 王玄览：《玄珠录》，《道藏》第 23 册，第 622 页。
[4] 王玄览：《玄珠录》，《道藏》第 23 册，第 626 页。
[5] 王玄览：《玄珠录》，《道藏》第 23 册，第 626 页。
[6] 王玄览：《玄珠录》，《道藏》第 23 册，第 626 页。
[7] 王玄览：《玄珠录》，《道藏》第 23 册，第 626 页。
[8] 王玄览：《玄珠录》，《道藏》第 23 册，第 622 页。
[9] 王玄览：《玄珠录》，《道藏》第 23 册，第 622 页。

能观“可道”，无欲则能观“常道”。并且进一步从体用关系来说，“何者？体非用、用非体。谛而观之，动体将作用，其用会是体，息用以归体，其体会是用。存之有四，忘之无一”[1]，虽然片面而言，体用是两个不同的概念，但实际上二者是不可分离的。启用之所以可以生效，乃是因本体的关系；本体不可得见，故而从启用处可见体，此即是从流而得源。更进一步来讲，用与体乃是一物之两面，回归本源，则是一物不立，归无所得。心中若有一物在，若有一个清净的念头在，即是有对立，有二元对立，即是不清净，“所以得清净之法则不可，可法则无清净”[2]。王玄览亦借老子的思想来为自己正名，“心能照妙，则是无欲之妙门。因滥玄入重玄，此是众妙之门。”[3]

那以此脱胎而来的修炼思想，则是“行者观而思之，存而守之，则解脱。得此是滥脱，实无脱也。无可既无可，谁知此无可，净心知无可，无可常清净”[4]，如果从后天入手，从“可道”来修行的话，是不可能解脱成道的，只有脱离“可道”，才有成道的可能性。王玄览又把“常道”与“可道”的关系比喻为镜子与镜中所显色相的关系，“如镜照色，镜虽受色，不失本清，此清虽滥，实无生死”[5]，镜子虽能照见万事万物，而自身却是如如不动，如此则受而不受，即是解脱。既然“可道”与“常道”之间可以相互转化，那么他们必然存在着一定的联系性，王玄览指出;“不但可道可，亦是常道可，不但常道常，亦是可道常。皆是相因生，其生无所生，亦是相因灭，其灭无所灭”[6]。可见,“可道”与“常道”是互为因缘关系而生灭的，他们实是同出一源，亦生亦灭又非生非灭。因为他们之间的联系是建立在重玄思维之上的，双遣二边又不滞于此。从“实性”（亦即是道性）角度而论，“实性本真，无生无灭，即生灭为可道，本实为真常，二物共循环，始终之间

[1] 王玄览：《玄珠录》，《道藏》第 23 册，第 631 页。
[2] 王玄览：《玄珠录》，《道藏》第 23 册，第 626 页。
[3] 王玄览：《玄珠录》，《道藏》第 23 册，第 626 页。
[4] 王玄览：《玄珠录》，《道藏》第 23 册，第 626 页。
[5] 王玄览：《玄珠录》，《道藏》第 23 册，第 626 页。
[6] 王玄览：《玄珠录》，《道藏》第 23 册，第 623 页。

无余道”[1]，道性不生不灭，生灭之性为可道，本实之性为常道，两个道并行不悖，互为因果。但是两者之间又有明显的区别，这种区别主要体现在道物关系上。“道能遍物，即物是道。物既生灭，道亦生灭；为物是道，道皆是物”[2]，以上是来描述“可道”与物之间的关系的。关于“常道”，他给出的结论则是“为物是常，物皆非常”[3]。对于“可道”而言，它可以随着物的生灭而生灭；对于“常道”而言，其不随物的变化而变化。综上而知，“可道”与“常道”既存在区别，又有联系，可以说是道体的一体之两面。

其次，王玄览进一步借助道家“有”与“无”的观念来解释与论证“可道”与“常道”。王玄览指出：“若因有，始名无，有即在无内，有若在无内，有即自妨无，其无无由名。有若在无外，有即无由名，若无由得名有，无由亦名无，有无一时俱，有既相违，同处则不可。”[4] 这即是在讲，正是因为“有”的作用，才能体现“无”的存在。“有”是存在于“无”之内的，“有”的存在是完全不妨碍“无”的，“无”也没有可以称名的。假设“有”在“无”之外，那么“有”即无所称名；“有”的存在既然不可有，那么“无”亦无从得名。“有”与“无”是同时存在的，如果两者之间发生了矛盾，那么两者同时存在是不可以实现的。王玄览认为从世间万物与有无的关系来讲，“有一复有多，故能有一有无量，故能有有复有无，故能有断复有常，有优复有劣”[5]。这一段讲得非常妙，亦是对《老子》“天下万物生于有，有生于无”[6]的进一步发挥。有一才有多，有一才有无量，有“有”才能有“无”，有断才有常，有优才有劣。正是生出分别对立之心，才有了这个世间的种种，《老子》中亦有此论述“天下皆知美之为美，斯恶矣，皆知善之为善斯不善矣”[7]。

[1] 王玄览：《玄珠录》，《道藏》第 23 册，第 627 页。
[2] 王玄览：《玄珠录》，《道藏》第 23 册，第 621 页。
[3] 王玄览：《玄珠录》，《道藏》第 23 册，第 621 页。
[4] 王玄览：《玄珠录》，《道藏》第 23 册，第 627 页。
[5] 王玄览：《玄珠录》，《道藏》第 23 册，第 624 页。
[6] 王卡点校：《老子道德经河上公章句》，中华书局，1993，第 160 页。
[7] 王卡点校：《老子道德经河上公章句》，中华书局，1993，第 5-6 页。

修道便是要破除这种种的分别之心，而回归于本源，本源是没有分别比较之心的："大道正性中，无优亦无劣，不有亦不无，遣谁有生灭。既无物而生灭，故云道场与烦恼，毕竟并无余，行者行道之时，当守于正心，无失于正性。"[1] 从这里亦可以看出心性之说的端倪。王玄览又把心念与有无联系了起来：

既将今心念古事，复将古事系今心。明知一心一念里，含古复含今，以是今古故，一心不可得，以是一心故，二心不可得，是则不一亦不二，能一亦能二。是有亦是无，无无亦无有，以其是有故，将有以历之；以其是无故，将无以历之。弃无而入道，将有以历之，弃有而出世，世法既生灭，弃世而入道，道性无生灭，今古现无穷。故云：廓然众垢净，洞然至太清，世界非常宅，玄都是旧京。[2]

如果我们抛弃"有"与"无"的分别之心，古今所有的事情便可以在心中一览无余。心中的污垢被洗刷干净的时候，内心便会进入太清圣境。如此，世界也就不是能恒久居住之地，而玄都（亦即是道体）才是我们可以恒久存在之地。王玄览又用琴丝与音来比喻有与无的关系：

丝中有五音不？答：有五音性。其丝未成弦，丝中无五音，丝中亦无性，亦无相结连。其丝若成弦，弹之有音相，不弹有音性，二有相结连。明知一丝之中，有有亦有无，其中之性，非有亦非无。若欲破于有，丝中音性非是有。若又破于无，丝中音性非是无。以非有无故，破之不可得，所以得常存。[3]

[1] 王玄览：《玄珠录》，《道藏》第 23 册，第 624 页。
[2] 王玄览：《玄珠录》，《道藏》第 23 册，第 623 页。
[3] 王玄览：《玄珠录》，《道藏》第 23 册，第 623 页。

丝与音的关系即是，丝尚未成琴弦时即是混沌未开之时，此时为浑然道体的状态，不分有无。而成为弦之后，即是所谓“无”，而弦所弹之音即是万“有”之状态。弦不弹之时，有音之性，即是其可以发出任何一种音声；弦弹响之后，即是无而生有的状态，现出音声之相。故而可以说，在一个弦之中，既有“有”的状态也，有“无”的状态;但是就它的性质来讲，既非有又非无，因为他本身就含有两种状态。丝中音声之性质可以说是非有无的状态，故而可以常存。王玄览借丝弦来比喻“有”与“无”的状态可以说是非常巧妙的。在修道与体道方面，王玄览认为：“勿举心向有，勿举心向无，勿举心向有无，勿举心向无有。”[1] 不要让心执着于有，不要让心执着于无，有无二者皆不可执，只有心无所滞，才能至玄都而成道。这里王玄览所论证的“有”与“无”，实际上是对《老子》有无观念的继承与发挥。他运用重玄思维模式，对有无观念进行了更加系统的分析与梳理。

再次，王玄览又以“空”的观念来解释道体。他认为：“道体实是空，不与空同。空但能空，不能应物，道体虽空，空能应物。”[2] 道体的空性不是顽空，也不是断灭空，不是如同石木一般死在那里，而不能应物，如此势必会陷入虚无主义。道体之空乃是能应物之空，空能应物，实为真空。王玄览又用镜子的比喻来说明这种情况，“道体如镜，明不问色，亦不执色，其色变改去来，而镜体不动”[3]。道体如镜子一般，物过则现影，物去则空，任物之来去，而镜自是岿然不动。不仅应物是如此，在时间性上亦是如此：

> 知三世之中，三世皆空。三世者，一半已去，一半未来，中问无余方，故皆空也。知三世空，谕如于灯。当欲灭灯时，灭时见灯，不灭时若见灯，此时灭未来，灭时不见灯，此灯已过去。灭不灭中间，于何而住立？过去未来之中问，但有名而无体，故

[1] 王玄览：《玄珠录》，《道藏》第 23 册，第 628 页。
[2] 王玄览：《玄珠录》，《道藏》第 23 册，第 625 页。
[3] 王玄览：《玄珠录》，《道藏》第 23 册，第 633 页。

知三世空矣。空无身，无身何爱，既无所爱，即与道同。与道同空，故名爱道。空与身同，故名道爱。[1]

道体从时间的维度而言，可以说是三世当体即空。所谓三世，即是过去、现在、未来三个时间节点，三个时间点都是当体即空的。王玄览用灯的比喻来说明三世即空之理，可谓是非常的巧妙。灭灯前见到的灯是过去之灯，灭灯后见到的灯是未来之灯，将灭未灭时候见到的灯是现在灯。但这一切都只是瞬间的存在，转瞬即灭，就如同人不能同时踏入一条河流一般，灯也如此，时时刻刻都在发生着变化。过去、现在、未来三个时间段，看似有名相的存在，但实际上是没有实体的，所以三个时间点都是当体即空。

"空"是没有一个有形质的东西，是无形无象的存在，所以也无所贪爱，因为了无所求，故而与道同源。从心性而论，一般人如果通过存思等功夫，亦可以做到"三世皆空"的境界。前面之念头已然了断，后面的念头尚未升起，中间之念清明无住，了了分明。正当如此之时，作为本体的我亦可体会到道性的意蕴。就我们普通人而言，我们的意识是一直相续不断的，我们睡觉、发呆的时候，意识仍然在不停地流动，如同水流一般。但是偶然的时候，我们也会遇到这样的情况，在某一个瞬间，我们的思维或者意识突然一下子被切断了。意念和思维的河流突然被一刀拦腰斩断，就好像停滞了一般，突然空掉了，可能在这时我们会突然进入一种先天的状态之中去，这种状态亦可称为一种定境。

其实如此的状态在现代心理学中亦有相似的描述。《心理学原理》一书为美国现代心理学之父所写，在书中他提出了三个观念，心理学研究有三种可以用的方法，即是比较、内省、实验三种，他也认为内省这种方法是我们经常可以依赖的方式。道门静坐、存思等方法是一种内省的体验，对于心理意识和念头的觉知实际上属于一种极高层次的内省状态。我们不仅仅有表层的意识，更有深层次的意识，道性就蒙藏在所有这些意识之中，

[1] 王玄览：《玄珠录》，《道藏》第23册，第625页。

就如同镜子蒙上灰尘一般，需要我们去发现。能达到念念不住，念念清明，三世不住的状态，实际上属于一种高层次的意识体验与意识觉醒，说明作为本体而言，已经厘清了潜藏其中纷繁复杂的意识洪流。就如同一杯有泥沙之水一般，水杯在摇晃的时候并没有办法看清泥沙的样子，只有处于静定的状态，泥沙才能够被看清。这时候水处于至清的状态，任何的一粒微尘都可以看得清清楚楚。西方精神分析派心理学创始人弗洛伊德最先提出了潜意识的概念，他认为之前西方心理学家所研究的只是人最浅表层次的意识，用冰山来比喻，在水面上的冰山只是冰山之中最小的部分，可以说是冰山一角，而潜藏于水面之下的冰山的数量可以说是无数倍于其上的，但未曾被人所发掘。弗洛伊德把人的精神分为三个层次，即是意识、前意识、无意识。最为最底层的"无意识"，亦可以理解为我们所熟知的潜意识，它之中埋藏着人类社会伦理制度所不允许的各种野蛮的原始的动物性心理反应。弗洛伊德认为，任何的一个心理活动的过程，首先肯定是属于最下层的无意识，其未必都会经过变化，成为一种有意识的心理活动，底层无意识的活动在运动中进入意识和前意识的过程中，受到了其"超我"的影响，从而抑制"本我"的动物性冲动，而影响"自我"的分析判断。本我是作为人的主体一种先天的本能，可以说涵盖了各种各样的欲望。本我可以说是一种意识理想的状态，是一种道德化的我，是由道德观念、社会规范、价值观而集中内化升华而成。而"自我"是位于"超我"和"本我"的中间状态，他是一种调节的状态，他受制约于最高层次的超我，又调节着本我的状态。王玄览曾有言："大道应感性，此性不可见。众生愚智性，此性不可见。道性众生性，二性俱不见，以其不见故，能与至玄同。历劫无二故，所以名为同。"[1] 可以说如果把道性类比为是"超我"的话，众生性可以类比于"自我"，而众生动物性的本能又可以称之为"本我"。道性是光洁无瑕的镜子，动物性是镜子上之灰尘，众生性是带着灰尘的镜子。道性与众生性如同"有"与"无"之两面，王玄览把这种关系叫作"玄同"，此是重

[1] 王玄览：《玄珠录》，《道藏》第23册，第623页。

玄的第一重境界。

对于空的意义和内涵，王玄览也有过精当的阐述，“空者，见色不住眼，对境不摇心”。所谓空，乃是与“色”法相对而言之，这里显然有借鉴佛教色空辩证之义涵。无论是“不住眼”也好，还是“不摇心”也好，都有过而不执之义，即是一切不住，而又了了常知。这里的空显然不是顽空，或者断灭空，而是不住色法之空。王玄览对空的认识可以说是对黎元兴思想的进一步超越。同时，他又对空的几个特性展开了深入浅出的阐述。

首先，前面也曾提到，王玄览用不住一切色相来说明空义。对于色与空之间的关系，王玄览指出：

> 色非是色，假名为色。明知色既非空，亦得名空。无名强作名，名色亦名空，若也不假名，无名无色空，亦无无色空。若住无色空，是中还有受。无名强作名，是法还有受。有名强无名，是法亦有受。有受有生灭，故法无受者。想行识亦，复如是。[1]

对于色与空的分析可谓是非常精当。色相并非是其实相，只是假立名目而名为色。色相就其本身而言，并无实体，只是依托于道性而存在。“无名强作名”[2]，因为道性质空本来无所住，亦无可名状，只能是勉强为其名。这里显然是对老子之道的引申与发挥，老子之道乃是天地之母，亦是化生万物的本源，强为之名为道。王玄览的“空”是道性的本质，亦不可名相。所谓“名色亦名空”，乃是即空即色之义。色与空虽然好像是有体用理事之别，但就实际而言，两者之间的关系是非一非异的。就色相而论，化生万事万物，好似有形象，而其空性之体实际上是既然不动的，是“无所待”的存在，离一切色相，故而可称之为非一。但就体用关系出发，色之用从空之体而发，用不离体，故色不离空；空之体可以产生功用，体不离用，故空不离色。

[1] 王玄览：《玄珠录》，《道藏》第23册，第630页。

[2] 王玄览：《玄珠录》，《道藏》第23册，第630页。

从色与空之间不相背离而言，故可以称之为非异。一切色相之用，均为空之显现。色相虽有分殊，形色各异，不尽相同，然其空性则为一。空性无不能化生色相，无色相则不可称之为空；色相均从空而有，无空则不能化生色相。从这个角度而言，可知色即空，空即色。这即是，即空即色，非一非异，不落二边之中道义，中尚未遣除，尚未至重玄之境。故而王玄览提出了“若无住色空，是中还有受”[1]即是此义，对于中的执着尚有挂碍存在，即不能了道。只有中道亦遣，才算是一物不立，才算是臻入重玄之境。彻入道性，一法不立，便是无道性亦无众生性，主客之迹泯然，这里“想行识亦复如是”，显然有借鉴《心经》的痕迹。王玄览进一步指出：

> 若住在色中，无空而可对。若住于空中，无色而可对。既住而无对，无由辄唤空，无由辄唤色，若许辄唤者，唤空亦唤色，若也不许唤，无空亦无色。显与生同，隐与灭同。[2]

若执着于色法，认为万物实有，此是凡夫之见，落入此见地者迷失于世间的种种色相之中，无法抽离出来，自然无法体味空。若住于空性之中，认为一切之色相均属假象，只有空性为真，此即是陷入顽空的境界。但人非草木，孰能无情，空性是为了起妙用，而非瘫死在一边，不起任何的作用。可见色空是相对于彼此而存在的，人们在认识他们的时候亦不可将其分离。如果我们非要执着于两边之中的一边，那么我们也就无从为空定名，亦无从为色而定名，因空与色本就是姑且言之、相对言之，脱离其中任何一边，其名都不可成立。如若我们真的要为其假立名目，那么命名色的时候，就必须有空的存在；命名空的时候，就必须有色的存在。如果我们不为其命名，那么既没有空，也没有色。若显则色与空两种名相俱得生，若隐则两种名相俱灭。色与空是相对而成立的，相反相成，不可分割。世间之万象

[1] 王玄览：《玄珠录》，《道藏》第23册，第630页。
[2] 王玄览：《玄珠录》，《道藏》第23册，第631页。

不亦是如此吗，没有美，便没有丑的存在；没有大，便没有小的存在，此皆是人心之分别所致。老子“天下皆知美之为美，斯恶已，皆知善之为善，斯不善已。故有无相生，难易相成，长短相形，高下相倾，音声相和，前后相随”。[1] 正因为有种种的分别，才有了纷繁复杂的种种世间形器，唯有打破这种种的区别之相，才能达于道性。故庄子有言“道隐于小成，言隐于荣华。故有儒墨之是非，以是其所非而非其所是。欲是其所非而非其所是，则莫若以明”。[2] 庄子莫若以明的境界，实际上泯灭了是非彼此的对待关系，而达于道境。

王玄览作为一名道士，自然有其宗教的立场，他以色空来阐述了道教本有修炼长生的理念。道教之核心理论即是“延年益寿，羽化登仙”，如果从空与色的角度来分析，“延年益寿”似乎属于色的范畴，因为其追求的还是有形质的存在；“羽化登仙”则属于空的范畴，有生必有灭，羽化是追求永恒，故而可归于空。王玄览则提出：

> 无色界，色尽故为空生，空中精灵名为识，识体是空名为定；定即非心，名为想本。圣人非此四，而归一切物，而无所归，何者？不合则无我，是故离于宅；因合知有我，所以名为归。我虽归物，而不将物归，是故其物有生灭，而我不生灭，其我是真常，而物非真常。[3]

王玄览以道家的立场对色空境界进行了分析，并且在此的基础之上，引入道教的修道理论。有形有象之物消失了，进入了无形无象的情器世间，故此可以称之为无色界。色全部消失殆尽，故有空生，如此可以说是析法空，所有一切的事项、一切的物体，将其一步步的分析、一步步的分解，从物

[1] 王卡点校：《老子道德经河上公章句》，中华书局，1993，第5-6页。

[2]（晋）郭象注，成玄英疏，曹础基、黄兰发点校：《南华真经注疏》，中华书局，1998，第33页。

[3] 王玄览：《玄珠录》，《道藏》第23册，第631页。

体分析到原料，分析到分子、原子，再到最后的质子、中子，一点点地细分，发现最后都是空无的状态。就比如，拿一张桌子而言，以析法空的原理，将其分解到最后，都是极其细微的存在，风一吹就什么都没有了。从这一层面来看，其实什么都没有的，哪有什么桌子的存在。析法空是从物质之理的角度进行分析，以破色而见空为其基本准则，这种状态毕竟还是属于偏空的状态，并非究竟，所以后面提到了道教的圣人贤哲并不赞同这个理念。在如此空的状态下，其中最精妙的莫过于识。道教认为识神是人体赖以感知世界与操控身体行动的，并认为它其实是一种后天的意识形态。不过这也是属于内丹的理论，在这里的识并不一定是识神的意思。“识”之本体为空，在这种状态之中，又可以称之为定。这种定的状态并非是原来之本心，并非本体之定，故而称之为“想本”。王玄览认为作为道教圣哲而言，这四者都是应该予以否定的，都不是一种究竟的见解。“归一切物，而无所归”[1]，这句话可谓是非常之精妙。归一切物者乃是道体之用，产生妙用，因为道体是空灵无住的，这样才能成就无量无限之妙用，一旦有所挂碍，即成窠臼，说空说色，说有说无，均是姑且对立而言之。如能彻悟道体，则是一物不得，一法不立，了无挂碍。

前文阐述了道体的性质，笔者将继续阐述道物关系。前文已有论述，王玄览的思想体系可谓是兼容佛道，所以他也援引了许多的佛教名词来阐发其重玄思想，在道物关系中，他便引用了佛教的“法”来说论述。首先要厘清一下道与物的关系，《玄珠录》中有“诸法二相，自性离故，带空名为法，带有名为物”[2]之论。王玄览认为所有一切法，都有二相，一者为法，二者为物，法与空相对，有与物相对。诸法即是道之义，道之自性有空与有两种性质，空是说明诸法不生不灭之性质，而有则是说明其衍生万物的性质。所以，可以这样说，“物”其实就是“有”的性质的一种外在形式化。关于物的称名与定义，王玄览亦有其见地：

---

[1] 王玄览：《玄珠录》，《道藏》第23册，第631页。

[2] 王玄览：《玄珠录》，《道藏》第23册，第628页。

物体本无名，而人强立名，立名将作有，其物便为有，此有是人名，非是物自名，深观彼物体，实地本无名，何者？将言以言物，物处本无言，其物被人言，言处复无物。[1]

王玄览这一段对于物、名、言的论述可谓是非常的精妙。所有一切之物，自诞生起，便是没有名称的，之所以有名称，乃是后天人为加上去的，只是为了区别于其他物的存在。对于物的立场而言，物就是物，并没有什么名称的存在。我们只是用语言来描述和指称物的存在，就其物而论，人类所用于指称的语言其实本是不存在，也没有意义的。虽然我们以某种名称来指称一种物体，但就这种名称实际而论，是空无的，并非物体本身。就如同计算机程序而言，程序本身全部储存在某一个磁盘中，而快捷方式只是这个程序的指向和指称，并非是程序本身。重玄学乃是承接魏晋玄学而来，故而其思想内容也有承接之处，玄学家王弼曾提到，“言者所以明象，得象而忘言；象者所以存意，得意而忘象”[2]，其义理与旨趣，颇有相承之处。就王玄览而论，他又提出了“以言言物，言与物彼，而物非言。言与物对，虽彼常异，虽对常因，对之与彼，言常非物。故言不滥物，物不滥言，其中真理，非言非物”[3]，这段话亦精准地描述了言与物的关系，言与物的关系，非此非彼，如因指而见月，指月之指，指非月，月亦非指，两者之关系是相互生发的。更进一步，王玄览指出：

将言以说物，物一言不一，其物被言说，言多物不多。若许如是者，言应不说物，言实说物，所说若依物，云何得言多，未审言与物，何者是为妄。物与言互妄，物与言互真。观言如言法，观物如物形，此是言物一时真。若也约物以观言，约言以观物，

[1] 王玄览：《玄珠录》，《道藏》第23册，第629页。
[2]（魏）王弼，楼宇烈校解：《周易略例》，中华书局，2011，第414页。
[3] 王玄览：《玄珠录》，《道藏》第23册，第627页。

> 此是言物一时妄。则知言物体，非真亦非妄，是真亦是妄，我若去淆乱，何曾有真妄。既得真妄寂，则入于环中，在中不见边，以是中亦遣，所以旷然无怀，乘之以游。[1]

如果用语言来指称物而论的话，一个物可以有多个指称，其物一旦被定名，必然是名称多于物本身的。就比如我们生活中最常见的糖，在化学上又可以称之为碳水化合物，不同地域和国家的语言又对它有不同的称呼。这样，一个简单的糖，就具备了多种语言的称呼。如果是这样的话，语言本身并不能代表物体，但语言就本身而言，确实是对应一个物体的指称的。如此这般的话，究竟言与物来说，什么是真实，什么是虚妄呢。言与物是互为虚妄的，言与物又是互为真实的。如果我们以语言的规则考察言语本身，以物体本身的形制来考察物体本身，在这种情况下，言与物两者的状态，就都是真实的。如果我们通过一个物体，想用一种语言来对它进行描述，又想用一个名词来规定一个物体，在如此的状态下，两者其实都是虚妄的。如此，我们便可以通晓，言与物来说，既不是真实的又不是虚妄的，既是真实的也是虚妄的，可谓非真非假，亦真亦假。我们了知如此之义，即可得“环中”境界，得其中者，则不见两端，然中亦是执，亦需遣去，如此即是重玄之境界。归无所得，一物不立，方能见真道。这里言与物的关系，以重玄之至理来解释“环中”之理，可谓非常的恰当。《庄子·齐物论》中有：“彼是莫得其偶，谓之道枢。枢始得其环中，以应无穷，是亦一无穷，非亦一无穷。故曰：莫如以明”[2]。其实庄子之“环中”已经蕴含重玄之义，只是隐而未发，因中国哲学向来讲究“言有尽，而义无穷”，所含之文字愈少，其微言大义便愈深。所能应无穷者，应是归无所得之道体。郭象对此的注解即是“夫是非反复，相寻无穷，故谓之环。环中，空矣；今以是非为环

---

[1] 王玄览：《玄珠录》，《道藏》第 23 册，第 626 页。

[2]（晋）郭象注，成玄英疏，曹础基、黄兰发点校：《南华真经注疏》，中华书局，1998，第 35 页。

而得其中者，无是无非也。无是无非，故能应夫是非。是非无穷，故应亦无穷。”[1] 郭象以空来解释“环中”，以是非来推敲“环中”之道，可谓妙绝。成玄英之疏文云“夫绝待独化，道之本始，为学之要，故谓之枢。环者，假有二窍；中者，真空一道。环中空矣，以明无是无非。是非无穷，故应亦无穷也。”[2] 成玄英以“假有”来注释“环”一字，以“真空”来注释“中”一字，如此一来，“环中”可谓是重玄之道，有空双遣，而中亦不可得。郭象对于后一句的解释是：“天下莫不自是而莫不相非，故一是一非，两行无穷。唯涉空得中者，旷然无怀，乘之以游也。”[3] 成玄英在之后疏文中亦有“夫物莫不自是，故是亦一无穷；莫不相非，故非亦一无穷。唯彼我两忘，是非双遣，而得环中之道者，故能大顺苍生，乘之游也。”[4] 由此不难看出，王玄览与庄子、郭象、成玄英的思想，可谓是一脉相承的。这种相承的关系不仅仅是时间上的，更是义理之上的。

上面是就物本身而言的，就法与物的关系而言，它是没有自性的：

> 物无本住，法合则生，生无本常，法散则灭。实性本真，无生无灭，即生灭为可道，本实为真常，二物共循环，始终之间无余道。[5]

这里王玄览借鉴了佛教缘起性空的观念，一切物没有常住不坏的，而且也都不是独立存在的，皆是因法而生，因法而灭，必须借助种种条件与

[1]（晋）郭象注，成玄英疏，曹础基、黄兰发点校：《南华真经注疏》，中华书局，1998，第 33 页。

[2]（晋）郭象注，成玄英疏，曹础基、黄兰发点校：《南华真经注疏》，中华书局，1998，第 35 页。

[3]（晋）郭象注，成玄英疏，曹础基、黄兰发点校：《南华真经注疏》，中华书局，1998，第 35 页。

[4]（晋）郭象注，成玄英疏，曹础基、黄兰发点校：《南华真经注疏》，中华书局，1998，第 35 页。

[5] 王玄览：《玄珠录》，《道藏》第 23 册，第 627 页。

法缘组合而成。一旦它借以存在的这些缘分失散，即使有一个缘分失散，它也就不复存在。世间的一切物质与现象也是相对而存在的，物与物之间也是互相作为彼此存在的条件和助缘。这里的法物关系中，物因其没有自性，貌似是依附于法而存在的，这其实只看到了一个面。从另外一个角度而言，作为普遍性存在的法，并不能够直观地显现于我们面前，只有借助特殊性存在的物，才能体现其价值。

诸法未出时，非道亦非俗。诸法若出时，是道亦是俗。其法若出时，无一物而不出，诸法尽相违。其法若不出，无一物而出，亦是尽相违。若出世起，相因而生诸法。若没世起，相违而灭诸法。出时不言生，入时不言死。未生之时若也空，复将何物出。[1]

王玄览在上述的论断中，将法分为“道”“俗”两种性质或是状态。一切法欲显现之时，即是“道”“俗”兼有；一切法未显之时，即是“道”“俗”皆有。王玄览之意，是要表明，“道”“俗”本为一体之两面，是相对而成的，存则共存，灭则共灭。法显现之时，亦是一切物生之时，作为普遍性存在的法，即可衍生出特殊性存在的万物。关于法的论述，王玄览提出了“诸法无自性”[2]的提法，从这个方面而言，可以说是承接了成玄英的观念。这里成玄英并非完全借鉴佛教而来，而是从郭象的自然独化演变而来。王玄览则既吸收了佛教“缘起性空”的观念，又承袭了自然独化的说法。前面已经讲过了缘起性空的观念，这种观念和郭象的自然独化的理念是有相似之处的，但又不完全一致。郭象认为一切事事物物都是既不由自己的内因所决定，也不由外在的条件而决定，是自生自灭的，这点不同于佛教。但其对待物质的态度确是有一致的存在，都是认为这个世界的物并非一种实有的存在。王玄览综合两方之见，提出了自己的观念：

[1] 王玄览：《玄珠录》，《道藏》第23册，第626页。

[2] 王玄览：《玄珠录》，《道藏》第23册，第631页。

诸法无自性，随离合变为相为性，观相性中无主无我，无受生死者。虽无主我，而常为相性。将金以作钏，将金以作铃，金无自性故，作钏复作铃，钏铃无自性，作花复作像，花像无自性，不作复还金，虽言还不还，所在不离金，何曾得有还，钏铃相异故，所以有生死，所在不离金，故得为真常。[1]

从吸取佛教“缘起性空”的提法，王玄览提出了“诸法无自性”的观念，而郭象自然独化思想中的“无主无受”的观念自然也被其吸收。从一个方面来讲，王玄览认为诸法从生到灭的一个过程中，既没有主体的存在，也没有外缘的干扰，这与郭象的“外不资于道，内不由于己”[2]的观念是有相似之处的。从另外的角度来说，诸法在发展生灭的过程中是需要有外在之缘的进入的，郭象的“无受”的理念在这个过程中似乎是有所冲突；而且诸法虽然时时刻刻都有生灭，但就其存在形式而言，总是有一种相的存在，这种观念就与郭象“无主”的理念相背。就以金作为比喻的话，钏、铃、花、像等作为现象的存在，并没有一种一成不变的存在，故而是没有自性的；而这些金制品虽然形态一直处于变化之中，但其基础物质却都是金。王玄览认为，不管情况如何改变，作为万事万物本根的道是恒常的存在，而且具体的诸法没有自性的存在。王玄览其实是承认佛教的因生果，果生因，因因果果循环往复这种观念的。对于这种循环往复，王玄览认为是这个过程是“化生幻灭，自然而尔”[3]，这种观念既结合了佛教的理念，亦结合了道门本有之思想。

就作为宇宙之本体的道而言，可以说是无处不在的。王玄览言：

道无所不在，皆属道应。若以应处为是者，不应不来，其应即死。

[1] 王玄览：《玄珠录》，《道藏》第 23 册，第 631 页。

[2]（晋）郭象注，成玄英疏，曹础基、黄兰发点校：《南华真经注疏》，中华书局，1998，第 35 页。

[3] 王玄览：《玄珠录》，《道藏》第 23 册，第 623 页。

> 若以不应处为是者，其应若来，不应处又死。何处是道。若能以至为是者，可与不可俱是道。若以为非者，可与不可俱非道。道在境智中间，是道在有知无知中间，观缕推之，自得甚正，正之实性，与空合德，空故能生能灭，不生不灭。[1]

道是无所不在的存在，庄子甚至有“道在屎溺”之言，有物的地方即有道，无物的地方亦有道，道是无时间绝，无空间绝的。所谓“道应”者，乃指道可应万物，一切物皆有道性之存在。但“应处”与“不应”皆不是道，若“应处”为道，“不应”处便没有道的存在；若以“不应”处为道，“应处”便没有道的存在，此时便与道无所不在之义理相悖，故都不应取。如若可以解悟此种境地，则“可道”与“不可道”皆为道，反之两者皆不是道。因重玄之道乃是遣之又遣，离偏去中之境，故而执取一端者，都是非道。而不滞两端者，乃是真空妙有之义，山河大地，无非是道。空是道，因可生万有；有亦是道，有是空所化现。所谓“道在境智中间”[2]者，乃是王玄览为了统合主客之间的关系，为了论证众生有成道的可能性，故而言之。所谓“境”乃是是客观之外在，所谓“智”乃指的是我主体本有之智。主客之间是否能实现主客两忘，能所皆亡，而达于天人合一的最终境界呢。正因为道的无所不在，故而才能成为连接主客之间的桥梁，亦是为众生有成道而与空合德的可能性提供了有力的论证，道在“有知”与“无知”之间亦是此义。空之所以不生不灭者，乃是其“无”的性质；之所以不生不灭者，乃是其“有”的性质。王玄览对于此处的论述，可谓是非常精当。正因为道无所不在，故而可以遍物：“道能遍物，即物是道，物既生灭，道亦生灭。为物是可，道皆是物；为道是常，物皆非常。”[3]一切之物之所，即有道，一切特殊之规律所在，背后一定有其普遍规律。即物而见道，

[1] 王玄览：《玄珠录》，《道藏》第 23 册，第 620 页。

[2] 王玄览：《玄珠录》，《道藏》第 23 册，第 621 页。

[3] 王玄览：《玄珠录》，《道藏》第 23 册，第 621 页。

可以从每一个物体背后找到支撑他的所在。物既然是生灭不已的，那么作为化生物背后的道当然也是生灭的，此种的生灭并不影响作为道本身不生不灭的性质，道只是随物赋形，并不影响其本身。第二句显然是对老子“道可道，非常道”[1]的套用和衍化，借以解释物与道之间的关系。亦是对其“可道”与“常道”的发挥与应用。

在他看来，一切物均是禀道而生的：

> 万物禀道生，万物有变异，其道无变异。此则动不乖寂，如本印字，以物禀道故。物异道亦异，此则是道之应物。如泥印字。将印以印泥，泥中无数字，而本印字不减。此谕道动不乖寂。本字虽不臧，复能印多泥。多泥中字与本印字同，此谕物动道亦动，故曰既以与人己愈有。[2]

世间的一切物，均是因道而成，禀道而生，万物有生灭、有发展、有幻化，然而作为背后的道是不生不灭的，不受到因为物的变化而影响自身。王玄览又以“动”与“寂”来描述道物关系，“寂”者乃是释道，“动”者乃是言寂，动静一如，体用不二。“动”不可影响“寂”，正如同物不会影响道一样。王玄览用本印字与印泥来作比喻，即是本印字在多处泥水中印字，也不会改变其本身的性质。道随着物的变幻而变幻，此为应道之义。最后一句显然是对老子“圣人不积，既以为人，己愈有；既以与人，己愈多。天之道，利而不害；圣人之道，为而不争，”[3]的进一步发挥。大道本空无，能生无穷之万有而自身并不变化，故而既已给予别人，而自身之能量并不损减，反而愈多。既然道可以应物，那么作为体道而含德的大人而言，其亦可应物，故而有“大人握玄本，无心应物通。识通六道，是名大人。六

[1] 王卡点校：《老子道德经河上公章句》，中华书局，1993，第1页。
[2] 王玄览：《玄珠录》，《道藏》第23册，第620页。
[3] 王卡点校：《老子道德经河上公章句》，中华书局，1993，第398页。

道虽殊，无非大者，故名玄本。”[1] 这里的“大人”并非是指年龄而言，而是是否能合于道而论。《易经》有:“夫大人者与天地合其德，与日月合其明，与四时合其序，与鬼神合其吉凶。先天而天弗违，后天而奉天时。天且弗违，而况于人乎？况于鬼神乎？”[2] 无论以何种语言来描述，可以说“大人”即是合道之人，有德之人，即是无形无相的道具象化的体现。作为具象化的道，“大人”虽不可生物，却可以应物而无累。

道与物的时间次序问题，老子所言道与物的时间次序问题:“有物混成，先天地生，寂兮寥兮，独立而不改，周行而不殆，可以为天地母。吾不知其名，字之曰道，强为之名曰大。”[3] 老子认为道是先于天地而生的，并不因任何之物的变化而变化，亦是一直运行，不会有一刻的停歇。王玄览在此基础之上，又提出了 :“道物一时生，物生始见道，将见见道物，道物逐见生，元来无有见，道物何尝生。”[4] 他认为道与物是同时所生，由有形之物的产生才能体现道的存在。因为有了分别的观念和知见，才有了道物，道物亦是随着分别之见而产生的。混沌之初，本来这种分别之见也是没有的，所以道物本来也没有产生出种种区别，一切都只是个人的知见罢了。老子着重强调道作为万物化生的本源而讲，所以他认为道是先天地而生，这里的先后次序，不是时间的次序，而是重要性的次序 ；而王玄览则侧重从道物不二来讲，道与物是不可分割的，有道之所生，必有禀道之物的所生。所以，两者的观念并不矛盾和冲突。王玄览更进一步讲道 :

> 天地不自生，待万物合而乃成。故天地者万物之总名。人者六根之总名。车者众木之总名。总物不曾无，故能长久。是故天地先万物而后其身，人则先六根而后其身，车则先众木而后其身。故其名既成，但言其总，不言其物，但言其果，不言杂缘。故为

[1] 王玄览：《玄珠录》，《道藏》第 23 册，第 623 页。

[2]（宋）朱熹，廖名春点校：《周易本义》，中华书局，2009，第 41 页。

[3] 王卡点校：《老子道德经河上公章句》，中华书局，1993，第 101-102 页。

[4] 王玄览：《玄珠录》，《道藏》第 23 册，第 630 页。

杂缘先大，身成为无私。[1]

这段话其实是对《老子》第七章的进一步解释，“天长地久，天地所以能长且久者，以其不自生，故能长生。是以圣人后其身而身先，外其身而身存。非以其无私耶？故能成其私，”[2] 在河上公的解释中，老子这里的天长地久其实是一种比如，是以此种比喻来教化百姓的。就笔者的理解而言，天长地久实际上象征了道的亘古长存。河上公注言：“天地所以独长且久者，以其安静，施不求报，不如人居处汲汲求自饶之利，夺人以自与也”[3]，其“不自生”亦是为教化众生，众生需以天之德而效仿之。王玄览之义，认为不但天地不自生，只为应和万物，待万物之生时，始见天地。这里更多是从其生化方式而言，天地即是道的化身，道自己不生发，故而就无灭，无开始，就无有终结，故而可以恒久存在。天地可以说是世间万事的总名，而又以人来比拟，人又是六根之总名。总的名字是不曾增加或者减少的，其命名若已落定，则以后之讨论是其名，而不物本身，即是物消亡殆尽了，仍然有名的存在。综上而言，道与物的关系是相互依存而出现的，两者缺一个不可。物道生，即物而见道。

二、“心无所系”之认识论

以上部分主要阐述了王玄览的道论思想，关于认识论，王玄览亦贯彻了重玄思维方式。其认识论的总纲就是：

> 身有重先了，身中诸有既空，其空亦空，心有天游，空有俱空，心无所系。[4]

---

[1] 王玄览：《玄珠录》，《道藏》第 23 册，第 628 页。

[2] 王卡点校：《老子道德经河上公章句》，中华书局，1993，第 25-26 页。

[3] 王卡点校：《老子道德经河上公章句》，中华书局，1993，第 25 页。

[4] 王玄览：《玄珠录》，《道藏》第 23 册，第 622 页。

这段话中“其空亦空”的思想就贯彻了重玄学双遣双非的理论构建体系。“心无所系”即是心中不滞于一物之义，这种方式其实是一种最高级的认识世界的方法。对于“心无所系”，王玄览亦有更详尽的阐述，“欲修之者，莫令心住有，莫令心住空，莫令心离有，莫令心离空，莫令心住四，莫令心住一，莫令心不住，莫令住无心，于中无抑制，任之取自在，是则为正行。”[1]我们可以看出王玄览的思想并非是一种严苛的经过学术训练或者文字培训的语言，他很多东西都是靠“悟”出来的，可以说是称性直谈，从道体中流露而出。住即是停留、执着、停止之意，王玄览之意即是让心不要停留于一切，此不住之心亦当舍去，即是遣除之意。佛教“应无所住而生其心”亦有类似的意思，此句话亦可说是禅宗之核心要义所在。佛家讲定，非是如顽石一般的死定，而是不执于一切之相，而又了了分明。其实非是王玄览完全模仿于佛教，《庄子·应帝王》中就有“至人之用心若镜，不将不逆，应而不藏，故能胜物而不伤，”[2]的说法。郭象在书中亦有注云：“鉴物而无情”[3]“来即应，去即止”[4]；成玄英则疏云：“夫悬镜高堂，物来斯照，至人虚应，其义亦然。”[5]“夫物有去来而镜无迎送，来者即照，必不隐藏。亦犹圣智虚凝，无幽不烛，物感斯应，应不以心，既无将迎，岂有情于隐匿哉”[6]。无论是庄子，还是郭象、成玄英，皆有心无所住，无所系缚之意涵，应物而不住一切物。后来宋明理学似乎也受此思想之影响，以有相同义理之发挥，

[1] 王玄览：《玄珠录》，《道藏》第23册，第627页。

[2]（晋）郭象注，成玄英疏，曹础基、黄兰发点校：《南华真经注疏》，中华书局，1998，第178页。

[3]（晋）郭象注，成玄英疏，曹础基、黄兰发点校：《南华真经注疏》，中华书局，1998，第178页。

[4]（晋）郭象注，成玄英疏，曹础基、黄兰发点校：《南华真经注疏》，中华书局，1998，第178页。

[5]（晋）郭象注，成玄英疏，曹础基、黄兰发点校：《南华真经注疏》，中华书局，1998，第178页。

[6]（晋）郭象注，成玄英疏，曹础基、黄兰发点校：《南华真经注疏》，中华书局，1998，第178页。

程颢先生在《定性书》中曾有“故君子之学，莫若廓然而大公，物来而顺应”[1]的说法。

能感觉外界的不能叫作心，如果这样的话，如行尸走肉又有什么区别，只有对外界能够分析、理解与判断才能称之为“心”。“一见色之时始名眼，有知之时始名心，若使无知无色时，不名于心日”[2]。同时，心又分为“内心”与“外心”之别，“外心寂，寂无问，内心尽，尽无问，有心有垢，无心无垢，行者增降，随分受证。”[3]所谓“外心”即是心对外境升起的念，所谓“内心”即是心在内而产生的各种想法与念头，“寂”与“尽”皆是心无所系之意。关于身与心的关系，王玄览亦有过阐述：“外舍身妄似冥眠，内忘心法如先死”[4]“心不住内谓之冥，身不住外谓之慧。”[5]这两句都有相似之处，其实王玄览想要表达的是内与外的关系，在内不被烦恼所牵，在外部被境界所转，内外均是一如，才是真正的修行。王玄览把认识外界的方法归结到一心中来，他首先阐述了心与外境的关系。

> 知是一心，境是二心，心之与境，共成一知，明此一知，非心非境，而不离心境。其性于知于心境，自然解脱，非有非无，此法不曾二，以是一知故。此法不曾一，以因心境故。心之与境，常以心为主，一以法因人故，所以是因缘无人无所因，所以是自然。若争是者，即落妄河，若悟此者，即入真海。受争之物，不觉不知，只是争者云受争，非是受争之者云受争。[6]

能对外境的觉知与理解即是一心，而外境即是二心，此时主体与客体

[1]（南宋）叶采集解，程水龙校注：《近思录集解》，中华书局，2017，第68页。

[2] 王玄览：《玄珠录》，《道藏》第23册，第632页。

[3] 王玄览：《玄珠录》，《道藏》第23册，第628页。

[4] 王玄览：《玄珠录》，《道藏》第23册，第631页。

[5] 王玄览：《玄珠录》，《道藏》第23册，第630页。

[6] 王玄览：《玄珠录》，《道藏》第23册，第627页。

相对而立，根与尘处在两个对立面，就客观实际而论，应是如此的。而就究竟而言，心与外境实际是一如的，主与客之间也并无分立，应是一以贯之之道。道本通达，而吾人之心体与外境本是道体所化生，故而应属一如。如今能知之心，与所知之物，皆由吾人之分别观念而产生隔阂所致，如能见道，能与所知之间隔本就是假象。故而就究竟而论，“非心非境”，世界之本源既不是外在客观之世界，亦不是作为认识世界的主体的我们。然而又“不离心境”，能见道者，即是有与无通达无碍，心与境亦是通达，世界非是空无一物，一潭死水，故不可离。能知之心与所知之外境之间非是须有一主，王玄览把心认为是主，因外境亦是由于心所产生。但对于唯心论还是唯物论，并不需要有太多的争论，如果非要区分的话，势必陷入虚妄的境地。而通达道性的话，主客之间的界限就泯然而逝，并无主与客之区分，只因心与境本是一体。王玄览更进一步指出，“色心非一故，所以心观色，色心非二故，实无能所观，无观即是观，观即是无观。定即乱，乱即定，不一不异”[1]。此处之色即是外境之意。正因为主体对境生心，才有了种种的喜怒哀乐：

> 心中无喜怒，境中无喜怒，心境相对时，于中生喜怒，二处既各无，和合若为生？当其妄生时，二处不生增，二处既不增，和合云何生？于中有生者，此生如梦幻，化生而幻灭，二生各不知，不知而有生，此生是阿谁？若离此等法，无圣亦无凡，此等法既幻，凡圣亦如幻。幻法不曾断，所以是不空，不曾不是幻，所以是不有。先相因，生诸法，次相违，灭诸法，后泯二相入真空。相因以为言，因无而有有，有有无亦有，无有有亦有。相违以为言，有时无有无，无时无有有。就无以为言，一无二亦无，何放得有时。就有以为言，一有二亦有，何故得相违。举过以明见，独住二时以相违。举见

[1] 王玄览：《玄珠录》，《道藏》第23册，第630页。

以明来，所以违时一灭二亦灭。[1]

就人作为本体而言，心中自然没有喜怒哀乐，外境作为客体而言，本身也没有喜怒哀乐之别。只有心与境相对，主体与客体相对的时候，主体对外部的境界产生分别之心，分别美丑、善恶等，因分别而内心生出种种情绪。此分别之心只因未能认识道体，而妄做判断分别之故。此处“和合”显然借鉴了佛教因缘和合的思想，主体内在所产生的情绪究其根本而言，确是因缘和合之物。然其性体本空，故而主客皆是空相，能所皆是虚妄，所谓七情六欲又从何处来。若是通晓此理，即知圣贤之分辨，亦属幻影。就道体而论，凡夫与圣贤皆具不生不灭之道性，二者本应是无二无别的。只因后天灵台上的灰尘不同，因而众生之秉性各有不同，此是后天之区别，非是根本之区别。但是这种幻法可以说是生生灭灭的，并没有停止的时候，既然没有停止，那么就不能说是虚无的，但诸法无自性，所以亦不可说是有。就具体而论，心与境的关系可以说是相因相违的，如此之论证其实同有无之论相似，笔者在此就不做过多的赘述。更进一步来讲，王玄览认为：

境尽行周，名为正道。舒心遍境，出智依他。他处若周，则为大体，大体既就，即飧小身。兼以小身并同境分，常以心道为能境，身为所能。能所互用，法界圆成，能所各息，而真体常寂。[2]

“境尽”有两种解释，一者，乃是修行圆满，缘分了尽，不需再入外境而修行。另外一种即是，接境而不生心，此意似乎更合于世间与出世间法。“行周”即是功行圆满，得道之义。“舒心遍境”亦是触境而不染之义，虽多历于各种染境，而不生染心，亦是不住之意。“出智依他”即有不生分别之心，而对众生之种种习气都能随顺。因圣哲已见道，故而无对立分别之心，无

[1] 王玄览：《玄珠录》，《道藏》第 23 册，第 632 页。
[2] 王玄览：《玄珠录》，《道藏》第 23 册，第 621 页。

喜怒哀乐之念，入世而不被世俗所染。而众生未能见道，习染严重，习气又各不相同，比如有的人喜欢吃甜的，有的人喜欢吃酸的，人与人之间的习气千差万别。圣哲本教化之义，而应众生之需求而顺随之。此亦是对于老子“圣人无常心，以百姓心为心”[1]的进一步发挥。后面，王玄览又以能与所来解释其中之关系，能即是我能看、能听、能知之主体，所即是我所看、所听、所知之客体，能所互用即是主客之迹泯然，此是见道之境界。心与境的关系大抵是如此的，所谓境，即是外境，亦可以说是时间与空间的总和，王玄览认为一心之中，乃是可以包含所有的时间与空间的：

一心一念裹，并悉含古今，是故一念与一劫，非短亦非长，一尘一世界，非大亦非小。故圣人在今，能说古事，皆用追文逆历，而得其实。是以今文说古事，古有皆可行，古无不可行，故曰玉历出世，含规万理。

问曰：云何今日心，乃能念古事？云何古昔事，谓在今念裹？古事若在今，则知过去未过去。今心若在古，则知未来犹已来。若云定未来，云何有今能知古？若云定过去，云何古实犹在今？既将今心念古事，复将古事系今心。明知一心一念裹，含古复含今，以是今古故，一心不可得，以是一心故，二心不可得，是则不一亦不二，能一亦能二。[2]

关于劫的提法并非只是佛教的观念，在道家本有的文化之中，早就有了劫的概念。道教认为宇宙从混沌初开，到一直衍化，大致可以分为五劫，即是延康、龙汉、赤明、开皇、上皇。明代道士亦用人的生、老、病、死、苦来指代人生的五种苦恼与劫难。此处之劫应是指宇宙生化之劫，如果以现代时间为计量单位的话，一劫的时间是十二万九千六百年，一个中劫的

[1] 王卡点校：《老子道德经河上公章句》，中华书局，1993，第188页。
[2] 王玄览：《玄珠录》，《道藏》第23册，第623页。

时间为两百多万年，一个大劫的时间是一亿到两亿年，一个无量劫的时间是六十亿年以至于几百亿年，大约是一个宇宙从形成到最终毁灭的时间。世界亦可以说是宇宙的指称。王玄览认为一心一念之中即有古今，此种说法并非是他首创之论。孔子早有言:“虽百世,可知也”[1]。可知今世、先世、后世其实皆在此一心之内，一心含三世，实际上是一如的。一刹那的一念与数十万年的一劫实际上是一如的，一粒尘埃与一个世界也是相同的。这不免显得有些唯心主义，但如果我们知晓王玄览的思想，就不难理解。时间与空间，也就是外境，是心之外相，本属道性的化现，也是没有自性的存在。既然一切都是没有自性的，依赖道性而存在的，那么从究竟而言，一念与一劫，一尘与一世界即无区别。其实不论是儒家的“逝者如斯夫，不舍昼夜”[2]，还是道教的追求长生成仙，还是佛教的解脱，都是一种想要摆脱时间与空间的束缚，而达到宇宙合一的状态，这亦即是我们中国哲学所常常提到的天人合一的状态。在这种状态下，我们既挣脱了时空的束缚，也达到了与时空的高度和谐的状态。科学家爱因斯坦也认为时间与空间的定义，并不是绝对的，每个人对于时间的感知也并不相同。不同的众生，因其禀赋、善恶、苦乐等均不相同，故而其本身对于时间的感知与定义也是不一致的。道教将宇宙分为三界三十六重天，每一个维度的时间观念都是不一致的。越向上,时间对于众生来说过得越慢,可能在此重天过了几年，对于向上的世界而言，很可能只是几分钟的时间，不同维度的空间对时间的影响也是存在的。

我们讨论了心与境的关系，但就现实而论，心认识境，不能直接通过认识，因众生并非所有人都能达到能所一如，泯迹存心的地步。故而心与境之间，需要有一个中心的环节，这就是心识，这亦是众生感知外界的存在的根本,人一切活动就是一个心识的活动。关于心识的定义,王玄览指出:“无色界色尽故为空，生空中精灵名为识，识体是空名为定，定即非心名为

[1]（宋）朱熹:《四书章句集注》，中华书局，1983，第59页。

[2]（宋）朱熹:《四书章句集注》，中华书局，1983，第113页。

想。”[1] 心识为空所生，“精灵”一词也体现出心识的精妙所在。

对此，他又指出：

> 识体是常是清净，识用是变是众生。众生修变求不变，修用以归体，自是变用识相死，非是清净真体死。[2]

心识之本体是亘古长存的，亦是清净之源，心识之用即是众生的种种区别之相。其本源如一面明镜一般，清净光洁，照见万物之本然。而镜子上有稍许之灰尘，即是心识之启用，灰尘所在的位置不同，灰尘的厚度不同，便呈现出种种不同的众生之相。“修变求不变，修用以归体”[3] 即是借假以修真，道教之经典常言万物皆可化气。而从另外一个层面来讲，万物皆是形而下之器，皆由形而上之道所化现，这亦是老子讲的“朴散为器”。作为道的载体器而言，财物、美色、名望、食物等都可以称之为是器。但借假以修真的器，应是特指身体而言，众生借助身体而修行进而得道成仙。如无身体这个实体的存在，修真其实是虚妄的，空对空的，很难去实现，所以道教亦常重视身体本身的修炼。后来的内丹把修真的过程分成了许多的程序，譬如炼精化气、炼气化神、炼神还虚、还虚合道、位证真仙等，就是一个完成的修真过程。但此时的重玄学尚未发展出这么严密的修炼体系。此过程应是遣去此身，亦遣除此空无，而达于中道，中道亦不可得，亦需遣去，即可得真。最后“变用识相死”的意思，并非是摒弃身体之意，并非是摒弃一切之有，而是不破不立之意，正因为对于有的执着幻灭了，对心识之用可以认清楚了，才能理解和体悟其背后之道，识清净之本体。十方一切之物亦可归于此心识：

---

[1] 王玄览：《玄珠录》，《道藏》第 23 册，第 631 页。

[2] 王玄览：《玄珠录》，《道藏》第 23 册，第 625 页。

[3] 王玄览：《玄珠录》，《道藏》第 23 册，第 626 页。

十方所有物，并是一识知，是故十方知，并在一识内。其识若也出，身中复无识。其识若不出，十方复无知。

一切待十方，十方并同一，十方所有法，一识一心知。将此十方知，还在一识内，明是一中多，亦是多中一。[1]

十方所有之物即是一切之万有，如都在一心识之内，此心识是一切众生之心识呢，还是每一个众生之心识呢？王玄览似乎没有明却说明。“空中无正性，能生无量识，已生于识讫，识竟更不识。空中之本性，能生一切识，识识皆不同，不同不异空”[2]，空可以生出无量的识，但各种心识各个不同，不同的原因正是众生之各个有别，各个心识均是不同。十方众生之心识各有不同，但交相呼应，如网络一般，种种心识的交错作用下，形成了十方一切之物。又十方之众生，虽然心识各有不同，但其道体则是一致，从这个角度来说，众生的心识可以说是一即多，多即一的存在。一切法的生生灭灭，一切物的生生灭灭，都是心识在起着作用。这就是说，作为主题的众生，他们的念头，即是一切之物与法赖以存在之根本。“无念则无心无识，亦无有迷者觉者。是故行人当须识心”[3]，此处之无念，不应是没有念头之义，而是起念而不住，如此则不住于一切相，自无分别之心，自无有迷悟之别。既然众生之心识是世间之一切之法相赖以存在之根本，那么我们又如何去了解这一个个不同的心识呢？王玄览给出了他的答案：

了知无知同无知，如此无知与未了无知同相。若同有识处，随识而起名，识多名亦多，识少名亦少。若也无有识，无相亦无名，亦无于无名。道其非是门，此方因见得。若道真是门，他方复不唤。如此之异唤，未知欲何依答：言一时依。又云：若言一时依，其

[1] 王玄览：《玄珠录》，《道藏》第 23 册，第 627 页。
[2] 王玄览：《玄珠录》，《道藏》第 23 册，第 631 页。
[3] 王玄览：《玄珠录》，《道藏》第 23 册，第 630 页。

> 道即有二，其道若有二，乃有于三者，此则为无穷，此法若无穷，此法是生灭，生灭则非道，所以此二不可依。随方起见，其方既多，其名亦多，谛观其体，而实不多。若言不多，应常是一。若常是一，不遍诸方之名。答云：此法非一多，而能应一多，各由起见故，而体常不住一物，亦非不住物各由见者，而见多一，性体解脱，故非多一。[1]

因众生之心识千差万别，而外境之物又由心识所生，故而生出了种种名相，名相纷立，各不相同。关于名称与物之间的关系，前文已有论述，故而在此不再赘述。但如果没有心识，即没有种种之相，亦没有种种之指称。取消种种的分别方能见道。心识是我们认识事物的媒介，但这种认识实际是一种后天的认识，一种分别心的认识，并非是先天体道的认知。而且如果任由这种知见发展，很可能会造业，“众生随起知见而生心，随造善恶而成业，不造则业灭，不知见则心亡，心亡则后念不生，业灭则因亡果尽。”[2]众生之知见从何而来呢？很显然是从心识而来的，然而这种心识亦是我们造业受报的一个非常重要的因素。因此这种后天的知见，并不能够完全的值得依赖，而是要达到一种清净的认知。那么如何又才是真正的知呢？如何才是真正的体觉真理呢？王玄览进而提出“息心以灭见”的论调，这种论调并非意味着对后天知见的全面的否定，而是说从真理出发，以道的角度来更好的认识事物。

那么就心体本身而言，到底是有知还是无知呢：

> 心本无知，合境为知，合时既无外入，有者并悉是空。空则无我、无生、无心、无识，既无所有，谁当受生灭者哉？[3]

[1] 王玄览：《玄珠录》，《道藏》第 23 册，第 631 页。
[2] 王玄览：《玄珠录》，《道藏》第 23 册，第 633 页。
[3] 王玄览：《玄珠录》，《道藏》第 23 册，第 631 页。

草木虽无知，落实会生死，真道虽无知，落实是常住。[1]

从心体而言，本是“无知”的，此处的无知并非是一种没有任何感觉，没有任何反应的意思。而是指一种分别外物之知，属于一种后天的状态。只有对外境发生接触，才能产生一种触缘，而后对于外境的分别与认知即是一种知。这种知从先天的道而言，是当体即空的。草木的无知是一种断灭性的，没有任何知觉的“无知”的状态。而对于真道来说，其对应的主体是众生，每个众生均有心识，有心识就有知觉，之所以说其“无知”，是从先天的角度来阐述的。故而王玄览说：

此处虽无知，会有无知见。非心则不知，非眼则不见。此知既非心，则是知无所知。此见既非眼，则知见无所见。故日能知无知，道之枢机。[2]

虽然这里说的是“无知”，但却不是没有任何知觉的，并非是不见不闻之意。是见所之见，闻所闻尽，而能够如雁过寒潭，而不留下一点点的影子。知所知尽，而又不住一切知。此处即合老子“无为而无不为”[3]之意涵。此处以“道之枢机”来指称，显然是继承了庄子的思想。他进一步说：

道在境智中间，是道在有知无知中间，观缕推之，自得甚正，．正之实性，与空合德，空故能生能灭，不生不灭。[4]

王玄览认为道在主体之本有之智与客体外境中，道又在有知与无知中间，其实就是道是连接先天之知与后天之知的一座桥梁。那王玄览到底是

[1] 王玄览：《玄珠录》，《道藏》第 23 册，第 625 页。

[2] 王玄览：《玄珠录》，《道藏》第 23 册，第 625 页。

[3] 王卡点校：《老子道德经河上公章句》，中华书局，1993，第 144 页。

[4] 王玄览：《玄珠录》，《道藏》第 23 册，第 621 页。

推崇有知还是无知呢？他认为想要修行成功，就要灭除知见，灭除后天对于事物的分别之心：

> 一切众生欲求道，当灭知见，知见灭尽，乃得道矣。虽众生死灭后，知见自然灭，何假苦劝修，强令灭知见。释死不自由死，死时由他死，死后知见灭，此灭并由他。后身出生时，生时会由他，知见随生起，所以身被缚，不得道矣。若使身在未灭时，自由灭知见，当至身灭时，知见先以无，至己后生时，自然不受生，无生无知见，是故得解脱。赞曰：死不自由死，死后由他生。知见由我灭，由我后不生。[1]

王玄览认为，只有后天的知见全部灭尽的时候，才是见道的时候，才能够得道成仙。可见他对于知见是持一种否定的态度。那么从生理的角度而言，人在死的时候，已经没有知觉了，这个时候是否可以说没有知见了。这样的话，还要修行做什么呢？完全可以等待自然死亡的来临，如此来说不是也符合自然之道吗？但他认为死亡并不是可以由平凡人所能够控制的，这种死也是不自由的，有条件的，这种死亡以后，随着身体的消亡，知见只是暂时地抹去了，与得到而灭除的知见不是一种情况。况且，如果有下一次的生命，即是来生，由于身体的束缚，知见自然会有。如此既没有灭除知见，而且更没有得道。就此生的情况而言，假如在身体没有幻灭之前，就已经灭除了知见，如此状态下，即是身体随着时间陨灭，但因知见已灭，便不受后有，不在有身体的桎梏。可见，王玄览认为真正的得道是心的得道，而非是肉体的永生，身体反而是一种桎梏。这也暗合了老子的思想："吾所以有大患者，为吾有身；及吾无身，吾有何患"[2]。不可否认的是，道教对于肉身的重视，对于肉身成仙的渴望是之前的一种常态。但是，王玄览

[1] 王玄览：《玄珠录》，《道藏》第 23 册，第 622 页。

[2] 王卡点校：《老子道德经河上公章句》，中华书局，1993，第 49 页。

这里提出的心的解脱，知见的陨灭，不得不说是融合佛教义理之后的结果。那么如何在生之时，便能灭除知见呢？他也从知见的角度对他的一番言论做出了解释与辩论：

见若属于眼，无色处能见，见若属于色，无眼处应见，见若属色复属眼，合时应当有二见，若也见时无二者，明知眼色不能见。若即于二者，应当有二见，若舍于二者，应当无一见，

将眼对色，则生一见，未审此见当属何方。若在色方，不假于眼，若在眼方，何假于色？若在两方，则成二见，而见实非二。若见是一，色眼则不用，未审此见因何而生，此乃接物。入等观之，是名循环，循环则无穷尽。[1]

如果我们把“眼色共成一见”作为一种前提来看的话，那么很多问题似乎变得容易解决了。王玄览认为就众生的知见而言，发生的情况有四种，即是在眼中，在色中，同时发生在眼与色中而成二见，既不在眼中亦不在色中。如此看的话，这四种情况似乎与“眼色共成一见”的事实不是完全可以相融的。如此来看的话，他认为只有心的解脱才是真正的得道：

心解脱即无心，无心则无知，谁当知脱者心？心知法，法处无心，法被心知，心处无法。二除既无增藏，故知无观无法。无法则心不生，知无心则诸妄不起。一切各定，无复相须，而因待者，故前念灭则后念不生，前念不灭亦后念不生，念既不生，则无有念。无念则无心无识，亦无有迷者觉者。是故行人当须识心。[2]

他提出，真正的得道，应该是心的解脱，而非是肉体的长生。而心的

[1] 王玄览：《玄珠录》，《道藏》第 23 册，第 632 页。
[2] 王玄览：《玄珠录》，《道藏》第 23 册，第 630 页。

解脱又可以归结为是念的清净，佛教有前念已断，后念未起，了了分明之处，如能当下认取，即是佛性。这个状态和过程在佛教禅宗被称为是明心见性。王玄览这里显然是吸取了佛教禅宗的观念，并加以改造，从而变成了自己的思想。王玄览虽然否定后天之知，但他并不反对先天之知，他把这种知称之为是“净心知”：

> 心能照妙，则是无欲之妙门。因滥玄入重玄，此是众妙之门。妙门则生无生，但是滥生，实无生也。其道只是滥可，实无可也。行者观而思之，存而守之，则解脱。得此是滥脱，实无脱也。无可既无可，谁知此无可，诤心知无可，无可常清净。净故常无知，得此诤无知，则是无知净，是名净心知。[1]

此处发挥了老子“故常无欲以观其妙。常有欲以观其徼。此两者同出而异名，同谓之玄。玄之又玄，众妙之门”[2]之义。因“滥玄”而入“重玄”亦属王玄览之精妙发挥。所谓“滥玄”乃是多之义，过度之义，相对于“重玄”而言，“滥玄”显然是仍有中道未曾遣除，故而相对而言为多了一层执着。这里王玄览运用了道教存思的说法，又可以加存想，是道教众多修炼法门中的一种。即是通过闭目养神，而存想某一种物体或者是神的外形或者是活动的状态，如此则可以集中注意力，摒弃杂念，从而进入一种静极而动的入道境界。这种存想的方法在魏晋至隋唐时期都非常流行，存想的方法很多，有存想“三宝”之法、存想“五脏”之法、存想“玄一老子”之法，存想“云气兵马”法等各种方法，甚至可以存想自己见过的一种具体的事物等。存思到最后，一法不可得，一物不可立：

> 观思同是存守，觉了同空一切。所有法不过见与知，若于见

[1] 王玄览：《玄珠录》，《道藏》第23册，第626页。

[2] 王卡点校：《老子道德经河上公章句》，中华书局，1993，第2页。

知外，更无有余法，既有见知，知见何法。只将我知知我见，还将我见见我知。法若有所属，有所而不属。法若无所属，无所而不属。[1]

观思与存守应都是修养的法门，或是观想之别名，所有一切诸法莫过于见与知。那么知见是否应该有所属呢，他认为应该介于有与无之间。

王玄览在讨论了心体，心与境，心识，灭除知见之后，又引出了一个非常重要的问题，心性的问题，这让重玄学向前迈进了好多步。王玄览从心性论到道体论，再到心性论的过渡，可以说是重玄学向前发展的一个转折。关于性与心的关系，王玄览给出了自己的回答：

问：性复是谁性，心复是谁心？答：还是四句心，复是诸法性。若无四句，并无其心。若无诸法，并无其性。有则一时有，遍法界而无方。无即一时无，并纤密而俱尽。在此无所言，强名为大道。[2]

王玄览最终把性归结为诸法之性，如果无有诸法，便没有正性质存在，王玄览在此处把性归结于道，而未回归于人。可见这并非是传统意义上心与性的关系，而是道性之性。王玄览暂时把心性之性，称呼为“正性”：

既无物而生灭，故云道场与烦恼，毕竟并无余，行者行道之时，当守于正心，无失于正性。[3]

此处之心与性似乎没有特别大的区别。他更进一步说道：

[1] 王玄览：《玄珠录》，《道藏》第 23 册，第 631 页。
[2] 王玄览：《玄珠录》，《道藏》第 23 册，第 624 页。
[3] 王玄览：《玄珠录》，《道藏》第 23 册，第 624 页。

> 人心之正性，能应一切法，能生一切知，能运一切用，而本性无增臧。谕如对境有喜怒，正性应之生喜怒，对境有去来，正性无去来。若无有正性，怒性则不生，怒虽因正生，然怒非是正，以怒非正故，怒灭正不灭，以正不灭故，所以复至喜。若无于正性，其喜则不生，喜虽因正生，然喜非是正，以喜非正故，喜灭正不灭。若云怒独灭于前、喜独生于后者，喜怒则两心，前后不相知，云何在喜时，而复能念怒？以能念怒故，喜怒同一性，故喜时即是怒灭，怒灭即是喜生。动时即是寂，寂时即是动，动即是神力，不共法正性之变通。[1]

如此之"正性"似乎有点类似于道体的意思，是全知全能的，但稍加辨析，就知道不是一回事。道体本属于宇宙之本体，是化生万物的本质，但"正性"似乎属于人之本体。本性是无增无减的，是全知全能的，一切法均可以从此处化生而出。这不免让人想到佛教六祖慧能"何期自性，本自清净；何期自性，本不生灭；何期自性，本自具足；何期自性，本无动摇；何期自性，能生万法"[2]之语。二者所表达的意思不尽相同，只不过六祖所言之自性为佛性，而王玄览之言正性为道性。参看王玄览之生卒日期（626—697年）与六祖慧能之生卒日期（638—713年），两人应属同一时代之人，但是否证明两者之间思想有相互借鉴的地方，笔者在此持保留意见。不管文献是否有记录，二者之思想都从"悟"而来，都是先天的思想来源，都是从性灵之中流露而出，没有丝毫之伪。相比较道体生物而言，人之正性则有喜怒哀乐之情，正性可以生怒性，因人之正性可生万法。然而就怒性而言，其非属于性情之中正，怒性亦非是正性，怒性有起有灭，而正性却没有，喜性亦复如斯。因正性无所增减而包含万有，喜怒均是包含其中，故而喜怒可以同时存在，喜升时即是怒灭之时，王玄览又以动与寂来说明两者之

[1] 王玄览：《玄珠录》，《道藏》第 23 册，第 632 页。

[2]（唐）慧能，郭朋校释：《坛经校释》，中华书局，1983，第 20 页。

间的关系。王玄此处论性，可以说是重玄学的一个重要转变。

至此，关于王玄览的“心无所系”的知见论已经详述如上。首先论述了“心无所系”之含义，然后对主体之心与客尘之境展开进一步的叙述。王玄览把认识的源头归结于心识，心识才是主体得以与外界进行交互的原因，才是主体认知世界的主要媒介。但是这种认知毕竟属于后天的认知，有分别心在其中，并不能洞见万物之本真，故只有灭除心识之中的知见，才可以窥得其本源。如此状态下的所知，才是“心无所系”的真知。在此之后，又引出一个非常关键的问题，即心性的问题。可以说心性问题是重玄学思想的又一个进步，从道体论，到道性论，再到心性论，一步步从天之道复归于人之道。重玄学的这一转变，进一步开出了后来的内丹之学。

三、“定慧双修”之修道论

道教所有问题，最终有一个关键，即如何可以“延年益寿，羽化登仙”，这是道教之核心所在。王玄览在“心无所系”的认识论基础之上，提出了“定慧双修”的修道论。在阐述修道方法之前，首先要说明一个问题，即是修道何以可能的问题。作为世界之本体之道体，又和众生之间有何种联系，众生又如何达到与道合德的程度。除此之外，还要解决的问题是，为什么要修道，众生日常之生活难道不是合理的吗？只有修道才是正确的路径吗？这也是王玄览所必须回复的问题。最后，即是如何才能修道成功，修道的具体实践方法又是什么？

前面已经说到，黎元兴为王玄览之师，王玄览对黎元兴的思想也颇有继承与发挥。黎元兴在《海空经》提到一个重要的问题，即是既然一切众生悉有道性，又为什么会苦恼，乃至堕入地域呢？这样的疑问，即是如果说一切众生本有道性，那么为什么非要通过修习来实现？如果说一切众生与道性不能够实现天人合一，那么所谓的修习也就没有什么意义了。黎元兴在《海空经》中给出了一番解释，王玄览在其《玄珠录》中亦曾提及其中的思想，他的设问方式稍有不同：如果从众生这个主体而言，他本身即是道的代名词的话，那么所谓的修行便没有意义；如果说众生与道不同，那么其实无论怎么修，最终也不可能达到与道合一的终极境界，因为两者本来即不是一物：

论云，道一性众生性，皆与自然同。众生禀道生，众生是道不？答：众生禀道生，众生非是道，何者？以非是道故，所以须修习。难；若众生非是道，而修得道者，乃得身外道。众生元不云，何言修得道？答：众生无常性，所以因修而得道。其道无常性，所以感应众生修。众生不自名，因道始得名。其道不自名，乃因众生而得名。若因之始得名，明知道中有众生、众生中有道，所以众生非是道，能修而得道，所以道非是众生，能应众生修。是故即道是众生，即众生是道。起即一时起，忘即一时忘。[1]

王玄览显然认为众生并非可以等同于是道，众生只是禀受于道才能生的。正因为众生并非是道，故而才要经过修行而成道。众生本来是没有名字的，是因为道的缘故才得以有名字。如果从某种意义上来说，可以说是道与众生之间是相互为因果的关系，亦可以说是相互包含的某种联系：

众生与道能疏能密，泥土能疏不能密，玉白能密不能疏。身与道识是疏义，道与识空是密义。玉白一物二名，土水二物二名，人是身识总，泥是水土总。[2]

可见众生与道性之间的关系，是介于“泥土”与“玉白”之间的关系的，是可疏可密的，更说明了众生与道之间，一而二，二而一的关系。道与众生

[1] 王玄览：《玄珠录》，《道藏》第 23 册，第 621 页。
[2] 王玄览：《玄珠录》，《道藏》第 23 册，第 628 页。

之间的关系又是亦同亦异、又亦常亦不常的：

> 问:经云道与众生相结连，若为同异？答:道与众生亦同亦异，亦常亦不常。何者？道与众生相因生，所以同。众生有生灭，其道无生灭，所以异。异法不同处，名亦不相待。[1]

之所以有这样的关系，首先是因为道与众生是相因而生的，从这个角度而言的话，他们之间的关系是同。所谓相因者，乃是相互依托之义，道无众生不显，众生无道不生。其次是道可以说是本体，众生是因道而生之相用，本体不生不灭，而相用却是时时刻刻都在发生着生灭，从这个角度而言的话，他们就是相异的。虽然道并不等同于众生，但是就道而言，具有“应感”的特性，既可以应物，又可以应感众生："大道应感性，此性不可见。众生愚智性，此性不可见。道性众生性，二性俱不见，以其不见故，能与至玄同。"[2] 可见，大道是可以应感众生的，这也为众生修道提供了可能性。关于修道，王玄览非常注重定与慧的双修的理论：

> 有为动，无为寂，要摇始动，不摇自寂，只于动处寂，只于寂处动，只将动动于寂，只将寂寂于动。动寂虽异，正性止一，正性虽一，不关动寂。动寂虽二，正性不关，亦如泥印矣。若将寂心以至动，虽动心常寂。若将动心至寂，虽寂而常动。常有定故破其先，常有先故破其定。违则交相隐显，合则定慧二俱。[3]

王玄览认为，“有”属于“动”的范畴，而“无”则属于是“寂”的范畴。那么，“动”与“寂”的关系自然同于“有”与“无”的关系。“动”

[1] 王玄览：《玄珠录》，《道藏》第 23 册，第 621 页。
[2] 王玄览：《玄珠录》，《道藏》第 23 册，第 623 页。
[3] 王玄览：《玄珠录》，《道藏》第 23 册，第 623 页。

与“寂”可以说是不一不二的关系。因为“寂”属于本体，而“动”属于效用，两者是“不一”的关系。但从另外一方面来讲，“寂”之体不可见，需凭借“动”的作用来显现；而“动”之用又无自性，其背后所依赖的力量则为“寂”，可见动寂是“不二”的。“定”与“慧”的关系正如同是“动”与“寂”的关系一般。“定”与“慧”本是一体，“定”是“慧”之本体，而“慧”则是“定”之效用，定慧交织，则体用一如。王玄览认为“心能漏尽”则是最高层次的定，亦是解脱之境界：

> 知见无边为大身，似见为大眼，似声为大耳，识所知为大心。大心性空为解脱，解脱即心漏尽，心漏尽即身漏尽，身漏虽尽，而非无此等，而即体常空。能观所观，总同属心，亦同属境。心之与境，各处其方，实不往来，从何而起。若悟起同不起，即得于心定矣。[1]

王玄览认为不执着于知见就会达到无边无量之身，如此其对世界的认知会更加的广阔，王玄览把此称呼为“大眼”“大耳”“大心”。王玄览认为心性体空即是解脱的境界，这种境界亦可以被称呼为“心漏尽”。当此之时，能观之主体与所观之客体一时脱落，心即是境，境即是心，心境一如。如此，则是最高境界的“心定”。不难看出，王玄览之思想已经有从“道性论”向着“心性论”发展的趋势，这对后来宋明理学之心性论是有非常大的影响的。

综上所述，王玄览肯定了众生有修道之可能性，把众生与道性等同。在此基础之上，进一步以“定慧双修”作为修道的方法，认为只有“心漏尽”才是真正的解脱境界。至此，道教的心性学说得到了进一步完善。

[1] 王玄览：《玄珠录》，《道藏》第23册，第622页。

四、王玄览重玄思想的影响

王玄览非常尊崇严君平，又是黎元兴之弟子，对其思想多有继承。正是在前人的基础上，王玄览进一步援佛入道阐发完善重玄思想，成为巴蜀重玄学发展的一个重要的阶段。重玄学从唐初的道体论而转向道性论，进一步向着心性论的转型，正是在王玄览《玄珠录》这里完成的。

王玄览的思想对后来宋明理学有着深远的影响。其修道思想一方面希望众生本就具有道性，另一方面又要求众生克制自身多余的欲望以求达天人合一之境界。这种思想同后来之理学家程颢非常的相似，程颢曾有："道即性也。若道外寻性，性外寻道，便不是"[1]，"合修治而修治之"[2] 即是正确的修养方法。王玄览又认为修行最重要的在于一心，程颢亦是如此。王玄览认为"空见与有见，并在一心中"[3]，见万物为空与见万物为实有，本属一心之中。但如果通过修道泯灭有与无之间的分别，那就不存在有物与无物的区别了，自然也就没有动与静的区别，这样心自然可以安定，自然可以得道。程颢也有"所谓定者，动亦定，静亦定，无将迎，无内外"[4]，二者之间有着很多共通之处。

王玄览之重玄思想对道教内丹理论有着一定的影响。在盛唐之后，道教内丹理论成为道教的主流思想，从单纯的肉体长生逐渐转向性命双修的阶段。王玄览心性理论中"心"的解脱，对此有着不可磨灭的作用。心性理论主张"心"的解脱，注重精神而非肉体，认为只有"心"无漏，身才可以无漏。这种思想与原有道教之肉体长生思想相结合，完成了"成道"与"成仙"的齐头并进，重玄学也由此而逐渐过渡到内丹之学。

王玄览思想对于佛道思想的交融有着一定的影响。从王玄览的治学理路来看，其思想便是佛、道二教交融的结果，"二教经论悉遍披讨，究其源

[1]（宋）程颢、程颐，王孝鱼点校：《二程集》，中华书局，2004，第 1 页。

[2]（宋）程颢、程颐，王孝鱼点校：《二程集》，中华书局，2004，第 1 页。

[3] 王玄览：《玄珠录》，《道藏》第 23 册，第 629 页。

[4]（宋）程颢、程颐，王孝鱼点校：《二程集》，中华书局，2004，第 460 页。

流，慧发生知”[1]。其引入佛教之“法”与“空”来论道，可谓是创见。通过对法的引入，来论述物是没有自性的存在，“物无本住，法合则生，生无本常，法散则灭”[2]。王玄览对于空的定义为，“空者，见色不住眼，对境不摇心”[3]。王玄览借助佛教理论，对其重玄思想进行更为细化的讨论。如此，佛道理论其实有诸多互通之处，王玄览借此不仅推动了道教理论的进一步完善，更促进了佛道二教走向进一步融合的局面。

[1] 王玄览：《玄珠录》，《道藏》第 23 册，第 619 页。
[2] 王玄览：《玄珠录》，《道藏》第 23 册，第 627 页。
[3] 王玄览：《玄珠录》，《道藏》第 23 册，第 628 页。

第五章　文如海的重玄思想

第一节　文如海的生平及著述

文如海是巴蜀重玄学派重要人物之一，但是关于他的生平记载不多，散见于各种文献之中，因此关于他本人以及其思想的现代学术研究亦不多见。笔者只能通过仅存的文献资料，来管窥其人物生平以及其思想。

成玄英《南华真经注疏》曾多次引用文如海之注本来矫正其所用之版本的错漏，由此可知文如海当早于成玄英（608—669 年），或者至少是同一个时期。由“唐文如海撰，如海，明皇时道士也，以郭象注，放乎自然而绝学，习失庄生之旨，因再为之解，凡九万余言。”[1]可知，文如海为唐明皇即唐玄宗年间之道士，唐玄宗继位时间为 658—756 年。“洗笔池，在中江县天霸山，水色如墨，昔唐道士文如海注《庄子》，于此洗笔”[2]。记录此书为宋朝之学者，中江县虽屡易其名，根据考据，文如海注《庄子》之地，应是今四川省德阳市之中江县。而笔者后文所节录《庄子正义序》中亦曾言其为“唐剑南道士文如海”[3]，而在唐太宗贞观元年，曾改益州为剑南道。由此可知，文如海为唐代巴蜀之道士无疑。

关于其著作，《南华真经义海纂微序》中有提及“陈碧虚解义卷末载览过庄子注……文如海《正义》，中太一官本。成、文并唐道士。”[4]这里的成

[1]（宋）晁公武：《昭德先生郡斋读书志》后志第卷二，《四部丛刊》故宫博物院图书馆藏淳祐中袁州刊本，第 414 页。

[2]（宋）王象之：《舆地纪胜 200 卷》，清影宋钞本，第一百五十四卷，第 1592 页。

[3] 李修正：《全元文》第四百八十三卷，凤凰出版社，1998，第 300 页。

[4]（宋）陈景元：《道德真经章句》，《道藏》第 15 册，第 959 页。

即是成玄英，可知北宋道士陈碧虚曾阅读过文如海为《庄子》写的注解。陈碧虚所作《南华真经章句音义疏》之中亦尝引用文入海之论，可见其论著在北宋时期仍有流传。根据最早的记载，“文如海道士十卷”[1]，其后之文献记载，均如此同，可见当时文如海所注《庄子》共有十卷，约共九万余言。关于其对庄子的评价，“道士文如海注《庄子》，文词浩博，恳求一尉，与夫汤惠休、廖广宣旨趣共卑也，惜哉！”[2] 关于老庄的诸多著作，都曾引文如海之注本，可见其书其思想流传之广。其作《庄子正义》十卷虽不可全见，然而其序却仍见于文献，以下便为《庄子正义序》：

> 庄子，内圣外王之学，洞彻天人，遭世沉浊而放言滑稽以玩世，其为人故不易知，而其为书亦未易知也。魏晋以来注释奚翅数十，虽浅深高下不同，大抵以己见说庄子，非以庄子说庄子也。玄学讲师钱大中，蜀产也，澹然朴素，好《南华经》。闻清江道士杜充符，有唐剑南道士文如海《南华正义》，命其徒径往，缮写以归，如获珍器近。近以示予，予嘉文氏方外之人，乃能独矫郭氏玄虚之失，而欲明庄子经世之用。噫！可不谓拔乎俦类者哉！昔在天宝间，玄宗盖赐见《正义十卷》。宋太平兴国八年，成都道士任奉古锓诸木，而世不传。讲师将为重刻，故叙其所以得书之由。若夫得意忘言，爽然四解，进进乎南华真人之逍遥游，师其自知之矣。[3]

从中对于文如海之作《南华正义》赞美之词，溢于言表。与上文所节录“郭象注，放乎自然而绝学，习失庄生之旨”[4] 互相参究，可知文如海并不满意

[1]（宋）高似孙：《子略四卷》卷二，明刻百川学海本，第 14 页。

[2]（宋）孙光宪：《北梦琐言》，文渊阁《四库全书》第 1036 册，台湾商务印书馆，第 39 页。

[3] 李修正：《全元文》第四百八十三卷，凤凰出版社，1998，第 300 页。

[4]（宋）晁公武：《昭德先生郡斋读书志》后志第卷二，《四部丛刊》故宫博物院图书馆藏淳佑中袁州刊本，第 414 页。

郭象解《庄子》的思想，故而自做注解以明《庄子》之真意。而后世争相刻录文如海之《南华正义》，亦可见其书之思想影响之久之远。

另外《道德真经广圣义》中曾有：

> 过关年代者。老君以周昭王二十五年癸丑度关西化，与关令尹喜相遇，因授以道德二经。授经既毕，即以二十六年甲寅四月于楼观与喜相别，升入太微。二十九年丁巳，尹喜入蜀，访寻老君，乃于青羊肆相见。戊午年入流沙，即此过关年月也。何者？尹喜为康王大夫，到昭王时为关令，与老君相见。若据臧玄静云，幽王时西出陇关，即与出天宝灵符，故关处所不同矣。况幽王元年庚申、十一年庚午已灭，年内又无癸丑，此为误也。又文如海云，成王二十二年癸丑度关，此又与尹喜不得相见，亦为误矣。又云平王四十三年癸丑度关，此又在尹喜之后，年代悬远不同，皆误说耳。今详按今古，以昭王二十五年癸丑度关为定，年代相合，可无疑焉。[1]

这是杜光庭截取关于文入海对于老子出函谷关年代之考订，可见文如海亦对老子之书或者思想有过相关的注解。

由于记载文如海以及其著作的文献不多，其概况大致如上所述。

第二节　《南华邈》思想研究

关于《南华邈》的大致内容，《道藏》曾有记录："经名：南华邈。原不题撰人。《宋史•艺文志》著录文如海《庄子邈》一卷，当即此书。解释《庄

[1] 杜光庭：《道德真经广圣义序》，《道藏》第 14 册，文物出版社、上海书店、天津古籍出版社 1988 年联合出版，第 339 页。

子》三十三篇题意，仅残存六篇。底本出处：《正统道藏》洞神部玉诀类。”[1]《南华邈》中的六篇分别是《天地篇》《天道篇》《天运篇》《刻意篇》《说剑篇》《渔夫篇》，另有一《列御寇篇》，但由于“以下原阙”，故笔者仅探讨六篇的文义。

《庄子·天地第十二》中所讲的主旨，在于阐发庄子无为而治的政治主张。“天”与“地”在庄子的哲学范畴中非常的重要，可以说是元气之所在。文如海之题解《天地篇》其文曰：

> 天尊地卑，乾坤所以列位；君上臣下，贵贱所以崇班。天地均化于无心，君臣股肱于一体。故得陶钧万类，康济苍生，九有宅心，万方乐业。野老不知于帝力，击壤岂识于尧年。变浇俗之颓风，归淳素于上古。此所以合天地之旨也。[2]

“天尊地卑”“君上臣下”皆是为了描述人之道与天之道的规律。此处显然可以和《易经·系辞传》中的“天尊地卑，乾坤定矣。卑高以陈，贵贱位矣”[3]互参。尊与卑并非是一种对立的，一种一个高贵，一个低贱的描述。而是指一种自然的，阴与阳的一种状态。只有天与地各安其位，各正其命，天道才是和谐的；只有君臣各正其为，各安其命，人伦才是和谐的。此处正应了庄子之言“玄古之君天下，无为也，天德而已矣。以道观言而天下之君正；以道观分而君臣之义明；以道观能而天下之官治；以道泛观而万物之应备”[4]。从道立场而言，天与地是一体的，君与臣也是一体的，此处亦合庄子“万物一府，死生同状”[5]之义。正因为天地万物是一体的，我们

[1] 文如海：《南华邈》，《道藏》第 16 册，第 5 页。

[2] 文如海：《南华邈》，《道藏》第 16 册，第 5 页。

[3]（宋）朱熹，廖名春点校：《周易本义》，中华书局，2009，第 221 页。

[4]（晋）郭象注，成玄英疏，曹础基、黄兰发点校：《南华真经注疏》，中华书局，1998，第 232 页。

[5]（晋）郭象注，成玄英疏，曹础基、黄兰发点校：《南华真经注疏》，中华书局，1998，第 235 页。

才需要“忘己”，才需要广济天下之苍生。文如海借尧之义，来表达无为而治之主张，希望能达到上古纯朴之风尚。庄子亦赞叹尧之无为而治之风是合于道的，“昔者尧治天下，不赏而民劝，不罚而民畏。今子赏罚而民且不仁，德自此衰，刑自此立，后世之乱自此始矣！夫子阖行邪？无落吾事！”[1]文如海对于《庄子·天地第十二》的一篇的点题可谓非常的恰当。这一篇中以天地万物为一体，这种提法对后来宋明理学之影响可谓深远，因宋明理学之共通之宇宙论即为“万物一体”。

《庄子·天道第十三》与《天地》篇的主旨大抵是一致的，都在叙述无为而治的主张，他更加强调自然的法则，是不可抗拒，亦不可以改变的，只有遵道而行，才是正道。文如海之题解《天道篇》其文曰：

> 天者，定体之名；道者，虚通为用，体非用无以运覆，用非体无以生成。体用相须，所以为万物资始。夫帝王者，首出万物，自称一人。虽天下称为至尊，必须体道以为用。尧舜得道以治四民，不失于丰年；桀纣失道以临人，万姓告无辜于上帝。道之所在，圣人尊之，故轩后膝行而顺风，孔父朝闻而夕死。天道之旨其斯谓欤。[2]

天与道之体用之辩，亦是有重玄之底层逻辑在其中。其实天与道本都是异名而同实的，天只是体的代名词，道也只是用的代名词，亦可说明体与用本来一如。这里体用是相辅相资的，体无形无相而不可见，故而无用不能“运覆”；但用无自性，无体不能“生成”。万物之所以能成形，是因为体用之间的相互作用。故而庄子也有言，“夫虚静恬淡寂漠无为者，万物

---

[1]（晋）郭象注，成玄英疏，曹础基、黄兰发点校：《南华真经注疏》，中华书局，1998，第 241 页。

[2] 文如海：《南华邈》，《道藏》第 16 册，第 5 页。

之本也”[1]。文入海既点题，又与文中之思想相互应和。其下又言人道，虽然天下之万物都是一体的，但帝王首推一尊，应为人之首。故而庄子言:“故曰帝王之德配天地。此乘天地驰万物，而用人群之道也，”[2]庄子之义帝王应是与道合德的，他就是天道在世间的一种代言，是天道的化身，故而既能驰骋万物，又可以化众而育民。庄子此处之帝王，显然是一种理想化的人间统领，但并非人间的帝王各个都能名副其实。故而文如海列举了尧舜与桀纣的例子，尧舜是合格的君主，因合于天道，故而可治万民，风调雨顺;而桀纣名不能副其实，违逆天道，故而有灭国之灾。文如海在这里主要说明的是，无论任何人，都不能违反于天道，否则将会受到天道的惩罚，只有遵道而行，才可以无往而不利。故而庄子言，“语道而非其序者，非其道也;语道而非其道者，安取道”[3]！只是嘴上说道，名义上有道，却不按照道德法则来行事，如此只能说是没有道，也必然会遭受道的谴责。后文如海借黄帝与孔子来喻道，亦暗合《庄子·天道第十三》篇目中的寓言之意。

《庄子·天道第十四》大致可以分为七个部分，第一部分即是，就日、月、雨、云等各种自然的现象提出了疑问。第二部分即是，以太宰荡向庄子请教的故事，说明了“至仁无亲”之理。第三部分即是，借着黄帝对于音乐的一些见解，阐发“道可载而与之俱也”[4]之理。第四部分即是，师金对于孔夫子周游列国从而推行礼乐教化进行了评价。第五部分即是，主要是借助老子与庄子之间的对话，引来“天门弗开矣”[5]的感叹。第六部分即

[1]（晋）郭象注，成玄英疏，曹础基、黄兰发点校：《南华真经注疏》，中华书局，1998，第 265 页。

[2]（晋）郭象注，成玄英疏，曹础基、黄兰发点校：《南华真经注疏》，中华书局，1998，第 270 页。

[3]（晋）郭象注，成玄英疏，曹础基、黄兰发点校：《南华真经注疏》，中华书局，1998，第 272-273 页。

[4]（晋）郭象注，成玄英疏，曹础基、黄兰发点校：《南华真经注疏》，中华书局，1998，第 294 页。

[5]（晋）郭象注，成玄英疏，曹础基、黄兰发点校：《南华真经注疏》，中华书局，1998，第 300 页。

是，借助于老子对于仁义的批判与对于三皇五帝统治的评价。第七部分即是，进一步对于先王之政治的批判，指出只有得到之人，顺从道的规律，才能够对百姓实现真正的教化。总的来说，这些篇目还是对于无为而治的推崇，对于顺应自然之道的提倡，对于仁义之道的批判，对于人为干预的批评。文如海之题解《天运篇》其文曰：

> 天者自然之称也，运者转之不息也。天形左转，日月右旋。日行迟，一岁一周天；月行疾，一月一周天。五纬经天以迭行，四时代谢而成岁。谁使之然哉，自然而然耳。大君受命亦复如之，天门开阖而不常，金石更生而不息，当须知进、知退、知存、知亡。尧舜禅让而复昌，桀纣亢极而世绝。帝王既尔，人事亦然。此天之运始也。[1]

文如海以天地是自然的运行状态，且运行没有止息。他列举了天地、日月、四季等运行的规律，来说明自然之道。《易经·系辞传》中有："寒往则暑来，暑往则寒来，寒暑相推，而岁成焉，"[2] 亦是描述天地运行之规律。天地的运行是自然而然的结果，非是人为所能干预。从人道而言，受命之君主，为统领人道之首，需要遵循天道而行事，当以天之道，来推人之道，知天地之阴阳相推之道，而知人之进退存亡之道。君王亦是如此，何况于百姓呢。文如海从天道，进而论述人道，进而点题"天之运始也"，亦说明天地自然而然的运行法则。

《庄子·刻意第十五》属于比较小的篇目。所谓"刻意"乃是作做，不自然，强为之意。本篇主要谈论的是修身养性之道，不同层次的人对与修养有着不同的认识，但是庄子认为只有"恬淡寂漠，虚无无为，此天地之平而道

---

[1] 文如海：《南华邈》，《道藏》第16册，第6页。

[2]（宋）朱熹，廖名春点校：《周易本义》，中华书局，2009，第249页。

德之质也”[1]。本篇目大致分为了三个部分，第一部分，讲了山谷之士、平世之士、朝廷之士、江海之士、道引之士五种不同种类人的修养方法，他对这五种都不认同，他认为真正的得道应该是“若夫不刻意而高，无仁义而修，无功名而治，无江海而闲，不道引而寿，无不忘也，无不有也，淡然无极而众美从之”[2]，只有这样才是“天地之道，圣人之德”[3]。第二部分，讨论了修养的具体实施的方法，其核心仍是自然无为。第三部分，提出了“守神贵精”之主张，这是修身之道，亦是修心之道。文如海之题解《刻意篇》其文曰：

> 刻者削也，意者心之用也。言人峻削其意，高尚其行，欲得出众，志在声名。或蹈海而不归，或抱木而枯死。修儒者必非于墨，修墨者亦（缺文）。[4]

很可惜，因为文章缺损，我们只能看到其中的一小部分内容。对于“刻”与“削”之内涵，文如海之意，即是因不当之志，把本来完满的心之用削减，而走上偏路。本来安自然之道做的话，其用心饱满，但一加人为之意动，或为名、或为利。其结局必然是追名者，因名而亡；逐利者，因利而灭。因其用心偏执于一端，故而生出分别之心，生出是非之心，修儒者非墨，修墨者非儒，如此世界之纷争并起。虽然有缺文，但文如海这部分对于《庄子》的点题还是非常精当的。

《庄子·说剑第三十》属于庄子的杂片，以故事之意来名篇。这篇讲了

[1]（晋）郭象注，成玄英疏，曹础基、黄兰发点校：《南华真经注疏》，中华书局，1998，第315页。

[2]（晋）郭象注，成玄英疏，曹础基、黄兰发点校：《南华真经注疏》，中华书局，1998，第314页。

[3]（晋）郭象注，成玄英疏，曹础基、黄兰发点校：《南华真经注疏》，中华书局，1998，第314页。

[4] 文如海：《南华邈》，《道藏》第16册，第6页。

一则寓言故事，赵文王非常喜欢宝剑，每日与剑客厮混而置朝政于不顾。庄子前往觐见，庄子提出天下之剑有三种，即是“天子之剑”“诸侯之剑”“庶民之剑”，这三种剑之功用各有不同。用“天子之剑”则“匡诸侯，天下服矣”[1]；用“诸侯之剑”则“无不宾服而听从君命者矣”[2]；用“庶民之剑”则“无异于斗鸡，一旦命已绝矣，无所用于国事”[3]。他劝说赵王，其所用之剑为庶民之剑，实在无益于己，亦无益于天下苍生，应拿起天子之剑，而王天下。文如海之题解《说剑篇》其文曰：

> 剑采干越之铁，选瓯冶之工，匣吐青莲，环生初月，陆剸犀象，水断蛟龙。荆卿提之入秦，白虹贯曰；张华睹之丰狱，气射斗牛。虽即威慑三军，盖是一夫之勇；非君子之器，不得已而用之。今以贤相为工，良牧为冶，明宰为炭，百姓为铜，淬元气之锋，砺氛氲之锷，用仁义为匣，以礼乐为镡。自然巨盗亡魂，奸臣丧魄，万方归化，四夷来王，按之无敌于天下，此说剑之旨也。[4]

文如海对于这一篇的点题可谓是精当，一开始对宝剑极尽溢之词，但最终认为其不过是匹夫匹妇之勇，没有什么值得称赞的。这种宝剑只有在非用不可之时才可以使用，此处亦是对老子“夫兵者，不祥之器，物或恶之，故有道者不处”[5]之义的发挥。王天下之宝剑，才是真正的君子利器。但此处对仁义与礼仪的推崇，似乎与庄子自然之义有相背之处。

---

[1]（晋）郭象注，成玄英疏，曹础基、黄兰发点校：《南华真经注疏》，中华书局，1998，第 580 页。

[2]（晋）郭象注，成玄英疏，曹础基、黄兰发点校：《南华真经注疏》，中华书局，1998，第 580 页。

[3]（晋）郭象注，成玄英疏，曹础基、黄兰发点校：《南华真经注疏》，中华书局，1998，第 580 页。

[4] 文如海：《南华邈》，《道藏》第 16 册，第 6 页。

[5] 王卡点校：《老子道德经河上公章句》，中华书局，1993，第 125 页。

《庄子·渔父第三十一》以寓言中的一位人物为题，其意在借助渔父之口来批判孔子，批驳儒家的思想，是不合于道的，是作伪。渔父作为一个隐者的形象，亦可以说是道的化身。批驳礼乐之道是“世俗之所为也”[1]，而真道应该是“所以受于天也，自然不可易也”[2]。在庄子眼中的真道应该是“真者，精诚之至也”[3]。文如海之题解《渔父篇》其文曰：

> 昔平王东迁，周室微弱，礼乐征伐出自诸侯。邪说得升，直言见放，君子在野，小人满朝。渔父隐居，藏名避世；扁舟鼓棹，乐道江湖。歌沧浪而吊屈原，手杖拏而讥孔子。欲使帝王亲有德、远谗人，访道山林，搜扬隐逸，使河滨无洗耳之叟，磻溪绝垂钓之人。自然九译来朝，万方归化。此渔父之旨也。[4]

文如海批驳了礼崩乐坏，诸侯纷争的现象。在此之时，礼乐非自天子而出，而从诸侯出，此时之礼制实际上并非是以道的法则来规定，而是根据世俗的情况而制定出的规约。在如此的礼制之下，小人当道，君子却在野，阴阳颠倒，纲常崩坏。渔父作为隐士的形象而登场，亦是以彰显礼乐制度之不合理性，以提倡无为而治的理念。

以上即为文如海《南华邈》之全部内容，在他的论述过程中，虽然没有明显的重玄式的双重否定形式，但可以看出重玄思维是其思考问题的底层逻辑。尤其是在其阐述《庄子》的思想时，重玄思维都有明显的体现。同时，就宇宙论而言，文如海已开“万物一体”理论之先河。后世之宋明理学，谈修养论则是“变化气质”，谈宇宙论则是“万物一体”，这种“万物一体”的理论在文如海《南华邈》之《天地篇》中早有端倪。

[1] 王卡点校：《老子道德经河上公章句》，中华书局，1993，第 586 页。

[2] 王卡点校：《老子道德经河上公章句》，中华书局，1993，第 586 页。

[3] 王卡点校：《老子道德经河上公章句》，中华书局，1993，第 586 页。

[4] 文如海：《南华邈》，《道藏》第 16 册，第 6 页。

第六章　张君相博采众长的重玄思想

第一节　张君相的生平及著述

因缺乏相关文献记载，张君相之生平，暂不可考。关于张君相的著述，《唐玄宗御制道德真经疏外传》记载有“岷山道士张君相,集解四卷”[1],《道德真经广圣意》《老子翼》均引此说法,以为附议。《道德玄经原旨》亦曰:“其后孙登、陶弘景、松灵仙人、唐道士成玄英、张君相辈，亦皆注《老子》。”[2] 关于其著作《道德真经集解》，根据笔者考证，其内容于《道藏》之洞神部所收录《道德真经注疏》内容完全一致，两书应是同一本书。而《道藏》之中题名则为顾欢,“道德真经注疏。原题顾欢，疑系宋人所作。八卷。”[3] 但据笔者考证,此书之作者应是张君相。顾欢系南朝人,而《道德真经注疏》所引注疏有成玄英、唐玄宗等唐代重玄学者，这样的话，明显是有错误的。清代阮元所撰《揅经室集》，亦印证了笔者的看法：

> 唐岷山道士张君相撰，君相事迹不可考，此书旧本皆题为吴征士顾欢述考。顾欢，齐时人。《隋书经籍志》载《老子义纲》一卷,《老子义疏》一卷。又《唐书艺文志》有《道德经义疏》四卷,《义疏治纲》一卷，不特书名、卷数均与此不合，不应齐时人。而先引及陶隐居、成元英诸人。惟晁公武，读书志，王应麟，王海，有岷山道士张君相《三十家道德经集解》。一河上公、二严遵、三

[1] 唐玄宗：《唐玄宗御制道德真经疏》，《道藏》第 11 册，第 810 页。

[2] 杜道坚：《道德玄经原旨》，《道藏》第 12 册，第 725 页。

[3] 原题顾欢：《道德真经注疏》，《道藏》第 13 册，第 282 页。

王弼、四何晏、五郭象、六钟会、七孙登、八羊祜、九罗什、十卢裕、十一刘仁会、十二顾欢、十三陶宏景、十四松灵仙、十五裴处恩、十六杜弼、十七节解、十八张凭、十九张嗣、二十臧元静、二十一大孟、二十二小孟、二十三窦畧、二十四宋文明、二十五褚糅、二十六刘进喜、二十七蔡子晃、二十八成元英、二十九车惠弼。公武又言书称三十而列名止二十九，盖君相自为一家，言并数之尒。今以其言考之，颇与是书合，则为君相所集无疑。至书中兼有引唐元宗御疏，则又为后人所羼入，而所称陈曰荣曰者，殆杜光庭所云任眞子陈荣也。兹从道藏本录出，与天一阁所藏相同，究系唐人所纂，六朝人遗说赖以不坠，著录家往往失之，为可惜也。君相不知何时人，晁氏以为成元英为皇朝道士，则天宝以后之人。案杜光庭《道德经广圣义序》，引著述人名，有岷山道士张君相集解，在元宗御疏之前，则不在天宝后矣。且晁氏之言书中亦不见，未知何据。[1]

在《道德真经集解》一书之中，张君相多引诸家之言来说明自己的观点，譬如河上公、成玄英、唐玄宗等。看似是述而不作，其实是借他人之言来陈述自己的观点。另外，张君相亦有《黄帝阴符经疏》留世。其思想又散见于《道德真经取善集卷》，书中多引张君相之言来作为注疏。综合来看，张君相之重玄思想亦是融合多家之论，而成一家之言。

第二节　张君相重玄思想研究

一、“遣之又遣”之道论

要谈张君相的重玄思想，就不得不提到其底层的逻辑，以及其对重玄思维的建构。笔者在前文中也曾提到，张君相是借他人之论来阐发自己的

[1]（清）阮元：《揅经室集》外集卷一，《四部丛刊》，景上海涵芬楼藏原刊本，第 1379 页。

思想，其汇综多家之论，而成自己一家之言。其重玄思想最核心的一句是：

> 有欲之人，唯滞于有，无欲之士，又滞于无，故说一玄以遣双执。又恐行者滞于此玄，今说又玄，更祛后病。既而非但不滞于滞，亦乃不滞于不滞，此则遣之又遣，故曰玄之又玄。[1]

此论是《道德真经注疏》中解释“玄之又玄”一句的释文，其内容为成玄英所撰写。可以说张君相借成玄英之口，来阐发自己的思想。如果说“有”与“无”是一执的话，那么第一个“玄”即是把“有”与“无”全都遣除，此“玄”即是中道意。中道亦是执着，故而亦需遣去，才能达到归无所得的重玄之境。犹如药病之模型，以“中道”之良药而去众生偏执于两端之病，病既然已经痊愈，药自然失去了他应有的价值，也就不再需要了。如果病愈之后，还在喝药，此药即成毒药，所以非遣除不可。这种重玄思维模式即是张君相的底层逻辑，“遣之又遣”为其道论的核心基底。

在张君相看来道乃是万事万物的根本：

> 名者教也，前言可道，盛明于理，今言可名，次显于教，真理既绝于言象，至教亦超于声说。理既常道不可道，教亦可名非常名。欲明理教教理，不一不异也。然至道深玄，不可涯量，非无非有，不断不常。而义有抑扬，教存渐顿，所以立常以破可，故言可道非常道。至论造极，处无可无不可。故《玉京经》云：无可无不可，思与希微通。无名，天地之始；注：无名者，谓道也。道无形故不可名。始者道吐气布化，出于虚无，为天地本始也。[2]

在张君相看来，名教是可以言说的，而超言绝象之真理是不可以被说

[1] 原题顾欢：《道德真经注疏》，《道藏》第 13 册，第 286 页。
[2] 原题顾欢：《道德真经注疏》，《道藏》第 13 册，第 276 页。

明的，这即是道。幽远至深的道，不可测度不可言说。非是“有”亦不是“无”，非常断灭亦非是常，不可被世间的语言所描述。因为道本就是出自虚无，是天地之间赖以存在的根本，连最细微的地方亦有道的存在。世界上唯一不停在变动的东西即是道，世界上唯一永恒不变的东西也是道。他是天地的本源，亦是天地得以生发的开始。“本始”既表明了“道”的逻辑先在性，又说明了“道”的时间现在性。

从时间而言，道是无始无终的，是亘古长存的：

张君相曰:万物皆自营其生，唯天地但知生育万物，不自营生。施生不自生，是故得长久。[1]

张君相曰：乾刚广覆历古今不倾。坤柔厚载经终始弥固。太上之言，长久极于天地，盖以人所见者言之耳。若夫长久之至，则所谓天地始者是矣。[2]

在张君相看来，世界上的一切事物都是自己谋求自己的生与灭的，未有天地不一样，这里的“天地”实际上是道的代名词。道是可以化天地间的一切事物的，却不去谋求自身的存在，所以可以长久的存在。这里存在一个辩证，一个事物一直在自己“存在”的概念上下功夫，即是这个概念被充实的再完满，也必然有灭亡的一天。如果一个事物，始终不在自身的“存在”的概念上下功夫，那么它自身亦没有消亡的时候。天道如此，人道亦是如此，故而《老子》有:“后其身而身先，外其身而身存”[3]。以天地之乾道与坤道来比喻道，亦是要说明道无始无终、不生不灭的特性。

从时间而言，道亦是先于天地所生：

[1] 原题顾欢：《道德真经取善集》，《道藏》第 13 册，第 851 页。
[2] 原题顾欢：《道德真经取善集》，《道藏》第 13 册，第 851 页。
[3] 王卡点校：《老子道德经河上公章句》，中华书局，1993，第 26 页。

注：谓道也，道无形混沌而成万物乃在天地之前也。疏：有物者，道也。道非有而有，非物而物，混沌不分，而能生成庶品，亦明不混而混，虽混而成，故《庄子》云：神鬼神帝，生天生地，又云：在天地之先而不为老。[1]

所谓混沌即是宇宙最初的一个形态，在这种形态下，气、形、质三者都是一体的状态，还没有分开。道教认为宇宙的发展一共分为五个阶段，即是“太易”“太初”“太始”“太素”“太极”，这五个阶段指的是宇宙从太极的阶段到化生万物所要经历的路程。但道是一直存在的，亦是先于他们而存在的。而这里的“混沌”除却指称宇宙未分的状态以外，又是一种形容词，用来形容道非有非无的性质。“有”与“无”相因而生的状态，两者无法分离，故而称之为“混沌”。这里的先天地生，与上面一样，既是一种时间的优先性，亦是一种逻辑的先在性。

作为万物化生根本的道，亦有许多的特性，独立不改、无所不在、为万物之母、法于自然即是其特征。首先说明其“独立不改”的特性：

注：寂者无音声，寥者空无形。独立者，无匹双。不改者，化有常也。疏：寂无声，寥无形。独立，无待对也。不改，无迁变也。言道体窈冥，形声斯绝，既无因待，亦不改变。此乃独独非待独也。[2]

这句话是对老子“独立而不改，周行而不殆”[3]的注解。道无声亦无形体，天地间亦没有可与匹敌之物，其可以化一切有常之物。道是无待的，不需要借助任何的东西，因为无所依待，故而可以长存，故而可以不变。

[1] 原题顾欢：《道德真经注疏》，《道藏》第13册，第298页。
[2] 原题顾欢：《道德真经注疏》，《道藏》第13册，第298页。
[3] 原题顾欢：《道德真经注疏》，《道藏》第13册，第298页。

在老子的思想中，以“周行不殆”来说明道的“无所不在”的特性，张君相对此的解释是：

注:道遍行天地，无所不入，在阳不焦，托阴不腐，无不贯穿，不危不殆也。节解曰：谓圣人行一于身，周流四支百节九窍百脉之中，故日周行不殆也。

道是天地间无所不在的一种存在，没有它所不能遍及的地方，在极阳的地方可以存在，在极阴的地方也可以存在。天道之规律是这样的，作为天道表现和载体的圣人亦是如此。元气充沛于圣人身上的各个地方，无所停息。张君相之意，即是天道沟通于人道，天道之规律亦是人道之规律，只不过是表现形式不同罢了。

道可以化生万物，那么也自然是万物之母：

注：道养育万物，精气亦如母之养子。节解曰：谓守道含一为天下母。疏：道无不在，名日周行。所在皆通，故无危殆也。开化阴阳，安立天地，亭毒群品，子育含灵，生之畜之，故可为母。[1]

道能够化育万物是不争的事实，故而可以称呼道为“母”，这里把精气比喻作道所生之养子。《易经》中有“精气为物，幽魂为变，是故知鬼神之情状”[2]，孔颖达注疏有:“云精气为物者，谓阴阳精灵之气，氤氲积聚而为万物也”[3]。可见《易经》之中,“精气”的意思是阴阳之精华,精气聚集则可以成物。《管子》中有精气可以“下生五谷,上为列星”[4],这里的精气亦同上一样，可以化生万物。在后来,“精气”被当做构成人身体的一种物质，

[1] 原题顾欢：《道德真经注疏》，《道藏》第 13 册，第 298 页。

[2]（宋）朱熹，廖名春点校：《周易本义》，中华书局，2009，第 41 页。

[3]（清）阮元校刻：《十三经注疏》，中华书局，2009，第 161 页。

[4] 黎翔凤，梁运华整理：《管子校注》，中华书局，2004，第 843 页。

“精”“气”“神”三者常常连用。笔者认为，此处之精气神应是指化出的一种精微的物质，这种物质又可以聚合而成万物，可以说是道与万物生化过程中的一种中介物质。

道法于自然是道的另外一个特性：

> 注:道性自然，无所法也。疏:人，王也，必须法地，安静为行，定能生慧也。故下章云躁则失君，既静如地，次须法天清虚，覆育无私也。又天有三光，喻其慧照，地是定门，天是慧门。既能如天，次须法道虚通，包容万物也。既能如道，次须法道，自然之妙理，所谓重玄之域也。道是迹，自然是本，以本收迹，故义言法也。又解:道性自然，更无所法，体绝修学，故言道法自然。[1]

此是对老子“道法自然”的注解。这里张君相亦如诸多重玄思想家一般,以“道性”的概念作为其立论的一个重要命题。第一句话确实值得玩味，法自然即是“无所法”，那么“自然”之义是什么呢？当一物法像于一物的时候，这个物是有形有象，自然是好效仿的。而正因为“道”是无形无相的，不可用语言来描述的，故而才以“自然”来比拟其性质。正因为无形无相，所以可以说是“无所法”。这个“自然”本身是有多重性质的，其一，自然即意味着没有人为的干预。其二，即是无目的，无意识的状态。张君相认为自然既是道德一种特性，而从另外的角度来说，道又是行迹，自然则是本体,本迹实际是一物。“人”“地”“天”“道”“自然”,一物效仿一物，但其实只是不同的体现形式而已，实际是一以贯之，同出一源的。所谓人法地，即是要效仿地的不动之性，而表现在人之上的，则为静之特性，静又可以生出智慧。既然地是效法于天的，那么自然人也是效法于天的，效法于天之“清虚”，包容万物的特性。通理，人亦是效法于道，效法于自然。值得注意的是，在这里，“人”“地”“天”“道”“自然”并不是一种层层递

[1] 原题顾欢：《道德真经注疏》，《道藏》第 13 册，第 299 页。

进的逻辑关系，而是一个整体的存在。人能法于道，即是入“重玄之域”，可见张君相把重玄思想贯彻的淋漓尽致。对于《老子》中“希言自然”的说法，张君相给出的解释是：

> 注：希言，谓爱言也。爱言者，自然之道也。疏：希，简少也。希言，忘言也。自然者，重玄之极。道欲明至道绝言，言即乖理，唯当忘言遣教，适可契会虚玄。顾曰希，少也。人能爱气少言，则行合自然。王曰：希言静默则合自然之道。[1]

这里的“希言”，张君相给出了两种解释，一种为“爱”，一种为“少”。第一种解释中，爱是以形容词形式出现的，可以理解为仁爱、仁慈之言，仁爱之言是符合自然之道的。第二种解释中，希言可以解释为“忘言”“少言”，“少言”用以诠释人道之规律，亦合老子之“多言数穷，不如守中”[2]之义。“忘言”用以说明道非用语言可以描述，所谓描述也只是姑妄言之。道本应是归无所得，一物不立之义。以言来道，本就有弊端，但有言语之论，必落痕迹。即是如灵龟之摆尾，扫其行为之迹，但是行迹虽然已扫，又落扫之迹。故而老子过函谷关之时本无可说之言，而尹喜又有“子将隐矣，强为我著书”之言，老子勉强作五千之言。释迦文佛灭度之时，亦说其住世四十九年，未曾过说一字。两者之妙义相同。我们需要更加关注的是，张君相以自然为重玄之极来论，可谓极其精妙。张君相把重玄思想的底层逻辑，贯彻在了其理论的方方面面。

已经论述了道的各种特质，其中有一点是可以生物的。接下来笔者将阐述一下道与物之间的关系。“张君相曰：有识无情，总号万物。同禀一道，以得生成”[3]，这句话可以说是道物关系的一个总纲。无论是有识之生物也

[1] 原题顾欢：《道德真经注疏》，《道藏》第13册，第296页。

[2] 原题顾欢：《道德真经注疏》，《道藏》第13册，第299页。

[3] 李霖：《道德真经取善集》，《道藏》第13册，第890页。

好，无情之器物也罢，这些都统称为万物，都是禀道而生的，这也为其人性论做好了铺垫。张君相在对《老子》“道之为物，惟恍惟惚”[1]的解释中阐发了道与物之间的关系：

> 注：道之于万物，独恍惚往来于其所也。御曰：此明孔德所从之道，不有不无，证用难名，故云恍惚。疏：言至道之为物也，不有而有，虽有不有，不无而无，虽无不无，有无不定，故言恍惚。所以言物者，欲明道不离物，物不离道，道外无物，物外无道，用即道物，体即物道，亦悟即物道，迷即道物，物道不一不异，而异而一，不一而物而道，一而不一，非道非物，故一不一，而物不二也。顾曰：欲言定有，而无色无声，言其定无，而有情有信，以其体不可定，故云恍惚。[2]

这里的“恍惚”即是难以琢磨，飘忽不定的意思。因为历来大德所崇奉的大道，都是非有而又非无的存在，又难以用语言去描述与证明。因其体无有形象，需借助万物来显现，故而定性其为“非无”。而有形有象之物实是没有自性的存在，是体所化生，故而定性其为“非有”。所谓道能生物之义，有无之论不可执定，需相机而说法，执“有”之人，沉溺于现象世界，需示其以“无”之妙义；执“无”之人，即成虚无主义，此弊端亦大，需示之以“有”之妙用。道与物之间虽然好像是由体与用、理与事的区别之分，但是从实际考证来说，则为非一非异的关系。从物的角度而言，随缘而生种种之物，好像是有形象。但其本体道却没有丝毫的动摇，而无一切之对待，能够离于一切之物相，所以可说之为“非一”。但从道德角度而言，道体离不开生物之显用，物无自性，离不开道之本体；道之体可以生发物之用，道之体又离不开物之用。从道与物不可以相互背离的角度来说的话，可以

[1] 原题顾欢：《道德真经注疏》，《道藏》第13册，第294页。

[2] 原题顾欢：《道德真经注疏》，《道藏》第13册，第294页。

定性为“非异”。再来解释“道即物”“物即道”之义。如果把道比喻为明镜，那么物即是镜中之影。明镜都能显示出影子，故而没有影子也就不能称呼其为明镜；能够显示影子，都是从镜子的功用而来，没有镜子也便不能显示影子。道与物的关系也是如此，道是真空之妙体，物是有形有相之用。所以说，有道的这个体，就一定会有物的用，因为没有世间之万事万物，也就没有办法显示道之体。所以我们就可以说，道即物，物即道；道外无性，性外亦无道。并不是断灭之空，冥顽不灵，没有仍和知觉。张君相的这一番论述，可谓是把重玄思维模式发挥得淋漓尽致。道物还有一层关系，即是“复归于无物”，张君相对此的解释是：

> 言至道运转天地，陶铸生灵，而视听莫寻，故不可名也。复归者，还源也。无物者，妙本也。夫应机降逵，即可见可闻，复本归根，即无名无相。故言复归于无物。[1]

虽然道与物之间的关系是非一非异的，但始终要有一个逻辑的优先性。张君相认为“道”在逻辑优先性上是高于“物”的，“道”是存在之根本，根本的存在。所以他把“复归”解释为“还源”，源即是源头、根本之义。“无物”即是道，即是本。道能生物，也是应机而出现的，但物是没有自性，分析到最后，还是要回归于道的存在。

道与无之间的关系，亦同于有无之辩：

> 注：言虚空者，可用盛受于物也，故日空虚无形而能制有形也。道者空虚也。节解曰：谓圣人守一行自然，无所用也。疏：无赖有以为利，有藉无以为用，二法相假，故成车等也。言圣人又须有资空，以空导有，有无资导，心不偏溺，故成圣人之利用也。顾曰：利，益也。毂中有轴，器中有食，室中有人，身中有神，

[1] 原题顾欢：《道德真经注疏》，《道藏》第 13 册，第 285 页。

皆为物致益，故日有之以为利也。然则神之利身，无中之有，有亦不可见，故归乎无物。神为存生之利，虚为政神之用，明道非有非无，无能致用，有能利物，利物在有，致用在无。无谓清虚，有谓神明，而俗学未达，皆师老君全无为之道。道若全无，于物何益，今明道之为利，利在用形，无之为用，以虚容物故也。[1]

“虚空”是道的本性，它之所以可以负载万物，也正是因为其无形无象的缘故。以天道而推究人道，亦是如此，圣人正因为其象法于自然，无为而于天下，故而可以无所不为。之所以讲“无”需要借“有”以为利，“有”借“无”以为用，其道理与道物关系相互通达。“无”是本体，但本体属于无心无相之物，不可得见；而“有”的生发正好可以体现“无”的存在，故而说是“利”。又“有”是一种没有自性的存在，是借助于“无”才得以存在，故而说是“用”。就人道而论，亦是同于天道之理，圣人之心，既不偏执于“有”，也不偏执于“无”，故而“有”与“无”均可以成圣人之用。张君相进一步把“利”解读为有益的意思，比如人身体中之神，有长养身体的益处；器物之中的食物，有充实容器的益处。

“道”与“德”之间的关系也是有辩证关系的运用：

注：德谓好德之人也。同于德者，所为与德同也。疏：道既是常道，德即是上德，体教忘言，为行同于上德，上德亦自然符应而相会也。道是德之体，德是道之用，就体言道，就用言德，故有二文也。[2]

这句话是对于《老子》“道者同于道，德者同于德”[3]的解释。道是天

[1] 原题顾欢：《道德真经注疏》，《道藏》第13册，第282页。

[2] 原题顾欢：《道德真经注疏》，《道藏》第13册，第297页。

[3] 原题顾欢：《道德真经注疏》，《道藏》第13册，第297页。

道之规律，而落实于人道，其行为能处处合道，即是与德相同。从体用关系来讲的话，道即是德之本体，而德是道之效用。万事万物如能秉承于道，即可以说此是有“德”，得天之道于其身的意思。但是这种关系并不总是恒定的，一个事物如果脱离了从道那里获得的德，也就脱离了其自身的规定性的存在，也就在是它本身。

二、“禀气有别”之人性论

从道物关系，我们可以知道，一切之物都是禀道而来的。物又分为有生命之物与无生命之物，作为生命之物的人，亦是禀道而生：

> 言道能禀与，万物始生，从道受气也。[1]
>
> 以今万物皆得道精气而生，人动作起居，非道不然也。[2]

但是，张君相的思想中，万物是从“道”那里接受的“气”，然后才能化生。引入“气”的概念作为媒介，以万物禀气而生，并非是张君相独创的提法，而是早已有之。东汉之时，王充在《论衡》中便有了禀气的说法“人禀气而生，含气而长，得贵则贵，得贱则贱”[3]。王充系道家思想的承袭者，其思想的最高范畴仍然是“道”，但他构建了由“精气”“元气”“和气”等气而形成的物质世界。他的思想与汉代所流传的黄老之学有所不同，弥补了道家在物质世界理论的欠缺。禀气说的观念后来被诸多人所承袭，但其中的内涵则与初创时不能完全相同。张君相之禀气之说，亦是道教所承袭而来。

针对道与人之间的关系，张君相指出“道以虚通为义，常以湛寂得名。所谓无极大道，众生正性也”[4]。他把道与众生之正性之间画上了等号，而

[1] 原题顾欢：《道德真经注疏》，《道藏》第 13 册，第 294 页。

[2] 原题顾欢：《道德真经注疏》，《道藏》第 13 册，第 295 页。

[3]（清）王充，黄晖整理：《论横校释》，中华书局，1990，第 48 页。

[4] 原题顾欢：《道德真经注疏》，《道藏》第 13 册，第 274 页。

气即成为其中的媒介。他认为天道之性是静谧的，而道应感万物，是性之欲，亦可以说是性之动：

> 生而静，天之性。感物而动，性之欲也。若常守清静，解心释神，反照正性，则观乎妙本矣。[1]
>
> 言人不能无为恬淡，观妙守真，妄起贪求，肆情染滞者，适见世境之有，未体即有之空，所以不察妙理之精微，唯睹死生之归趣。前明无名有名之优劣，此显有欲无欲之胜负。[2]

张君相认为，人既继承了天之性，亦有应物而动之欲。以天道之静谧来推究人道的话，人也应当是恬淡无为的，这也是人之得于天之大德。人之所以起贪欲，进而起各种各样情见情执，乃是因为外境污染之故，所以不能体察道的精微，不能认识生死之路径。但为什么会有污染呢？人心之中如果没有污染，在对境之时又怎么会有污染呢？张君相以禀气之说来为这个问题做解答：

> 言有欲之人，与无欲之人，同受气于天也。[3]
>
> 虽同禀气于天，盖人有高卑，气有清浊，天弥高弥清，地逾卑逾浊。人禀得清气者，则为贤智，禀得浊气者，则为凡愚。贤智无欲，观见其妙。凡愚有欲，观见其徼，自然有此。[4]

多欲之人与少欲之人，都是禀赋于天之气的。气作为中间的一个媒介，为人与人之间的不同，提供了解释的可能性。虽然所有人都是禀赋气于天的，但是气的不同，导致了人与人之间的差异性。天之气为清气，地之气为浊

[1] 原题顾欢：《道德真经注疏》，《道藏》第 13 册，第 275 页。
[2] 原题顾欢：《道德真经注疏》，《道藏》第 13 册，第 275 页。
[3] 原题顾欢：《道德真经注疏》，《道藏》第 13 册，第 275 页。
[4] 原题顾欢：《道德真经注疏》，《道藏》第 13 册，第 276 页。

气，越高之天气越清，越低之地气越浊。人位于天地的中间，禀清浊混合之气而生，人离天越近，禀气就越清，反之则越浊。值得注意的是，这里的远近并非是地理意义之上的远近，而是存乎一心。心之性与地之性越接近，气越清；心之性与天之性越接近，气越浊。这与道教的理论构建也是相似的，道教把宇宙空间分为六界一共三十六重天，随着天数的向上，意味着修为更加之高明。这里的向上，笔者认为指的是维度的向上。得清气者，即是贤智之人，即是无欲之人，可体察到这个世界的本质；得浊气者，即是愚凡之人，即是有欲之人，他们只能体察到这个世界的表层现象。这只是一种大致的划分，两者各是一个极端，随着禀气清浊程度的不同，就有了形形色色的芸芸众生。既然这里提到了有欲与无欲，而张君相之思想很明确，多余之欲，确是不好的：

> 张君相曰：前境美丽，称可欲心，故言可欲。然境能适心，是起罪之缘，缘境不止，必获大罪。[1]

多余的欲望是外界的境界所引起的，这亦是一种不好的缘分。外缘与外境如不能止息，投影于心，勾起人内心之欲。欲一起而不能满足，则造业，最终会造下无尽祸端。故而老子提出了“不见可欲，使心不乱”[2] 的主张，张君相对他的注解是：

> 注：不邪淫也。节解曰：常存一也。疏：可欲者，即世间色声等事，可贪求染爱之物也，而官不见者，非涂耳谓以避地，妙体尘境虚幻，竟无可欲之法，推穷根尘，不合故也。既无可欲之境，故恣耳目之见闻，心恒虚寂，故言不乱也。故《西升经》云：譬如镜中影，可见不可取，又云：欲视亦无所见，欲听亦无所闻，

[1] 原题顾欢：《道德真经注疏》，《道藏》第 13 册，第 321 页。
[2] 原题顾欢：《道德真经注疏》，《道藏》第 13 册，第 278 页。

前不争盗是别，今不见可欲是总，遣三业及一切法也，独显圣人虚怀利物。[1]

张君相把“不见可欲”解释为“不邪淫”。这里的“淫”除却男女之欲以外，对于外物的过分贪求与执着亦是广义的“淫”。“存一”即是常存道心之义。所谓“不见可欲”即是不接触外境可染之缘，外既无可欲之缘，即使五感面对外境，根尘相对，亦不会染缘。但是如果能见如镜子一般的道体，即使触缘，也如雁过寒潭而不留影，必不会造业。前者为小隐，后者为大隐。这即是张君相所言，看见可欲之物就如同没有看见一样，听见可欲之物就如同没有听到一样。圣人所谓“虚怀”者，乃是指道体空虚，包容万物；所谓“利物”，乃是指物过而不留，用而不贪之义。所谓“三业”即是身业、口业、意业，即主体对染境而生欲望之心，而造种种不善之业。遣三业与一切法，亦合重玄之义。除却“不见可欲”之外，老子亦提出“常使心无知无欲”[2]，对此，张君相的解释为：

注：反朴守淳也。御曰：无争尚之知，绝贪求之欲也。疏：知音分别之名，欲者贪求之目，言圣人常以空惠利益苍生，令倒置之徒，息分别之心，俗贪求之欲也。[3]

“不见可欲”是断绝外界之染缘，“无知无欲”乃是灭却内心之贪念。一个为外，一个为内，一个为末，一个为本。因人不可能一辈子不接触外界之环境，所以灭绝外界之染缘属于治标不治本的方法。只有洞彻本源，灭却恶念，才可以见境而不起欲心。“无知”即是不起分别之心，不起争辩之念。“无欲”即是不生贪求外物之念。为了达到此种目的，张君相亦列举

[1] 原题顾欢：《道德真经注疏》，《道藏》第 13 册，第 278 页。
[2] 原题顾欢：《道德真经注疏》，《道藏》第 13 册，第 279 页。
[3] 原题顾欢：《道德真经注疏》，《道藏》第 13 册，第 279 页。

了诸多的修养方法。

“致虚极，守静笃”[1]是老子提出的方法，张君相的注解让其修养内容更加明确：

> 注：致，至也。道人捐情去欲，五内清静，至于虚极也。疏：夫道冲虚，德归清净，心能志虚，则得道之极，行能守静，则含德之厚。卢曰：除情虑，致虚极也。而心恒寂，守静笃也。[2]

如何能达到“虚极”的境界呢，需要去除心中之情与欲，需要让身体之五脏保持清净的状态。身与心能够保持一种清净的状态，才能达于虚极，这里显然已经有了性命双修的影子。从另外一方面讲，只有心达到清虚的状态，行可以守护内心之静，才能达于道与德之最高境界。“除情虑”为除却心之有，“心恒寂”为守心之无，二者相得益彰。

同时，张君相非常提倡赤子之心，多次提出要以保养赤子之心为修养的方法：

> 张君相曰：毒虫、蜂虿、蛇虺之类，以气害人为螫。猛兽虎兕之类，以足践人为据。攫鸟鹏鹗之类，以爪伤人为搏。赤子无害物之心，故不为此等诸物所害。且毒虫喻嗔，猛兽喻痴，攫鸟喻贪，赤子绝此三恶，故不为三毒所伤。含德之人，慈忍久就，内不生嗔，故言毒虫不螫。喜舍既成，贪爱亦尽，故喻攫鸟不搏。常有明智，永绝痴惑，故言猛兽不据。[3]

从自然现象而言，亦是从物与物之间的吸引角度而言，心地纯善如婴

[1] 原题顾欢：《道德真经注疏》，《道藏》第 13 册，第 288 页。

[2] 原题顾欢：《道德真经注疏》，《道藏》第 13 册，第 288 页。

[3] 李霖：《道德真经取善集》，《道藏》第 13 册，第 910 页。

儿之人，内心无有杂念，无有害人之心。在碰到毒虫、猛兽、有攻击性的鸟类的时候，这些动物亦能有所感知，如没有危险的信号，就不会做出伤害人的行为。这种现象在大自然界很普遍，譬如一人遇一恶犬，如内心平如止水，则不会引起恶犬的注意。如果内心有惊慌恐惧等心理情绪，这种心理会刺激某种气味，恶犬一旦嗅到，就会产生攻击性的行为。比如一个刚出生的婴儿，一出生就把他放在大自然之中，不会被猛兽所伤害，反而会被猛兽所哺育，现实中亦有狼孩等案例发生。这些并不是一种偶然的现象，而是一种规律的体现。而毒虫、猛兽、有攻击性的鸟类三种又是一种象征，象征着人内心的三种恶念，分别是嗔恨、愚痴、贪爱。有赤子之心的人，内心亦无此三种恶念，故而也不会被其所伤。张君相之义，即是要表明，拥有赤子之心者，外不被染缘境界所牵，内不被三毒所转。关于赤子的描述，张君相亦有：

> 夫赤子特以受冲气之和，无害物之心，故物莫能伤。况夫充纯气之守通乎。物之所造而其和大同于物者，孰能害之。庄子曰：人能虚己游世，其孰能害之。[1]

这里张君相所提到的赤子，有两个特点。其一，即是赤子所禀赋之气为冲和之气。因为禀赋有这种气，所以外物不能害。其二，即是赤子与天地万物是同一体的，所谓虚己游于世亦是这种意思的表达。这里所提出的万物一体的该概念，对后来的宋明理学有着深远的影响。张君相对于老子之“能婴儿乎”[2]之诠释：

> 注：能如婴儿，内无思虑，外无政事，则精神不去也。节解曰：谓抱行元气不劳也。大道流布，若婴儿也。御曰：能如婴儿

[1] 李霖：《道德真经取善集》，《道藏》第 13 册，第 910 页。
[2] 原题顾欢：《道德真经注疏》，《道藏》第 13 册，第 280 页。

者，无所分别也。专精，冲和之气所致。张曰：以为专精，一也。气，气息也。致，得也。柔，和也。婴儿，绝知见也。夫气东而生，气散而死，人当专精爱气，得柔和之道，然后能内息分别，外绝知道，身不见身，其身亦灭，心不知心，其心亦寂，故日能如婴儿。疏：专，精也。气，道气也。政，得也。柔，和也。只为专精道气，致得柔和之理，故如婴儿之无欲也。[1]

婴儿的状态是什么样子的呢，即是在内心之中没有思虑烦恼的困扰，在外没有政事的困扰，如此才能够保存精神。“元气”这个概念，早在先秦就被提出来了，亦被道家所吸收。最早的概念是构成宇宙万物最基本的物质与要素，后来一再发生衍化。这里的“元气”显然是指构成人体的一种能量的物质，元气不耗散，才能保持精神的稳健。老子有：“万物负阴而抱阳，冲气以为和”[2]，万物均是由阴与阳两种元素构成的，阴气与阳气两种气相互激荡中和，而成为“冲和之气”。张君相认为，婴儿之心属于一种不分别之心，没有善恶、美丑、好坏等之间的对立，这也是与道合一的一种表现。由于人是气所化生的，气聚则可以生，气散则会灭。这种观念早在《庄子》中就被提出来了，“气聚而生，气散而死”。因为气是生命的重要物质，所以要爱惜，这是对于身的一种保养；而对外能够摒弃知见之心，对内则可以绝除分别之心，在此基础之上，身心皆忘，能所皆忘，即是婴儿的状态。不得不说，这种身心皆养的修行理论，对以后的性命双修之学产生了很大的影响。《道德真经注疏》中有“魁无所归”的说法，而《老子河上公章句》本这里应是“乘乘兮若无所归”[3]。张君相对于“魁无所归”的解释亦是要体现其法于赤子之义：

[1] 李霖：《道德真经取善集》，《道藏》第 13 册，第 910 页。
[2] 王卡点校：《老子道德经河上公章句》，中华书局，1993，第 169 页。
[3] 王卡点校：《老子道德经河上公章句》，中华书局，1993，第 80 页。

注：魁然如穷鄙，无所归就也。御曰：至人无心，运动随物，无所取与，若行者之无所归。疏：婴儿，赤子也。孩，笑也。魁，宽大也。归，往也。言圣人动不乖寂，处染不染，如彼婴儿，未能孩笑之时，心形俱李，智慧魁敌，器量宏博，譬彼虚舟而无任止也。[1]

就重玄之道而言，其应是遣之又遣，归无所得，而运用于人身上即是“无所取予”。张君相把圣人“动不乖寂”的修养境界，认为是婴儿之境界。可见其对于保持赤子之心的推崇。这种境界，亦是不可测度的境界：

注：道德深远，不可识知，内视若盲，反听若聋，莫知所长也。御曰：士，事也。言古之善以道为事者，于彼微言妙道，无不玄鉴通照，而德容深邃，不可识知也。疏：微妙是能修之智，玄通是所修之境，境智相会，能使俱深，不可以心识知，故叹之也。[2]

通过一定的修行方法所达到的境界，外人不可以测度，如人饮水，冷暖自知，即是勉强告诉他人，也未必可以理解，因修行本属内证。古代那些善于修养的人，都是能于这种玄妙之道有所体悟，有所践行。而一旦通过修行，让某种行为成为自己的一部分，那么就是所谓的“德”。“微妙”是用来形容主体之智的，而“玄通”是用来形容主体而面对客体的不执不滞的态度。智与境相通，则能所双亡。

除却提倡保持赤子之心以外，张君相亦提倡主静：

注：静，止也。水浊止而静之，徐徐自清也。疏：徐，缓也。

[1] 原题顾欢：《道德真经注疏》，《道藏》第 13 册，第 293 页。
[2] 原题顾欢：《道德真经注疏》，《道藏》第 13 册，第 286 页。

虽处有欲之中，同事利物而在染不染，心恒安静，闲放而清虚也。前则虽清而能浑浊，此则处浊不废清闲，明动而寂也。顾曰：浊者昏昧之貌，谓其昧智韬明，不任听察，如水之浊，无所鉴见也。王曰：藏精匿照，外不异物，浑同波尘，故日若浊。凡上七事，皆人君之德，传曰：人君含垢，天之道也。得道之君，其斯之谓。若就行人论者，浑谓和杂也，浊谓有为也。虽心洁素而浑沌有为之中，与尘不异也。所言浊以静之徐清者，喻于水，水浊，止而静之，徐徐自清也。心乱息缘，渐渐而清正也。[1]

这段话是对老子“浊以静之徐清”[2]的注解。众生虽然是禀道而生的，但是由于后天禀气的不同，造成了众生之间的种种区别，其不好之欲亦可以称之为浊。想要浊水变清澈，最好的方法即是“静”与“止”，就比如一杯含有泥沙的水，如果一直处于动荡不堪的情况，就会泥与沙混合，混浊不清。只有使水杯安静下来，不在动荡，水与泥沙才能分离，才会出现历历分明的状态，这是定的功夫，也是静的功夫。更进一步，如果能做到处于遇浊而不染，那么就可以达到在动中而取定，这才是一种真正的静。就“静”而论，亦有“静为躁君”之说，张君相对此的解释是：

注：人君不静则失威，治身不静则身危，龙静故能变化，虎躁故致夭亏。疏：静则无为，躁则有欲，有欲生死，无为长存，静能制动，故为君也。[3]

作为君主而言，如果不能达到一种“静”的状态，即会有损于其自身的威严。对于修身而论，如果不能做到“静”，自身就会处于危险之中。能

[1] 原题顾欢：《道德真经注疏》，《道藏》第 13 册，第 287 页。
[2] 原题顾欢：《道德真经注疏》，《道藏》第 13 册，第 287 页。
[3] 原题顾欢：《道德真经注疏》，《道藏》第 13 册，第 299 页。

安静，则可以有无穷之变化，而躁动则亦损失。张君相以“静”来对应“无为”，以“躁”来对应“有欲”。显然是提倡“静”而贬斥“欲”。

“涤除玄鉴”的修养方式，也是张君相所推崇的：

注：当洗其心，使清洁也。心居玄冥之处，览知万事，故谓之玄览。[1]

注：不淫邪也。疏：涤，洗也。除，遣也。览，察也。疵，病也。涤荡六府，除遣五情，使神气虚玄，故能览察妙理，内外清夷，而无疵病也。然后身无所为，心无所取，不为有生，不为无灭，以此而用，岂有疵病。此明自利也。[2]

张君相显然认为，就众生而言，其禀性并不是纯善的，有不好的欲在其中，故而需要洗心，需要清洁。“玄冥”则常用来指称道，《庄子》之中有“始于玄冥，反于大通”[3]的说法，成玄英对此的注解是“玄冥，妙本也”，可见用“玄冥”来指称“道”的说法延续已久。心如能清洁，则如镜子变光洁，自然可以朗照万事万物。“不邪淫”的说法在张君相的注解中多次出现，用以指称多欲的一种状态。所谓“五情”即是，喜、怒、怨、乐、哀，五种人类的情感。这里张君相想要表达的，无非是身与心要同时修炼，才能达到虚玄的境界。其“身无为”与“心无取”亦是此种意味。“涣若冰将释”是对其理论的进一步补充：

注：涣者解散，释者消亡。谓除情去欲，日以空虚也。御曰：虽则俨然若客，无所造为，而不凝滞于物，故涣然若春冰之释散也。疏：如前修学智慧增明，惑染消散，如彼冬冰之逢春也。松灵曰：

[1] 原题顾欢：《道德真经注疏》，《道藏》第13册，第280页。

[2] 原题顾欢：《道德真经注疏》，《道藏》第13册，第280页。

[3]（晋）郭象注，成玄英疏，曹础基、黄兰发点校：《南华真经注疏》，中华书局，1998，第348页。

外虽矜庄若众，内恒和畅放散，无复滞着，涣然如凝冰消散也。[1]

冰的消逝，正如同镜子上的灰尘消除一样，需要时间。情与欲，正如同是灰尘与冰一样，“为道日损”的过程即是去除情欲的过程。于诸法有疑惑，于事理有不明，随着智慧提升而逐渐明达，亦同于坚冰消散的过程。内外畅通，没有执着，亦是坚冰消散的过程。

一切众生皆是禀道而生，而气作为一种最基础的物质，成为了众生与道之间的中介物质。众生因为禀气清浊的不同，而有贤愚之别。贤者即是无为而行事，而愚者则是多欲多情。张君相认为多余之欲始终是不好的，故而提出了种种修行的方法，进而除情而去欲。其提倡保持赤子之心，修静修定，涤除玄览等的修养方式，其目的亦是为了恢复本然之性。

三、“正己正人”之治国论

张君相之治国论亦是从其道论衍生而来，有其道论，则有其治国论。张君相之治国论亦是强调圣人或者君王的修养，先能“正己”，才能“正人”，“正人”即“正国”：

注:以道治也。节解曰:谓自然也。疏:圣人者体道契真之人也，亦言圣者正也,能自正己,兼能正他,故名为圣。即此圣人慈悲救物，持无为之妙法，治有欲之苍生。所治近，指上文能治，属在于下，仍前以发，故云是以圣人治，又言圣人寂而动，动而寂，寂而动，无为而能涉事。动而寂，处世不废无为，斯乃无为即为，为即无为，岂有市朝山谷之殊，拱默当涂之隔耶，故云处无为之事也。[2]

[1] 原题顾欢：《道德真经注疏》，《道藏》第 13 册，第 287 页。

[2] 原题顾欢：《道德真经注疏》，《道藏》第 13 册，第 277 页。

以上是对于“是以圣人治处无为之事”[1]的注解，以道治国，无为而治一向属于道家的传统，但治理国家到底是需要人的。张君相认为圣人即是与道相合之人，即是通晓天地间规律的人，自然能够契合于正道。只有自己身心端正，才能够正别人。孔子在《论语》中有“政者，正也。其身正，不令而行；其身不正，虽令不从”[2]，亦与此义相似。圣人正他，亦是以无为之法化行天下。圣人处在朝野之间，其心却于世不染，此于在山林之间无异。关于“正己正人”之治国论，亦有其具体的一些措施：

> 注：治身者，呼吸精气，无令耳闻。治国者，布德施惠，无令下知也。疏：前既自利道员，此下应须接物，接物之行，莫先治国爱民。知，分别智也。慈悲覆养是日爱民，布政行化名为治国。夫治国者须是淳朴，教以无为，杜彼奸邪，塞兹分别，如此则击壤之风斯及，结绳之政可追。下文云以治国国之贼，不以智治国国之德也。[3]

这是对于老子之“能无为乎”[4]的一个注解。张君相对于修身者的要求是呼吸精气而不被耳朵所听所闻，这是一种人的无为。而调整政令以让百姓受惠，而不让其知道自己的所作所为，这是一种治理国家的无为。对治国者最重要的不是以智而治理国家，而是令自身愈发趋向于纯朴，则百姓自然能够归化，民风自然可以淳朴。张君相对于《老子》中“为无为，则无不治”[5]的诠释中，亦显示了其“正己正人”的治国理念：

> 注：德化淳，百姓安。疏：前既舍欲得无欲，复恐无欲之人

[1] 原题顾欢：《道德真经注疏》，《道藏》第 13 册，第 277 页。
[2]（宋）朱熹：《四书章句集注》，中华书局，1983，第 137 页。
[3] 原题顾欢：《道德真经注疏》，《道藏》第 13 册，第 280 页。
[4] 原题顾欢：《道德真经注疏》，《道藏》第 13 册，第 280 页。
[5] 原题顾欢：《道德真经注疏》，《道藏》第 13 册，第 279 页。

滞于空见，以无为道，而言不敢为者，即遣无欲也。恐执此不为，故继以不敢也。治，正也，行人但能先遣有欲，后遣无欲者，此则双遣二边，妙体一道，物我齐观，境智两忘，以斯为治，理无不正也。[1]

这里是典型的运用了重玄思维的双重否定模式。张君相以为，治国之首要任务在于端正其德行，其德行如能端正，自然可以教化百姓，使得民风淳厚，此是上行而下效之义。在这里张君相把治亦解释为“正”，先能正己，然后才可以正人。正己之方法即为遣除有欲与无欲，更进一步乃至物我主客皆忘。以这个作为治理理念的话，没有不正的情况。

作为君王而言，要秉持的两个原则即是“信用”与“公正”，这是多次被张君相所提及的。故而张君相提出：

注：君信不足于下，下则应之以不信，而欺其君也。御曰：畏之侮之者，皆由君信不足，故令下有不信之人也。疏：良由下机障重，信根不足，故疑毁圣文，有不信之罪。[2]

注：说太上之君，举事犹贵重于言，恐离道失自然也。疏：犹其贵重世俗浮伪之言，故不信至道真实之教，是以迷惑日久，罪障弥深也。[3]

以上即是对老子之“信不足，有不信，犹其贵言”[4]的注解。如果君王在上没有任何的信用，其颁布的法令必然不能让百姓所信服，而会产生狡诈奸邪之民，这是从上而言。如果就下而论，在上之君主虽然可以做到有信，但百姓刚强难化，亦会产生社会动乱，这是由于百姓信根不具的缘故。如

[1] 原题顾欢：《道德真经注疏》，《道藏》第13册，第279页。
[2] 原题顾欢：《道德真经注疏》，《道藏》第13册，第290页。
[3] 原题顾欢：《道德真经注疏》，《道藏》第13册，第290页。
[4] 原题顾欢：《道德真经注疏》，《道藏》第13册，第290页。

果过于信奉虚伪不实的言论，而不注重实际的事功，就会形成浮华不实之风，弊端是非常之大的。

同时，张君相又从重玄思想的角度论证了信的问题：

> 执言滞教，不能悟了，是于信不足也。自同于失，失亦乐求，是有不信。疏：不能忘言，而执言求理，虽名信道，于理未足，所以执言滞教，未达真源，故于重玄之境，有不信之心也。[1]

这是对于修养之人而论的，亦是对于君王而论的。如果只是执着于言语，而不能真正体悟道的精髓，这是信不足的缘故。语言本身就有其局限性，我们需要做的是透过语言，而通达本质。如果执在言教之上，就不能通达重玄的境界。因重玄的境界本来就属于一破到底，一物不立，有所执着，即成窠臼。

在对老子“容乃公，公乃王”[2]的注解中，张君相阐发了其公正之道的思想：

> 注：无不包容，则公正无私，众邪莫当也。御曰：含容应物，应物无私，既无私邪，故为公正。疏：公，平正也。既能包容庶物，所以公正无私也。[3]
>
> 注：公正无私，则可为天下王，治身正则形一神万，共奏己身也。御曰：人能公正无私，则为物所归往也。疏：王，往也，只为包容万物，公正无私，所以作大法王，为苍生之所归往也。[4]

作为君王而言，应该有包容天地的胸怀，有公正无私的态度，如此则

[1] 原题顾欢：《道德真经注疏》，《道藏》第13册，第297页。
[2] 原题顾欢：《道德真经注疏》，《道藏》第13册，第297页。
[3] 原题顾欢：《道德真经注疏》，《道藏》第13册，第289页。
[4] 原题顾欢：《道德真经注疏》，《道藏》第13册，第289页。

众邪不能侵袭，而天下苍生皆往归服。这种公正的思想，其实在先秦的时候就已经形成，君王应该做到公正而没有私心，不避讳亲疏远近之人，需要搞清楚名与实之辩，赏与罚也应该分明。

除此以外，张君相所提倡的是“中正平和”的治国方案。张君相在对老子“天之道，其犹张弓乎。高者抑之，下者举之，有余者损之，不足者与之”[1]的注解中提到：

> 张君相曰：用弓之道，高者恐过，故抑之令不高。下者不及，故举之令不下。不下不高，中前期也。为行之道，亦务中平，太高则众所不容，伤下则非议所聚，抑高举下，合理源也。[2]

就拿弓箭来比喻的话，力气大的人恐怕会把弓箭拉断，而力气小的人恐怕又拉不动弓箭，所以设计弓箭的化，要以中间的尺度作为标准。治国也是如此，不能走极端，制定的标准如果太高的话，就被大家所不能接受，如果伤害到底层阶级，又被大家所不能接受。所以应以中道行事，抑制过高的人群，而体恤底层百姓。

张君相对老子之“或不盈”做出解释，亦是要突出其“中平之道”的治国原则：

> 注：或，常也。道常谦虚不盈满，也。饰解曰：谓守然也。疏：言圣人施化，为用多端，切当之言，莫先中道，故云道冲而用之。此则以中为用也，而言官或不盈者，向一中之道，破二偏之執，二偏既除，一中还遣。今恐执教之人，住于中一，自为满盈，言不盈者，即是遣中之义。[3]

[1] 李霖：《道德真经取善集》，《道藏》第 13 册，第 936 页。

[2] 李霖：《道德真经取善集》，《道藏》第 13 册，第 936 页。

[3] 原题顾欢：《道德真经注疏》，《道藏》第 13 册，第 279 页。

“不盈”亦可以解释为“谦虚”，此是统治者修身治平之道。执政之人，如果在执政之时，不偏执于两端，而守于中道，此已属不易。但此时如能“不盈”，保持谦虚之道，则可以更进一步，此中道亦不可执。张君相可谓是把重玄思维贯彻在了其思想的方方面面。

在治国方面，张君相崇尚不滥用刑罚，不崇尚功业：

注：禁多则令烦，不可归诚，故欺侮之。御曰：德又下衰，君多弊政，人不堪命，则驱以刑罚，故畏之。怀情相欺，明不能察，故侮之。疏：侮，欺也。下机之人，性情愚钝，纵心逐境，耽滞日深，唯畏世上威刑，不惧冥司考责，所以欺侮圣言，毁谤不信，故德经云下士闻道，大笑之也。[1]

以上是对于《老子》中“太上，不知有之；其次亲之誉之；其次畏之，其次侮之”[2]的注解。如果政令过于繁杂，刑法过于严重，百姓多不能诚心归顺。君王德行不够，而起统治又多有弊端，百姓有许多抗命，这时候即会启用刑罚，这样就会使得百姓畏惧。最好的方法是无为而治，让人感觉不到有治理的存在，亦感觉不到有君王的存在，这就是无为而治。其次的方法是，让百姓能尊敬他，赞誉他。再次的方法是让老百姓害怕他。最次的方法是，老百姓会轻贱他。而随着程度的递进，政令多变得繁杂，刑法多变得残酷，故而无为而治才是最好的统治方法。不崇尚功业，忘掉其功业，也是对于统治者的一种约束：

注：道所施为，不恃望其报也。疏：恃，怙赖也。大圣虚怀，逗机利物，自他平等，物我兼忘，虽有大功，终不恃赖，忘其功也。[3]

[1] 原题顾欢：《道德真经注疏》，《道藏》第13册，第290页。
[2] 原题顾欢：《道德真经注疏》，《道藏》第13册，第290页。
[3] 原题顾欢：《道德真经注疏》，《道藏》第13册，第325页。

治理百姓，虽有功而不望报，虽有功勋而不恃。虽处上位，而能视一切众生平等，而利益一切众生，如此何愁不能治理好国家呢。

在治军方面，张君相主张不崇尚武力，以“恬淡为上”：

> 张君相曰：不乱曰恬。夷心曰惔。
>
> 恬惔者，道也。以道为上，岂以用兵为美乎。[1]

不崇尚武力，而推崇恬淡，这也是道家所历来主张的。在人来说，心如能不乱，而平坦，即是“恬淡”。在国家来所，人民能不乱，而平安，即是“恬淡”。所以张君相是不主张武力的，而是崇尚和平。也主张“不以兵强于天下”[2]：

> 注：以道自佐人主，不以兵革，顺道任德，敌人自服。节解曰：谓。为兵也。口言失则兵革至，精神踊跃，魂魄相加，神明悦惚，则去其身矣。疏：以，用也。佐，辅也。人主，君王也。言用正道辅佐君王者，当偃武修文，导之以德，不可以盛用强兵，骋暴天下。内解身心者，即三业六根兵也。[3]

这种思想和儒家的王道思想是非常相似的。对于外国之人，不主张以武力让其臣服，而是以道德让其臣服。对于人而言，张君相解释了如何是“为兵”，胡乱失言则是“为兵”，其精神极度亢奋，神情恍惚，这是不合道的。这里的兵其实是一种欲，是人内心的祸乱之源，故而张君相称其为“三业六根之兵”。对于一个国家而言，辅佐君王的正道应该是减少武治而推崇文治，以道德而教化百姓。既然崇尚文治，就应该减少武力的投入：

---

[1] 李霖：《道德真经取善集》，《道藏》第 13 册，第 880 页。

[2] 原题顾欢：《道德真经注疏》，《道藏》第 13 册，第 303 页。

[3] 原题顾欢：《道德真经注疏》，《道藏》第 13 册，第 303 页。

张君相曰：兵以讨逆，武以静乱，上既行道，下乃好德，自然从化，何事陈兵。内明舟舆以喻小乘，甲兵以喻小智，行人心安，实相废而不用。[1]

以上是对于《老子》中“虽有舟舆，无所乘之。虽有甲兵，无所陈之”[2]一句的注解。君王如果能以中正之道正己，在下之百姓自然效仿，如此则不需要借助武力来统治。武力的装备是用来治乱的，太平盛世自然不是很需要。值得注意的是，这里的思想有理想性的成分在里面，张君相所提倡的完全废除武力似乎很难在现实中达到。用武力并不是合于道的，也是不善之用：

注：祥，善也。兵者，惊精神，浊和气，不善之器，不当修饰也。节解曰：谓轻言者皆不活其身，身危则亡其器，此为不祥之器也。疏：佳，丽也。祥，善也。虽霜戈曜日，宝剑晖天，此乃凶荒之具，非太平之器也。内即三毒六根之兵，若磨锐诸根，而贪取尘境者，不善之行也。[3]

以上是对于“夫佳兵者，不祥之器”[4]的注解。对于人而言，兵即是过多的欲望，这对一个人来说是非常不好的，可以让精神混乱，让其正气混浊，故而不用而需去。对于国家而言，即是军队强盛，但常常穷兵黩武，也是不吉祥的。只是非到不得已的时候，国家遭遇祸乱，百姓受到伤害，用之以自守。但用武力也需要遵循经与权的规则，以智慧而用权变。即使动用武力取得胜利，也应以丧礼处之：

[1] 李霖：《道德真经取善集》，《道藏》第13册，第939页。
[2] 李霖：《道德真经取善集》，《道藏》第13册，第939页。
[3] 原题顾欢：《道德真经注疏》，《道藏》第13册，第304页。
[4] 原题顾欢：《道德真经注疏》，《道藏》第13册，第304页。

注：古者战胜，将军居丧主礼之位，素服而哭之，明君子贵德而贱兵，不得已而诛不祥，心不乐之，比于丧也。知后世用兵不已，故悲痛之。御曰：勇士雄，入战而获胜，胜则受爵，居于右位，尚右非吉，是以丧礼处之。但以为不祥之器，亦何必缟素为资。疏：君子善人，贵能用道，事不获已，方以丧礼葬之。既其武不及文，足明权不及实，治国则不得已而用武，应化则不得已而行权，以此格量，故知权劣实胜也。[1]

古代战胜的将军，并没有喜悦的心情，而是以丧礼对待。因为君子所尊奉的是德行，而非是武力。一旦动用武力，必致生灵涂炭，即是获胜，自己之士兵与敌对之士兵一定是各有死伤，又有什么可以开心的呢。所以古代将军得胜而归，其位置是居于右的，右不是吉祥的位置。张君相不仅不推崇武力，亦不推崇权谋之术，而是推崇以文治国与以实治国，武力与权谋只是不得已而用之。

综上所述，即是张君相之治国论。他以“正人正己”的理念贯彻始终，秉持着信用与公正的原则，以中正之道治理国家。不主张滥用刑法，不主张武力，崇尚无为而治。他的治国论亦是其人性论的进一步延伸。

四、张君相重玄思想的影响

从“遣之又遣”之道论，进而到“禀气有别”之人性论，最后在到“正人正己”之人性论。张君相之思想其实是一以贯之的，这即是以重玄思维作为其底层逻辑。从这一层面来讲，张君相之思想亦有深远的意义与影响。

其一，张君相之重玄思想调和了诸家注《老》之思想。如笔者上文所述，张君相在注解《老子》时，多引诸家之论来阐发自己的思想，根据其序文来看一共有三十家之多，张君相之思想亦是对诸派学说之调和。从张君相

[1] 原题顾欢：《道德真经注疏》，《道藏》第 13 册，第 305 页。

对《老子》的注解来看，看不出东拼西凑的痕迹，反而更多的是多家思想的相得益彰。张君相的这种学术胸襟可以说非常阔大，他打破了诸家学问之壁垒。博采众长，又能够融会于一炉，可见其学养之深厚。

其二，张君相之重玄思想对儒道融合起到了一定的推动作用。其思想中可以见到融摄儒家之痕迹，以儒学之精髓而为己用，却不失其老庄之本色。这一点在其“正己正人”的治国论中表现得尤为明显，早在孔子就解释政治为“正”之义，并以正己修身为治国之核心。张君相对此吸收的同时，又辅以老子“无为”的思想，两者结合，并行不悖，相得益彰。

其三，张君相之重玄思想为宋明理学提供了可以借鉴的思想理路。张君相“禀气有别”之人性论亦被后来宋明理学所承袭。张君相认为气有清浊之分，而禀气清者，为贤良之人；禀气浊者，则为愚痴之人。宋代理学家程颢认为“性”可以分为“天命之性”与“气禀之性”，在具体世界中的人性之善恶，是由于气禀之缘故。故而其有言:“有自幼而善，有自幼而恶，是气禀有然也，”[1] 善恶是出生以后就有的，而决定善恶的即是气之清浊，“气有清浊，禀其清者为贤，禀其浊者为愚”[2]。两人思想可谓非常相似，足见张君相对于后世宋明理学之影响。

---

[1]（宋）程颢、程颐，王孝鱼点校：《二程集》，中华书局，2004，第 10 页。

[2]（宋）程颢、程颐，王孝鱼点校：《二程集》，中华书局，2004，第 204 页。

第七章　杜光庭对重玄学的总结与提炼

第一节　杜光庭生平及著述

杜光庭（850—933年），子“宾至”，道号为“东瀛子”，别号为“广成先生”“青城先生”“华顶羽人”等等，为唐末五代时期著名学者。根据卿希泰先生的考证，杜光庭的出生日期是唐玄宗大中三年（850年），羽化的时间是后唐明宗长兴四年（933年），仙寿为84岁。后因前蜀衰颓，他隐居青城山以至于羽化。杜光庭可以说是唐代末年至五代时期，最著名的“道门领袖”，亦可以说是唐代道教学者中的“集大成者”，对于后世而言，也是宋元道教的“新开拓者”。由于他卓越的学识，当时人便赞他“词林万叶，学海千寻，扶宗立教，天下第一”[1]，前蜀之高祖亦曾赞他“昔汉有四皓，不如吾一先生足矣”。[2]杜光庭主要活动的年代是唐代与前蜀，他的仕途亦是通达，其先后曾任多个官职。

杜光庭出生于家境殷实的书香门第，由于家境的原因，他幼年便有了非常好的教育环境。杜光庭从小送入上庠求学，这在古代来说，是非常上等的官学。杜光庭其后于蜀中传道亦曾言及自己这段宝贵的求学经历：

> 博极群书，志趣超迈。唐懿宗朝，与郑云叟赋万言不中……相国徐光溥志学之年，执弟子礼事之。光庭尝谓曰：予初学于上庠，而国子监书籍皆备。先读天文神仙之书，次览经史子集。一

[1] 赵道一：《历事真仙体道通鉴》，《道藏》第32册，第8页。
[2] 赵道一：《历事真仙体道通鉴》，《道藏》第5册，第330页。

> 月之内分布定日而习之：一日诵经书，二日览子、史，三日学为文，四日记故事，五日游息。凡五事，每月各六日。如此不五七年，经史备熟。[1]

我国古代世家之子弟向来都有入仕的情况，杜光庭亦不例外，勤奋钻研儒门之经典，并且习得一手好字，亦有报效朝廷的志向。唐懿宗时期，当时之政局已经非常混乱，唐朝各地也不断有起义的情况出现。但杜光庭之仕途可谓非常之不顺，“懿宗设万言科选士，光庭试其艺不中，乃弃儒衣冠入道游，意淡漠”。[2] 屡试不第使其放弃了对于仕途的追求，转而投向道门，成为上清派之弟子。其师为天台高道应夷节，为司马承祯之五传弟子。由于他学养深厚，在道门亦被当时之君王所倚重。“郑畋荐之于朝，僖宗召见，赐以紫服象简，充麟德殿文章应制，为道门领袖”[3]。后来由于爆发了黄巢之乱，杜光庭随着唐僖宗进入蜀地，后留青城山潜心修道。及至前蜀政权，王建称帝于成都，亦对杜光庭非常之赏识，曾多次对他进行各种敕封。杜光庭在巴蜀五十余年，对巴蜀文化之贡献非常之大。他在这里搜寻各种道教经典，著书立说，修养身心。晚年亦隐居于青城山，“未几解官，隐青城山。建飧和阁，奉行上清紫虚吞日月气法”。[4] 后来于唐明宗年间（933 年），杜光庭于青城山羽化，“一旦披法服作礼，辞天升堂，趺坐而化。颜色温碎，宛若其生，异香满室，久之乃散”[5]。

杜光庭一生之著作颇为丰厚，他不仅仅是道门斋醮科仪之集大成者，亦是注老之学的总结者，重玄学之总结者。他一生之中的著述有三十余种之多，内容达二百七十多卷。其书收录于《正统道藏》的有 27 种，收录于《全唐文》的有 302 篇，所涉猎之内容涵盖了道教之诸多理论、天文地理、

[1]（清）吴任臣：《十国春秋》第 2 册，中华书局，1983，第 674 页。

[2] 潘运告，桂第子译注：《宣和书谱》，湖南美术出版社，1999，第 99 页。

[3] 潘运告，桂第子译注：《宣和书谱》，湖南美术出版社，1999，第 232 页。

[4]（清）吴任臣：《十国春秋》第 2 册，中华书局，1983，第 674 页。

[5] 赵道一：《历事真仙体道通鉴》，《道藏》第 5 册，第 331 页。

医学、文学等各种领域。由于历史上战乱等诸多原因，其诸多著作早已散失，现存之著作有二百余卷。其主要之代表作有《太上老君说常清净经》《道德真经广圣义》《广成集》《洞天福地岳读名山记》《神仙感遇传》《道门科范大全集》《墉城集仙录》等一些著作。

第二节　杜光庭的重玄思想研究

一、总结注老之学

早在杜光庭之前，成玄英就曾梳理注解《老子》之流派：

> 释义解经，宜识其宗致。古今注疏，玄情各别。而严均平《旨归》，以玄虚为宗夫，顾征君《堂诰》，以无为为宗，孟智周、臧玄静以道德为宗，梁武帝以非有非无为宗，晋世孙登云“托重玄以寄宗”。虽复众家不同，今以孙氏为正，以重玄为宗，无为为体。[1]

成玄英以注解《老子》不同的视角与风格来区分流派，他最推崇的还是孙登，并把他推为重玄之宗首。杜光庭亦从辨析解读风格，总结流派的方式出发，来总结注老之学。

除此以外，杜光庭亦为弘扬《老子》之说，借助神仙体系来神化老子，尊其为太上老君。认为太上老君可以随意变化其形象，其名称更是数不胜数，在历朝历代都有其显圣应化的形象存在，从上古至今，往而不绝。因为因缘已到，故而老子以《道德经》而传予尹喜，此经问世，其注解更是层出不穷。《道德真经广圣义》中，叙述了《道德经》产生的时间以及其历史沿革。杜光庭对《道德经》自诞生以来的所有注解版本进行了梳理，他总结了注解老子的六十余家学说。除却道门以外的许多人都对道德经有过研究，

[1] 成玄英：《老子道德经开题序诀义疏》，《敦煌卷子》，第 2353 页。

可见道德经影响之深远，其中不乏僧人、官吏以及帝王。其中许多书籍都未能流传至今，但是有了杜光庭这样的总结，我们即能对《老子》的流传情况，有一个清晰而明了的认识。随后，针对这些注解道德经的特点，杜光庭对他们进行分类分派：

> 道德尊经，包含众义，指归意趣，随有君宗。河上公、严君平皆明理国之道，松灵仙人、魏代孙登、梁朝陶隐居、南齐顾欢皆明理身之道。符坚时罗什、后赵图澄、梁武帝、梁道士窦略，皆明事理因果之道。梁朝道士孟智周、臧玄静、陈朝道士诸糅、隋朝道士刘进喜、唐朝道士成玄英、蔡子晃、黄玄赜、李荣、车玄弼、张惠超、黎元兴，皆明重玄之道。何晏、钟会、杜元凯、王辅嗣、张嗣、羊佑、卢氏、刘仁会，皆明虚极无为理家理国之道。此明注解之人意不同也。又诸家禀学立宗不同，严君平以虚玄为宗，顾欢以无为为宗，孟智周、臧玄静以道德为宗，梁武帝以非有非无为宗，孙登以重玄为宗。宗旨之中，孙氏为妙矣。[1]

注解《老子》的流派大概可以分为五个，即是“理国”“修身”“因果”“虚极无为”“重玄”。不难看出，他认为所有流派之中，可以说以重玄来解老的理论高度是最高的，也是其他各个流派所无法企及的，并且他认同了成玄英的观念，以孙登作为重玄学之宗首。所有注解《老子》的人物，都各自有其特点，但是不能完全诠释出《老子》之奥秘。之前所有的注解《老子》的版本中，杜光庭最推崇的是唐玄宗的注本，他认为唐玄宗把向内的修身与向外的治国一并结合了起来，“内则修身之本，囊括无遗，外即理国之方，洪纤毕举”。唐玄宗用重玄之道来注释《道德经》，可以说是注解《道德经》思想境界最高的一家，也是与老子之原意最符合的一家。他认为唐

[1] 杜光庭：《道德真经广圣义序》，《道藏》第 14 册，文物出版社、上海书店、天津古籍出版社 1988 年联合出版，第 340 页。

玄宗注解《道德经》，其中有许多的经文，恐后来之人不能完全理会其中的意思，故而他作《道德真经广圣义》来作为稍微的补充。

所谓文化的含义，文即世界的规律，即形而上之道；化即以道而教化万民，即形而下之习俗礼教。杜光庭觉得，重玄之道的高妙，需要真正落实在现实生活之中，才有其存在的意义。所以，杜光庭非常之强调《道德经》教化的功效："昔葛玄仙公谓吴王孙权曰：《道德经》者，乃天地之至妙，有天道焉，有人道焉，有神道焉。大无不包，细无不入，宜遵之焉。就此门中大略宗意，有三十八别"。

《道德经》虽然只有短短的五千言，但是它圆盖了天、人、神三道的所有内容，所包含之教义可以说是包罗万象，无所不含，天地间所有的道理都在其中。而这其中，又可以分为三十八别：

第一，教以无为理国。经云：绝圣弃智，人利百倍；绝仁弃义，人复孝慈；绝巧弃利，盗贼无有。又云：爱人理国，能无为乎？又云：我无为而人自化。

第二，教以修道于天下。经云：修之于天下，其德乃普。又云：执古之道，以御今之有。又云：执大象，天下往。

第三，教以道理国。经云：以道莅天下，其鬼不神。非其鬼不神，其神不伤人。又云：天下无道，戎马生于郊。

第四，教以无事法天。经云：人法地，地法天。又云：道常无为而无不为。侯王若能守，万物将自化。

第五，教不以尊高轻天下。经云：贵以身为天下，若可寄天下。爱以身为天下，若可托天下。又云：奈何万乘之主，而以身轻天下。轻则失臣，躁则失君。又云：圣人不为大，故能成其大。

第六，教不尚贤、不贵宝。经云：不尚贤，使人不争；不贵虽得之货，使人不为盗。又云：欲不欲，不贵难得之货。

第七，教化人以无事无欲。经云：常使人无知无欲，使夫知者不敢为也。为无为则无不理矣。又云：我无事而人自富，我无欲而人自朴。又云：不欲以静，天下将自正。

第八，教以等观庶物，不滞功名。经云：天地不仁，以万物为刍狗。圣人不仁，以百姓为刍狗。又云：行不言之教。又云：为而不恃，功成不处。

第九，教以无执无滞。经云：为者败之，执者失之。又云：去甚、去奢、去泰。又云：圣人无常心，以百姓心为心。

第十，教以谦下为基。经云：贵以贱为本，高以下为基。又云：江海所以能为百谷王者，以其善下之。又云：受国之垢，是谓社稷主。受国不祥，是为天下王。又云：大国宜为下。又云：善用人为下。又云：大国以下小国，则取小国。以上皆本天子而言

第十一，教诸侯以正理国。经云：以正理国。又云：以智理国国之贼，不以智理国国之福。又云：民之难理，以其智多，是以难理。

第十二，教诸侯政无苛暴。经云：理大国若烹小鲜。又云：朝甚除，田甚芜，仓甚虚。又云；其政察察，其民缺缺。

第十三，教诸侯以道佐天子，不尚武功。经云：以道佐人主，不以兵强天下。又云：兵强则不胜。又云：善胜敌不争。又云：虽有甲兵，无所陈之，使人复结绳而用之。又云：兵者不祥之器，不得已而用之。又云：胜而不美。

第十四，教诸侯守道化人。经云：古之善为士者，微妙玄通。又云：其政闷闷，其民淳淳。

第十五，教诸侯不翫兵黩武。经云：用兵有言，吾不敢为主而为客，不敢进寸而退尺。又云：抗兵相加，哀者胜。又云：祸莫大于轻敌。又云：善为士不武。又云：攘无臂，执无兵。又云：不争之德。

第十六，教诸侯不尚淫奢，轻摇薄赋，以养于人。经云：民之饥，

以其上食税之多，是以饥。又云：人多伎巧，奇物滋起。

第十七，教诸侯权器不可以示人。经云：鱼不可脱于泉，国有利器不可以示人。又云：古之善为道者，非以明民，将以愚之。

第十八，教以理国、修身、尊行三宝。经云：我有三宝，保而持之。一曰慈，二曰俭，三曰不敢为天下先。

第十九，教人修身曲己则全，守柔则胜。经云：曲则全。又云：柔胜刚，弱胜强。又云：柔弱胜刚强。又云：柔弱者生之徒，刚强者死之徒。又云：强梁者不得其死。

第二十，教人理身无为无欲。经云：常无欲观其妙。又云：不见可欲，使心不乱。

第二十一，教人理身保道，养气以全其生。经云：致虚极，守静笃。又云：专气致柔。又云：为腹不为目，去彼取此。又云：知其白，守其黑。又云：知其子，守其母。又云：我独异于人，而贵求于食母。又云：绵绵常存，用之不勤。

第二十二，教人理身崇善去恶。经云：天下皆知美之为美，斯恶已；皆知善之为善，斯不善已。又云：常善救人，故无弃人。常善救物，故无弃物。又云：善人不善人之师。又云：挫其锐，解其纷。又云：上善若水。

第二十三，教人理身积德为本。经云：含德之厚。又云：上德若谷。又云：大丈夫处其厚，不处其薄。居其实，不居其华。又云：君子终日行，不离辎重。

第二十四，教人理身勤志于道。经云：上士闻道，勤而行之。又云：勇于不敢则活。

第二十五，教人理身忘弃功名，不耽俗学。经云：绝学无忧。又云：功成名遂身退。又云：成功不居。又云：为道日损。又云：名与身孰亲。

第二十六，教人理身不贪世利。经云：身与货孰多，得与亡孰病。

又云：甚爱必大费，多藏必厚亡。又云：难得之货，令人行妨。

第二十七，教人理身外绝浮竞，不衒己能。经云：不自见故明，不自伐故有功，不自矜故长。又云：大辩若讷，大巧若拙。又云：广德若不足。又云：大音希声。又云：自知者明，自胜者强。

第二十八，教人理身不务荣宠。经云：宠辱若惊。又云：富贵而骄，自遗其咎。又云：持而盈之，不如其已。揣而锐之，不可长保。

第二十九，教人理身寡知慎言。经云：知不知上，不知知病。又云：多言数穷，不如守中。又云：轻诺必寡信，多易必多难。又云：塞其兑，闭其门，终身不勤。

第三十，教出家之人道与俗反。经云：俗人昭昭，我独若昏。俗人察察，我独闷闷。又云：明道若昧，进道若退。

第三十一，教人出家养神则不死。经云：谷神不死，是谓玄牝。又云：深根固蒂，长生久视之道。又云：善建不拔，善抱不脱。

第三十二，教人体命善寿不亡。经云：死而不亡者寿。

第三十三，教人修身外身而无为。经云：后其身而身先，外其身而身存。

第三十四，教人理心虚心而会道。经云：虚其心，弱其志。

第三十五，教人处世和光于物。经云：和其光，同其尘。又云：大道泛兮，其可左右。又云：被褐怀玉。

第三十六，教人理身绝除嗜欲，畏慎谦光。经云：五色令人目盲，五音令人耳聋，五味令人口爽，驰骋畋猎令人心发狂。又云：民不畏威，则大威至。

第三十七，教人裒多益寡。经云：以有余奉不足。又云：既以与人己愈有，既以与人己愈多。

第三十八，教人体道修身，必获其报。经云：陆行不遇兕虎，入军不被甲兵。又云：以其无死地。[1]

杜光庭认为这三十八别，是大而无内，小而无外的，为《道德经》之纲要。他亦说明了三十八别的重要性，“举此三十八别，以明经之大意所诠之法。然则此经大则包罗无外，细则入于毫间，岂止三十八门便尽其要？为存教义，泛举大纲，比之秋毫，万分未得其一也。《礼记》云：道也者，不可须臾离，可离非道也。若为君之无道德，如瞻视之无两目。若为臣之无道德，如胸腹之无五藏。理家之无道德，如尸强而无气。由是论之，道之于人不可阙矣。其若离言教，绝指陈，玄之又玄，妙之又妙，斯可以神照，不可以言传，道之极矣。”[2] 意即是三十八种意思，可以明白经文的主要内容。但是从经典而言，《道德经》可以说是囊括万千的，可以说天地宇宙的一切事物，没有不包含其中的，这三十八种也不可以完全概括它的意思。如此罗列出来，也仅仅只是为了概括其大致的纲要而已。所有这些道都是不可以片刻离开的，可以离开的，并不是道。这三十八别，无外乎是“修身”与“治国”两个方面，与儒家“修身治国平天下”有异曲同工之妙。内修身以圣人之道，外示人以王者之道。“修身”与“治国”本为唐玄宗注解《道德经》的两个方面，重玄思想则是一种底层的逻辑。因杜光庭写书的本义即是为后人读懂唐玄宗而立的意，所以其宗旨自然也要趋近于唐玄宗之注解。

杜光庭认为前辈之重玄学者虽然各有千秋，各自发挥了自己的妙义，但都未能完全诠释重玄之境，“横亘古今，独立宇宙。虽诸家染翰，未穷众妙之门，多士研精，莫造重玄之境。”那么他认为的重玄之境又是什么样的呢：

不可说言有体无体，有用无用。盖是无体为体，体而无体，无用为用，用而无用。然则无一德非其体，无一用非其功。寻其

[1] 杜光庭：《道德真经广圣义序》，《道藏》第14册，文物出版社、上海书店、天津古籍出版社1988年联合出版，第314-316页。

[2] 杜光庭：《道德真经广圣义序》，《道藏》第14册，文物出版社、上海书店、天津古籍出版社1988年联合出版，第316页。

体也，离空离有，非阴非阳，视听不得，搏触莫辩。寻其用也，能权能实，可左可右，以小容大，以大容小。体既无已，故不可思而议之。用又无功，故随方不示见。

此论述亦是关于臧玄静重玄思想之承续，杜光庭认为有体与无体、有用与无用，是不可以言说的。因为以“无体”作为“体”的话，从“体”本身而言，是没有任何的形质的，用也是这样的。而从“德”与“用”的角度来说，他们本身并没有自性，所以能支撑他们背后的东西是“道”与“无用”，他们本身即是一种体现形式。就其本体而言，既非空亦非有、既非阴亦非阳、通过五感亦不可名其状。而作为用而言，其变化形式万千，令人不可捉摸。其本体着实是不可思议。最后一段对于体与用的叙述可谓是非常之精妙，即用即体，即体即用；非用非体，非体非用，实是体用一如，空有不二之见，把重玄思维模式发挥得淋漓尽致。

同时，杜光庭延续了重玄学流派的理论特色，同时又做出了高度凝练与概括：“夫摄迹忘名，已得其妙，于妙恐滞，故复忘之，是本迹俱忘。又忘此忘，胳合乎道。有欲既遣，无欲亦忘，不滞有无，不执中道，是契都忘之者尔。”[1] 这既是对唐玄宗之“都忘”思想的进一步阐述，同时又是借此以阐发自己的重玄之思。杜光庭认为“不滞有无，不执中道”[2] 即是重玄的核心思维，不执于有无即是中道，不滞于中道，即是归无所得，这亦是重玄学双遣双非的理论特色。这是对重玄思维的一次高度的凝练与概括，从某种意义上而言，重玄学的思想得以升华。

[1] 杜光庭：《道德真经广圣义序》，《道藏》第 14 册，文物出版社、上海书店、天津古籍出版社 1988 年联合出版，第 344 页。

[2] 杜光庭：《道德真经广圣义序》，《道藏》第 14 册，文物出版社、上海书店、天津古籍出版社 1988 年联合出版，第 344 页。

二、“道生德蓄”之道论

关于杜光庭之道论，他在《道德真经广圣义》中曾有过非常凝练性的概述，即是“夫此道德二字者，宣道德生畜之源，经国理身之妙，莫不尽此也。昔葛玄仙公谓吴王孙权曰:《道德经》者，乃天地之至妙，有天道焉，有人道焉，有神道焉。大无不包，细无不入。”[1] 道与德所包含的思想可谓是无所不尽，天底之至理莫不包含于此，天道、人道、神道，尽皆包含。道者，为体、为本，其本身并无形象，却可以化生万物，故而其主生。而德，为用、为末，其本身需借道以成，需以道而成德，故而主蓄。道与德相辅相成，可成“道生德蓄”之势。

道与德的关系是其实是相互的，“道与德有相资相察之义，故云道德经也。”[2] 所以云相资者，乃是因为两者缺一不可，互为因果;所以云相察者，乃是由于两者之间互为其用。继而又说“道义主无，理物有病，德义主有，理世无惑”,道以无为其性,故而可居先,道以有而居其次。道是无形无相的，故而可以居上；而德是有形有象的，故而居下。杜光庭从“名”“体”“用”三个方面对“道德”进行了深入的探讨与阐述：

> 今明道三义者，理也，通也，导也。德三义者，得也，成也，不丧也。所谓理者，理实虚无，言一切皆无，故云道在一切有。解云理者，兼通善恶。善道亦名道，恶道亦名道，善恶性空，不乖此义。但恶道称道，其意不然，正以徒类称道，非关就理为释。若言随事近理，此说不妨。所谓通者，谓能通生万物，变通无壅。河上公云:道,四通也。所谓导者,导执令忘,引凡入圣。《自然经》云:导末归本,本即真性,末即妄情也。德有三义,所谓德者得于道果。

[1] 杜光庭：《道德真经广圣义序》，《道藏》第 14 册，文物出版社、上海书店、天津古籍出版社 1988 年联合出版，第 314 页。

[2] 杜光庭：《道德真经广圣义序》，《道藏》第 14 册，文物出版社、上海书店、天津古籍出版社 1988 年联合出版，第 336 页。

《太平经》云：德者，正相得也。所谓成者，成济众生，令成极道。此就果为名，亦资成空行就因者，经云熟成之。所谓不丧者，谓德不失也，故云不丧。《太平经》云常德不丧是也。此六义者，互可相通。《西升经》云道德混沌，玄妙同也。道中有德义者，《升玄经》云德等无等，等无等是道也，故云道有得义。道有成义者，河上公云：非但生之，乃复长之成之。道有不丧义者，既言常道，常即不丧也。德中又有理义者，《生神经》云感应理常通，应既是德，故得有理义也。德有通义者，河上公云：德，一也。一至布气而畜养之。德有导义者，谓有开导之德，《论语》云道之以德是也。此就通门，则如前解矣。但道之言通，通无所通而无所不通，德之言得，得无所得而无所不得。故能忘己忘功，生物成物。今就此科更分五别。一依名释者。前义也。二因待释者。明非德无以言道，非道无以言德。道德相待，强立假名，故离道无德，离德无道，道是德义，德是道义。经云长短相形是也。三所表释者。道德为教，正表不道不德之理，所以说道则言可道非常道，明德则言上德不德，故不道不德为道德之义。四无方释者。正一德名有无量义，如因迹有成，并其义也。道无不在，名何言属，故谓无方以释其义。五无释为释者。既以不为名，亦以无义为义。故自然之义，名无所有。原其所由，即是无义。义曰：道者，因生以立称；德者，从教以言名。道者德之通，德者道之功。有德故称道，有道故称德。德义取有体无为言，道义取无通有为说。《陆先生经》云：虚寂为道体，谓虚无不通，寂无不应也。臧玄静云：智慧为道体，神通为道用也。又云：道德一体而具二义，一而不一，二而不二，二而不二，由一故二。一而不一，由二故一。不可说言有体无体，有用无用。盖是无体为体，体而无体，无用为用，用而无用。然则无一德非其体，无一用非其功。寻其体也，离空离有，非阴非阳，视听不得，搏触莫辩。寻其用也，能权能实，可左可右，以小容大，以大容小。体既无已，故不可思而议之。用又无功，故随方不示见。今不异此，但知道德不同不异，而同而异，不异而异。用辩成差，不同而同，体论惟一。[1]

杜光庭认为道有三内涵，即是“理”“通”“导”；而德亦有三重内涵，即是“得”“成”“不丧”。值得注意的是，杜光庭此处提出了“理”的范畴，把道解释为理，这对于后来之宋明理学而言，不得不说是一种先导先见。杜光庭认为理是一种“虚无”，而且理之中是包含有善恶之义的。关于“通”，不难理解，世间一切千奇百怪之物均由其所生，而且他可以通达无碍。所谓“导”之一字，有指向性之意味在其中，亦同于儒家之“止于至善”之义，众生可以朝着任何一个方向去发展而不受规约，但就人类大的演进方向而言，向着道的方向去演进，才是光明之路。关于“德”之三义而言，“得”即是有道而得之自生之义，道之果为德。所谓“成”之义，乃是已得道果，而成就终生之义。所谓“不丧”，乃是不失之义，道已得之我身，段然没有得而又复失之理。杜光庭认为，此六义可以互相通达，六义之通达，意味着道与德之通达，其实是一以贯之之义。所谓的道德互通有五种解释，即是“依名释者”“因待释者”“所表释者”“无方释者”“无释为释者”。所谓“依名释者”之义，杜光庭分别就道亦可通“得”“成”“不丧”三者进行了解释，也就德亦可通“理”“通”“导”给出了解释。所谓“因待释者”，因道与德为一体之两面，二者是相因而存在的，故而都不能离开对方而谈论彼此。所谓“所表释者”，以道与德来阐教，正是要表不道与不德之理。所谓“无方释者”，道无所不在，但又不可见，只能因其所现之迹来寻道。所谓“无释为释者”，道者，“通无所通而无所不通”[2]；德者，“无所得而无所不得”[3]。

[1] 杜光庭：《道德真经广圣义序》，《道藏》第14册，文物出版社、上海书店、天津古籍出版社1988年联合出版，第336-338页。
[2] 杜光庭：《道德真经广圣义序》，《道藏》第14册，文物出版社、上海书店、天津古籍出版社1988年联合出版，第337页。
[3] 杜光庭：《道德真经广圣义序》，《道藏》第14册，文物出版社、上海书店、天津古籍出版社1988年联合出版，第337页。

非道不能以言德，非德不能以言道。道与德之关系，你中有我，我中有你，两者是不一不二的。“道资于德，德宗于道，是互陈也。互者交也，差也陈者布也。互观其理，皆达精微，，斯所谓不可散也”[1]，道依靠于德，德依靠于道，道与德之间交错呼应，即是杜光庭之“道德互陈”之内涵。

关于道与德之间的关系，杜光庭罗列出七种“本迹”“理教”“境智”“人法”“生成”“有无”“因果”：

《西升经》云：道德混沌，玄妙同也。知不异而异，无所可异；不同而同，无所可同。无所可同，无所不同；无所可异，无所不异也。今更举七义以通释。

一、本迹者。本则为道，迹则为德。本为道者，以大智慧源常寂真身为体。迹为德者，以上德之君太上应身为体。

二、理教者。理则为道，教则为德。理为道者，悟说正性为体。教为德者，悟说正经为体。

三、境智者。境则为道，智则为德。智理为道体，理智为德体。

四、人法者。人则为道，法则为德。人为道者，以本迹二身为体。法为德者，以理教二法为体。

五、生成者。生则为道，成则为德。道以应气化生万物，以应气为体。成为德者，德以成就众生，法教为体。

六、有无者。无则为道，有则为德。无则为道，以因地空观果地空智为体。有为德者，以因地有观果地有智为体。

七、因果者。果则为道，因则为德。果为道者，以果地万德为体。因为德者，以因地万行为体。

以上七义互相交络，二而不二，一而不一，是知道德为正体，非果非因，非本非迹。不本不迹而开本迹，欲明显道德为正体，

[1] 杜光庭：《道德真经广圣义序》，《道藏》第14册，文物出版社、上海书店、天津古籍出版社1988年联合出版，第335页。

非果非因，非本非迹。不本不迹而开本迹，欲明显本由迹不果不因而开因果，欲令修因趣果。其怜五双不言自显。[1]

杜光庭认为，以道为“本”，则德即为“迹”；如以道为“理”，则德即为“教”；如以道为“境”，则德为“智”；如若以道为“人”，则德为“法”；以道为“有”，则德则为“无”；如若以道为“因”，则德为“果”。杜光庭之所以举这么多的例子，无非是想说明一个问题，即道为体，德为用，道与德之间是非一非异的关系。

杜光庭认为，以用来说的话，可以说“道”与“德”之间是完全相通的，两者都可以达到“既能理有”，亦可以“有”“无”皆除，“执病皆去”，如此之状态，方能入重玄境界。显而易见的是，杜光庭之重玄思想亦借鉴了庄子的坐忘之论。但他的重玄思想在表述上更加清晰与简短：

德是不有之有，既能理无，亦能理有道是不无之无，既能理有，亦能理无。惑者谓玉貌金容道为实有，今明道是虚无，此即理于有惑。河上公云：“道者，空也。”王辅嗣云：“道者，无之谓也。”惑者或谓常道乃至上，德实是虚无今明是以有德，此则除其无病，故《经》云:“杳冥中有精。”此是一往相翻，闻名遣病，及其进悟，义则更深，明道之为无，亦无此无德之为有，亦无此有，斯则无有无无，执病都尽，乃契重玄，方为双绝。故《经》云：“仙道无不无，有不有”也。此则道必资于德，德必禀于道。[2]

在明白了“道”与“德”的体用关系之后，杜光庭阐发了“体用双举”

[1] 杜光庭：《道德真经广圣义序》，《道藏》第 14 册，文物出版社、上海书店、天津古籍出版社 1988 年联合出版，第 337-338 页。

[2] 杜光庭：《道德真经广圣义序》，《道藏》第 14 册，文物出版社、上海书店、天津古籍出版社 1988 年联合出版，第 338 页。

的理论模式，他提出了"无为有为，可道常道，体用双举，其理甚明"[1]。"体用双举"的原则在以下之论：

一曰以无为体，以有为用。可道为体，二曰以有为体，以无为用。体，以无为用。自然为体，室车器以有为体，道本无也，可名为用以无为用，用其无也。因缘为用，此皆无为也。四曰以有为体，名涉有也。三曰以无为，以有为用。天地为体，万物为用，此皆有也。五曰以非有非无为体，非有非无为用。[2]

从重玄思辨的角度而言，有与无之间可以说是互相为体用的关系。从具体的实践层面来说，"体"与"用"之间没有一个特定的标准，需视具体情况而定。如果说人为的做一个永恒的设定，无论是"无"为"体"，抑或是"有"是"用"，还是认定"有"是"体"，而"无"才是"用"，都是一种有执的状态，这样其实是不符合"无执无滞"的思辨原则的。

三、"禀道而生"之人性论

杜光庭的人性论可以分为两个大的方面。从一方面来说，杜光庭认为众生均是禀赋"道"而生的。从另外一方面而言，众生要通过不断的修养，然后才能越来越接近那个道。笔者将从这两个部分展开阐述。

所有一切之众生，皆是禀赋道而来：

人之受生，禀道为本。所禀之性无维无尘，故云正也。既生之后，其正迁讹染习世尘，沦迷俗境，正道乃丧，邪幻日侵。老君戒云

[1] 杜光庭：《道德真经广圣义序》，《道藏》第 14 册，文物出版社、上海书店、天津古籍出版社 1988 年联合出版，第 345 页。
[2] 杜光庭：《道德真经广圣义序》，《道藏》第 14 册，文物出版社、上海书店、天津古籍出版社 1988 年联合出版，第 345 页。

修道之士当须息累欲之机，归静笃之趣，乃可政虚极之道尔。[1]

既然都是禀赋道而来，而且一切众生所禀赋的道都是一样的，一尘不染的。那么为什么后天会有如此之差异呢？原来之所以有差异，乃是受生之后，后天之污染所致，被世俗之境所染，被外境所迷惑，才使得道性不现。从更加具体的角度来说的话，人的清净之性，之所以被污染，是因为六根迷惑的缘故：

禀道之性，本来清静。及生之后，渐染诸尘，障翳内心，迷失真道。六根者，一曰眼根，能见诸境。二曰耳根，能闻诸声。三曰意根，能生攀缘。四曰鼻根，能辨香臭。五曰舌根，能知诸味。六曰身根，能生诸恼。以此六种，生诸罪因，展转相生，障弊真性。喻如草木，结花吐实，相生不穷，寻其所起，不离六种，如根生物，名曰六根。五欲者，眼欲诸色，耳欲诸声，鼻欲诸香，口欲诸味，心生众欲。障弊五情，烦恼萦缠，皆由此起。内心悦慕，谓之爱。外境着心，谓之染。因境生心，谓之欲。制止不已，谓之奔。意想交侵，谓之竞。正性流散，随念生邪，以生邪故，乖失正本。[2]

杜光庭之思想与黎元兴、王玄览等的思想颇有相似之处，对于道性迷失的阐述亦有异曲同工之妙。人的本性是非常清净的，如同镜子一般，只有后天的各种污染才使得镜子之上蒙上了灰尘。作为后天而言，众生的眼、耳、鼻、舌、身、意六根攀缘，迷于外境，以虚妄为实相，从而造种种之业，真性因此被蒙蔽。杜光庭提出了五欲的概念，所有烦恼之起，皆是此因。对于虚妄的执迷为爱，对于外境的迷失是为染，因染而生的心为欲，对于

[1] 杜光庭：《道德真经广圣义序》，《道藏》第 14 册，文物出版社、上海书店、天津古籍出版社 1988 年联合出版，第 384 页。

[2] 杜光庭：《道德真经广圣义序》，《道藏》第 14 册，文物出版社、上海书店、天津古籍出版社 1988 年联合出版，第 385 页。

欲不能遏制则为奔，因欲望之故而生强取奸邪之念为竞，如此众生随邪念而起，不能自已，迷失正性。虽然众生都是被外境所牵而不生正念，但并非所有众生之间亦有区别：

> 人之生也，禀天地之灵，得清明冲饵之气为圣为贤，得浊滞烦昧之气为愚为贱。圣贤则神智广博，愚昧则性识昏蒙。由是有性分之不同也。老君谓孔子曰：易之生人及万物，鸟兽昆虫各有奇偶，谓气不同。而凡人莫知其情，唯达道德者能原其本焉。《文子》云："清气为天，浊气为地，和气为人。于和气之间有明有暗，故有贤有愚。愚欲希贤即越分矣，暗欲代明即妄求矣。此为窃性命之情而饕贵富。"[1]

杜光庭以禀气之不同，而有贤愚之分。禀气情薄者为圣贤，禀气浊厚者为愚贱。此处可以如此理解，如果把道比喻为一个镜子，镜子上蒙灰少的即是禀气清者，镜子上蒙灰尘多的即是禀气浊者。此禀气之论是从后天来讲，从先天而论，二者并不什么不同。杜光庭以"性分"不同来为二者作区分，此处是借郭象之义，从魏晋玄学所衍生而来，"《庄子》之大意，在乎逍遥游放，无为而自得。故极小大之致以明性分之适"[2]。郭象所讲之性分显然在于表明众生后天之差异性，这种后天的差异是出生以后就有的。虽然众生均禀道而生，但是出生之后这种后天的差异性是客观存在的，而且就此一生而言，想要二者归于一致似乎是不可能的。"性分"意味着众生要各自在自己禀赋的基础之上去发挥自己，而不要做超过于自己"性分"之外的事情。杜光庭所表达之思想亦是同于此义，一切众生之所以会有各种各样的区别，其根本原因在于气的不同。天之气为清气，地之气为浊气，

[1] 杜光庭：《道德真经广圣义序》，《道藏》第 14 册，文物出版社、上海书店、天津古籍出版社 1988 年联合出版，第 352 页。

[2] （晋）郭象注，成玄英疏，曹础基、黄兰发点校：《南华真经注疏》，中华书局，1998，第 1 页。

人在天地之间，自然有清气亦有浊气，人有贤愚之别即是因为禀清浊之气不同的原因。愚笨者欲求于圣人分，想要以浊气之质而成清气之质，这实际是一种妄念、妄想，已经超越了自己的性分。

杜光庭以“性分”来归约众生，并不是对众生的一种限制，而是让众生认识到自己的根器，从而选择更适合自己的方法来修行，而不是做一些不适合自己的事情：

> 性识有限而羡望聪明，是为越分，名之为欲。又修道之士初阶之时，愿行未周，澄炼未熟，畏见可欲，为境所牵，乃栖隐山林，以避嚣杂。及心泰志定，境不能诱，终日指挥，未始不晏如也。所谓小隐于山，大隐于崖。未能绝欲，恐境所牵，仍栖遁山林，以避所见。及其澄心息虑，想念正真，外无挠惑之缘，内保恬和之志，虽营营朝市，名利不关其心；碌碌世途，是非不介其意。混迹城市，何损于修真乎？[1]

杜光庭区分了“小隐”与“大隐”之间的区别，但并不是说“大隐”就一定比“小隐”高明多少。在吾人修行之初，定力很弱，遇境即动心，心常为境界所转，不能自主。在这种情况之下，其实最好的方法就是断绝外缘，隐居于山野之间，修习定力，以让心智稳定。及至定力稍强，心能不被外界之境所牵，如此在市井之间，正好可以历境以练心，这就是所谓“大隐隐于世”。两者之间并无优劣之区别，只是修行者在不同时间段，不同阶段的一个适合自己“性分”的选择。就最终而言，无论是修心还是修身，其最终目的都是为了成仙了道。“理身则德充人服，道契神明，享寿长生，其私大矣，亦由其不以徇私逐欲，成此大私矣”[2]，修养身心可以长寿，可

[1] 杜光庭：《道德真经广圣义序》，《道藏》第 14 册，文物出版社、上海书店、天津古籍出版社 1988 年联合出版，第 325 页。

[2] 杜光庭：《道德真经广圣义序》，《道藏》第 14 册，文物出版社、上海书店、天津古籍出版社 1988 年联合出版，第 360 页。

以成仙。《道德真经广圣义》中又有："理身者，功务及物，柔以制性，处浊顺俗，委迹谦光，则神仙可冀矣。"[1] 可见杜光庭所提倡的，乃是专心修仙，早日成就。修道的最高境界也就是重玄之境，内外兼忘，归无所得。能够到达重玄境界的人，也就是圣人、仙人。杜光庭把达道重玄境界的人分为多个层次，大约有五种。第一种即是"得道之圣"，太上老君即属此列。第二种即是"有天下之位兼得仙之圣"[2]，"伏羲、黄帝、羲、黄帝、颛顼、少昊、尧、舜"，[3] 均是在此之列。第三种即是"有天下之位而无得仙之圣"[4]，殷商之汤文王、周文王、周武王即在此列。第四种即是"博瞻之圣"，周公、孔子即在此列。第五种即是"独长之圣"，即是"伯牙、师文为鼓琴之圣，子卿、绥明能巷之圣，钟期、延州知音之圣，韩娥、秦青枢谓之圣，龚叔、文挚智洞之圣，离朱、师旷视听之圣，张芝、钟丝草书之圣"[5]。杜光庭所列之圣与仙，并非是脱离现实世界的存在，他们在现实世界亦有许多人有建功立业，可见他所推崇的还是内圣外王之道。

四、"无为之道"之治国论

杜光庭在《道德真经广圣义》中有"事国之理，莫大于无事无为"，这也是杜光庭治国理论之核心。他在老庄的基础之上，进一步解释如何才是无为：

[1] 杜光庭：《道德真经广圣义序》，《道藏》第 14 册，文物出版社、上海书店、天津古籍出版社 1988 年联合出版，第 362 页。
[2] 杜光庭：《道德真经广圣义序》，《道藏》第 14 册，文物出版社、上海书店、天津古籍出版社 1988 年联合出版，第 348 页。
[3] 杜光庭：《道德真经广圣义序》，《道藏》第 14 册，文物出版社、上海书店、天津古籍出版社 1988 年联合出版，第 348 页。
[4] 杜光庭：《道德真经广圣义序》，《道藏》第 14 册，文物出版社、上海书店、天津古籍出版社 1988 年联合出版，第 348 页。
[5] 杜光庭：《道德真经广圣义序》，《道藏》第 14 册，文物出版社、上海书店、天津古籍出版社 1988 年联合出版，第 348 页。

无为之理，其大矣哉。无为者，非谓引而不来，推而不去，迫而不应，感而不动，坚滞而不流，卷握而不散也。谓其私志不入公道，嗜欲不枉正术，循理而举事，因资而立功，事成而身不伐，功立而名不有。若夫水用船，砂用赫，泥用橇，山用挥，夏读冬波，因高而田，因下而池，故非吾所谓为也，乃无为矣。圣人之无为也，因循任下，责成不劳，谋无失策，举无遗事，言为文章，行为表则，进退应时，动静循理，美丑不好僧，赏罚不喜怒，名各自命，类各自用，事由自然，莫出于己，顺天之时，随地之性，因人之心，是则群臣辐揍，贤与不肖各尽其用。君得所以制臣，臣得所以事君。此理国无为之道也。[1]

杜光庭所指称的无为，并不是在世间任何事情都不作。而是指私不可以扰乱公，邪不可胜正，因循事物之理而成事，酌情而定赏罚之制度，虽治国有功而不居。治国之无为之道德关键就在于能够让万事万物各顺其性，“贤与不肖各尽其用”[2]，如此，才能够保证上层统治阶级的稳定与下层社会的和谐共荣。治理国家其实通修身是一个道理，身如果修的好，治理国家自然是没有什么问题，治理国家之道亦同于修身之道：

理天下之圣，垂衣裳恭己南面而已矣。何为哉？所谓处无为之事也，原天地之美，达万物之理，顺四时之行，君无为于上，物自化于下，可谓行不言之教也。理国如此，则人安其居，乐其俗，与道合矣。[3]

[1] 杜光庭：《道德真经广圣义序》，《道藏》第 14 册，文物出版社、上海书店、天津古籍出版社 1988 年联合出版，第 354 页。

[2] 杜光庭：《道德真经广圣义序》，《道藏》第 14 册，文物出版社、上海书店、天津古籍出版社 1988 年联合出版，第 815 页。

[3] 杜光庭：《道德真经广圣义序》，《道藏》第 14 册，文物出版社、上海书店、天津古籍出版社 1988 年联合出版，第 348 页。

治理国家的圣人，哪里又需要什么繁复的规则，只是需要端庄的坐在朝廷的王位上就可以了，这即是杜光庭“无为之道”的治国理论的最好的诠释。孔子在《论语》中亦有类似的叙述，“无为而治者其舜也与？夫何为哉？恭己正南面而已矣”[1]。其身能正，则万民无不归化之。因君主在上，其德行能合于道，上行而下效仿之，其下者亦被其德行所感化，国家自然可以理顺。杜光庭认为治理国家同修身是一如的：

人君理国，当法天行化，任物无为，众庶熙熙，自臻平泰。理身无劳心役虑之事，无矜名徇欲之功，神安于中，气和于内，如此则国祚长远，身寿遐延。亦如天地无私，乃能长久也。[2]

治理国家应当效仿于道，对百姓不加以任何的干预，百姓自会趋于安平和泰的境地。修养身心不需要以心来思虑过重，不要去追求一些本不属于自己的功名，神安气足，则自然可以长远。治理国家亦是如此，如同天地一样无私，才能实现长治久安之道。对于君主的要求，杜光庭提出了“无欲”为本。《道德真经广圣义》中解释《道德经》“我无欲而民自朴”[3]之义，有言“人君无欲于物，物遂其宜，无欲安民，民自朴素，此自然之理也”。[4]君主只有对于外物没有贪求与控制的欲望，万物各按照自己的本性来发展，万物就可以各得其正性。不要把过多的欲望凌驾于百姓之上，百姓之民风自然就朴素。杜光庭关于君主无欲之论，亦有提出其他的思想：

[1]（宋）朱熹：《四书章句集注》，中华书局，1983，第162页。

[2] 杜光庭：《道德真经广圣义序》，《道藏》第14册，文物出版社、上海书店、天津古籍出版社1988年联合出版，第360页。

[3] 杜光庭：《道德真经广圣义序》，《道藏》第14册，文物出版社、上海书店、天津古籍出版社1988年联合出版，第222页。

[4] 杜光庭：《道德真经广圣义序》，《道藏》第14册，文物出版社、上海书店、天津古籍出版社1988年联合出版，第519页。

夫理国之无为者，不滞于有作，则三时不夺，万姓不劳，垂拱握图，超然宴处矣。无事者不勤力役，不务军功，无瑶台琼室之华，无阿房虎祁之丽，则卑宫茅宇，人力存矣。无味者不酣于酒，不味于珍，飞走遂其生，水陆全其命，菲食自安矣。忘言者正身化下，言令不烦，澹尔无营，兆人自化。如此则符于无为之道也。[1]

君主如果想要治理国家，就要摒除过多的物欲，尽可能的减少百姓的徭役，尽可能地减少军用的耗损，让百姓能够安居乐业，又不至于耽着于美食华居。这即是杜光庭对于君主治理国家的要求。除却无欲之外，杜光庭更是提倡君主“后身外身”之道：

理国不矜贵以有为，不劳人以自奉，所谓后身外身也。太古之君，志包天地，泽及天下，而不知其谁氏，其生无爵，不有其位也，其死无谥，不多其功也。其实不聚，其名不立，天下乐推，万物欣戴，可谓后身而身先，外身而身存也。代之衰也，其君则不然。恣身之欲而役于人，殚人之力以奉其己，人劳政弊，天下去之。此所谓失外身后身之道也。岂若碎琥珀之枕，焚雉头之裘、罢一台之费、却千里之马，德垂当代，名光竹帛乎？修身之士不嗜荣爵，外其身也，不为躁进，后其身也。如此，则身存而德充，德充则人服，可谓身先身存矣。[2]

治理国家的君主不应吝啬自己的付出，不应以自己尊贵而自矜，不应让别人一直劳累，应该忘记自己君主的身份。譬如上古之君主，志在天下而可以泽及万物，在世之时无名、无位、无爵，死后也没有谥号。但却受

[1] 杜光庭：《道德真经广圣义序》，《道藏》第 14 册，文物出版社、上海书店、天津古籍出版社 1988 年联合出版，第 532 页。

[2] 杜光庭：《道德真经广圣义序》，《道藏》第 14 册，文物出版社、上海书店、天津古籍出版社 1988 年联合出版，第 360 页。

到后人的爱戴，天下的推崇，其精神得以长存。至于后来之君主，德性衰落。因自身一己之私欲而驱役百姓为其劳作，通过不断的压榨百姓以奉养自己，最后的结局只能是百姓疲惫不堪政事不行。只有真正不贪求爵位俸禄，不冒进、充实德行，才能治理好国家。杜光庭所提出的无为治国的方针亦是以“道”与“德”为根本：

> “生民者，国之本也。无为者，道之化也。以无为之化，爱育于人，国本固矣。政虐而苛，则为暴也赋重役烦，则伤性也使之不以时，则妨农也不务俭约，则贱谷也。此教以理国也。为君之体，以道为基，以德为本，失道丧德，何以君临。”[1]

让百姓能够生生不息是治理国家之本，苛政重赋是不合理的，不仅仅耽误农时农忙，而且对百姓的安居造成了很大的影响。虽然说治理国家仍然是以君为本的，但君王必须合于道德的规约，如果丧失了这种道德的规约，便不是一个合格的君王，亦不可能治理好国家。所以，道与德才是治理国家的根本，而君王只是道德的代言人，道与德的载体。杜光庭这种以民为本的理念实际是继承了庄子。庄子在老子之思想“不可得而贵，亦不可得而贱”[2]的基础之上，又提出了“天地之养也一，登高不可以为长，居下不可以为短”。[3]在庄子的眼中，君王与民众都是一体的，同是生于天地之间，并没有高地贵贱的区别，君王也没有区别于民众的特权，“君独为万乘之主，以苦一国之民，以养耳目口鼻，夫神者不自许也”[4]。庄子在《人

[1] 杜光庭：《道德真经广圣义序》，《道藏》第 14 册，文物出版社、上海书店、天津古籍出版社 1988 年联合出版，第 367 页。

[2] 原题顾欢：《道德真经注疏》，《道藏》第 13 册，第 332 页。

[3] （晋）郭象注，成玄英疏，曹础基、黄兰发点校：《南华真经注疏》，中华书局，1998，第 471 页。

[4] （晋）郭象注，成玄英疏，曹础基、黄兰发点校：《南华真经注疏》，中华书局，1998，第 471 页。

世间》一篇中有:“与天为徒者，知天子之与己，皆天之所子”，[1] 其意思即是了道之人能通晓，无论是百姓也好，还是君王也罢，均是天之所生，平等一如。在自然面前，其实是人人生而平等的，假如认为君王是强于自己的，这种做法是非常违背自然规律的。庄子从众生平等的角度，驳斥了儒家的“维齐非齐”的观念，“以不平平，其平也不平以不征征，其征也不征”[2]。庄子对他所在的时代的问题，分析得非常透彻，庄子以腾猿趋利避害作为比如，来暗讽在乱世之中“士有道德不能行，惫也”[3]，“今处昏上乱相之间，而欲无惫，奚可得耶”[4]。既然道不可行，庄子即选择了隐退，庄子亦感慨这个世道，“知其不可奈何而安之若命”[5]。庄子虽然有隐居避世之意，但他对于芸芸众生，仍然有救助的念头，仍然有治世的热情。庄子在《天运篇》以及《庚桑楚篇》中，曾有提到“至人无亲”的观念，所谓至人即是“利泽施于万世，天下莫知也”[6]。“兼忘天下易，使天下兼忘我难”[7]，我能够治理国家，恩泽普及于百姓，百姓却不知我的存在，这也就是至仁的境界。庄子所提出的“六极五常”的思想亦是合于无为之道，“天有六极五常，帝王

[1]（晋）郭象注，成玄英疏，曹础基、黄兰发点校：《南华真经注疏》，中华书局，1998，第 80 页。

[2]（晋）郭象注，成玄英疏，曹础基、黄兰发点校：《南华真经注疏》，中华书局，1998，第 600 页。

[3]（晋）郭象注，成玄英疏，曹础基、黄兰发点校：《南华真经注疏》，中华书局，1998，第 395 页。

[4]（晋）郭象注，成玄英疏，曹础基、黄兰发点校：《南华真经注疏》，中华书局，1998，第 395 页。

[5]（晋）郭象注，成玄英疏，曹础基、黄兰发点校：《南华真经注疏》，中华书局，1998，第 86 页。

[6]（晋）郭象注，成玄英疏，曹础基、黄兰发点校：《南华真经注疏》，中华书局，1998，第 290 页。

[7]（晋）郭象注，成玄英疏，曹础基、黄兰发点校：《南华真经注疏》，中华书局，1998，第 289 页。

顺之则治,逆之则凶”[1]。庄子所提倡的治国思想,对杜光庭的影响非常之大。

杜光庭亦借“多言数穷”的修身之理，来进一步解释政令过多的危害：

多言多败，多事多害，言之多也。谓或不应，故有穷屈矣。理国多言，谓政令。政令多出，朝令夕改，则谓数穷也。理身多言，其失可知也。故一言之失，驷马不追，况多言之失，宁无辱乎？夫言者，离坚合异，反白为黑。防人之口，甚于防川，不可不慎也。不如默守中和，于国不烦其政令，于身不招其耻辱。受气希言，守德于中，行不言之教，斯为美善矣。[2]

此论亦是对《老子》的思想:“多言数穷，不如守中”[3]的进一步发挥。对于人而言，多言实属祸患，因言语实为荣辱之枢机。如行不能应言则属“穷屈”，政令繁多又经常性的撤销或者更改，此之谓“数穷”。言多者必失，失言则受辱，政令亦属如此。除却无为而治的理念之外，杜光庭亦不排斥礼乐之教化：

人生而静天之性者,《乐记》篇之词也。言性本清静,无欲无营,为物所感，因境生欲，感于外而动于内，得不慎其所感哉？故圣人制法以检其邪，制礼以检其乱，制刑以检其过，制乐以检其淫。以道制欲，所以教民之崇德务善也。[4]

[1] （晋）郭象注，成玄英疏，曹础基、黄兰发点校：《南华真经注疏》，中华书局，1998，第 287 页。

[2] 杜光庭：《道德真经广圣义序》，《道藏》第 14 册，文物出版社、上海书店、天津古籍出版社 1988 年联合出版，第 358 页。

[3] 王卡点校：《老子道德经河上公章句》，中华书局，1993，第 19 页。

[4] 王卡点校：《老子道德经河上公章句》，中华书局，1993，第 19 页。

杜光庭提出，通过制定法律来检视百姓之邪；通过制定礼俗来检视百姓之乱；通过制定刑法来检视百姓之过；通过制定音乐来检视百姓之淫。这些可以统称为“以道制欲”，是让百姓能够恢复本然之善。这似乎有些许“有为”的痕迹，但更是可以看出杜光庭兼收并蓄，不执于一端的包容态度。

五、杜光庭重玄思想的影响

杜光庭可以说是唐末五代时期最著名之道教学者，终其一生，都以弘道为其人生目标，他以道教的核心理论整合与总结了道教的理论，其思想融汇诸道派，兼摄儒、释、道三家，为后学提供了极具价值的思想理论。

其一，杜光庭之思想对于三教融合有着重要的意义。历来注解老庄之人就不只有道门之徒，儒佛两家亦曾对《老子》有注解，杜光庭对此做了总结与梳理。杜光庭立论的基础还是在于老庄思想，他亦借助佛教与儒家的思想，来充实自己的理论体系。他打破了儒释道之间的门户之见，统合三教之学来发挥重玄之义，但其底层逻辑仍然是重玄思维。这种三教思想的融合，对以后学者治学理路有很大的影响，使得他们能够打开思维，摒除门户之见，通过取长补短来不断完善自身的理论体系。

其二，杜光庭之思想对于后世道教理论有着积极的影响。《道德真经广圣义》可以说是一部里程碑式的著作，把道教之老学研究推向了新的阶段。通过对之前重玄学者的总结，杜光庭对以往重玄学者一味追求超脱境界的缺陷有所避免，他既非常注重思辨性理论的架构，也十分看重实际人生与社会的种种问题。与此同时，他希望通过对于心性问题的研究，让道教之修真理论，回归于“形神俱妙”之境界。他也希望道教理论不仅仅解决个人的修身问题，更进一步达到拯救乱世中的百姓，与治理国家的目的。在对之前重玄学总结的基础之上，杜光庭提出了“无执无滞”的重玄学理论体系，相较之前更加简洁明了。他的修养理论囊括身心，提出“修身即修心”

的理论，这种思想亦推动了内丹学的发展，即为宋元之内丹心性之学提供了可以借鉴了理论与实践体系。更为重要的是，杜光庭之理论一方面为统治者推崇道教提供了可以借鉴的理论依据，另一方面使得道教从贵族学问而走向民间铺垫了基础。

第八章　巴蜀重玄学的价值与影响

作为道教的主要发源地之一，巴蜀地区一直以来都是道教及道教思想不断酝酿发展的核心区域。在道教整个的发展历程中，巴蜀文化发挥着非常重要的作用。“历代著名的道士和道教学者的数量，更是非常众多，不胜枚举。”[1] 这一深厚的历史底蕴和社会基础，也为唐代重玄学在巴蜀地区发扬光大提供了肥沃的土壤。特别是随着李荣、黎元兴、王玄览、张君相、文如海、杜光庭等蜀中道教学者“以重玄释老”，巴蜀地区凝聚了一大批致力于重玄学研究的道教人物，他们不断著书立说，阐精发微，成为推动唐代重玄学蓬勃发展的重要力量。正如蒙文通指出的：“‘重玄’一派……盛于唐初，天宝以后，流风余韵犹存蜀中……”[2]

更为重要的是，作为蜀学的重要内容，唐代巴蜀重玄学不仅为蜀学的发展壮大做出了突出的贡献，同时也为唐代及后世道教的发展，乃至儒、释、道三家思想的融汇奠定了深厚的理论基础，在中国哲学思想史上有着十分重要的地位。从重玄学开始，道教思想逐渐摆脱了原来单纯采药炼丹的修仙路径，开始转向心境上去追求精神超越，这对后来的道教性命双修之道与道教内丹提供了非常丰厚的理论基础，对之后道教的转型提供了很好的思路。同时，随着唐宋以降儒释道的进一步融合，中国传统哲学也从魏晋玄学之风中解脱出来，尤其是“重玄学”对于“理”“性”等概念的阐发，也为宋明理学的发展埋下了伏笔，成为沟通魏晋玄学与宋明理学的重要桥梁。

[1] 卿希泰：《道教在巴蜀初探（上）》，《社会科学研究》2004 年第 3 期。

[2] 蒙文通：《蒙文通文集》第六卷，《道书辑校十种》，巴蜀书社，2001，第 367 页。

第一节　蜀学与巴蜀重玄学

巴蜀地区独特的地理环境和人文环境，孕育了巴蜀迥异于中原地区的文化系统——蜀学，并在每个时段表现出不同的特色，两汉时期即有“文章冠天下”之称。其后蜀中人才不绝如缕，在经学、文学、史学，以及儒释道等诸多领域都有很大的贡献，成为中华文化的一个重要组成部分。

特别是魏晋隋唐之后，在统治阶层“三教并举”的文化政策下，随着儒释道的论争与融合，巴蜀地区凭借开放包容的文化氛围，汇集了李荣、黎元兴、王玄览、杜光庭、张君相、文如海等一大批道教学者。不仅促进了道教理论的更新与发展，也为唐代蜀学的繁荣提供了新的方向和内容。更为重要的是，作为唐代蜀学的重要代表，巴蜀重玄学在推动道教理论发生转变的同时，也对后世学术发展产生了十分深远的影响。

一、蜀学的概念与内涵

（一）蜀学的概念

在以往的学术研究中，对蜀学的定义有广义与狭义之分。狭义的蜀学一般指北宋时期由“三苏”所开创，由张耒、秦观、黄庭坚、晁补之等为羽翼的学术思想与流派。由于“三苏”皆为蜀人，故称其引领的学术派别为苏氏“蜀学”，与当时程颢、程颐之“洛学”，王安石之“新学”、司马光之“朔学”等学术派别相呼应。

但是从广义而言，蜀学乃是指巴蜀地区之文化，本文所指蜀学主要是广义上的蜀学。从整体发展历程来看，蜀学可以说虽然受到了中原文化的影响，但其自身仍然成为一个学术传承与体系，有着别于其他地方的特色。巴蜀地区地处西南，因为相对偏远封闭的地理格局，文化也自成一体，形成了迥异于中原地区的文化体系。特别是在漫长的历史长河中形成了较为宽松的文化环境和开放包容的文化性格，儒、释、道等学说都曾在巴蜀地区盛行，这也使得根植于巴蜀文化的蜀学能够糅杂儒释道等多家理论而独具特色。

清末，由成都尊经书院刊印的蜀学学案《蜀学编》，本着“绍先哲，起儒学”的宗旨，可以说编汇了从汉代以来的所有川中儒者，亦凸显了巴蜀地区的治学特色。这部蜀学学案是历史上首次对传统蜀学的发展进行系统整理，但仍局限于传统儒家学说的范畴。近代关于蜀学的论述，则主要有谢无量的《蜀学原始论》、刘成忻的《蜀学论》和蒙文通的《议蜀学》等，对蜀学之中儒释道等诸多内容的认识更加全面深刻，可谓开近代以来蜀学综合研究之先河。特别是20世纪初以来，随着“蜀学研讨会”等一系列相关学术活动的举办，作为中国学术文化史的一个重要分支学科，学界对于蜀学和巴蜀文化的研究日渐深入和全面。

（二）蜀学的内涵与特色

揆诸事实，我们不难发现，作为中华文化的重要源头之一，巴蜀文化一直是与中原文化并驾齐驱的重要文化体系。除了独具巴蜀色彩的“三皇五帝”信仰外，许多历史文献中曾有记载古巴蜀君臣之事，可以说建立起了一种别具一格的古史体系。此外，三星堆和金沙等遗址出土的青铜器、陶器等，凭借精湛的工艺技术和深厚的文化内涵，进一步证明巴蜀地区无论在人文领域还是工艺技术领域，都有着深厚的根基和积淀。

纵览中国学术史，巴蜀更是人才辈出，硕果累累。不仅有“易学在蜀”“麟经在蜀”之说，在文学、史学等诸多领域，巴蜀地区同样有着重要的贡献。汉景帝末年，文翁在成都修建学宫，将儒家“七经”引入蜀中，史称蜀人“学于京师者比齐鲁焉”[1]，由此开启了两汉蜀学。五代时期，刻于文翁石室的“蜀石经”，更是首次将儒家“十三经”全部汇集一堂。这部石经近二十万言，是历代石经中历时最长、规模最大的一种，对此后儒学“十三经”的正式定型，以及对儒家经典“文献典范”的形成都

[1]（汉）班固，（唐）颜师古注：《汉书》，中华书局，1962，第3626页。

有极重要的影响，被宋人吕陶、席益等称赞为“冠天下而垂无穷”的创举。此外，文学领域有司马相如、王褒、扬雄“汉赋三家”，史称“文章冠天下”（《汉书地理志》），同时还有陈子昂、李白，以及“三苏”等众多文坛巨擘。史学则有扬雄之著作《续史记》、陈寿之著作《三国志》、常璩之著作《华阳国志》、孙光宪之著作《北梦琐言》、张唐英之著作《蜀杌》，以及范祖禹之著作《唐鉴》等。可谓名家大师，代有其人。

值得关注的是，除了传统儒学之外，“重道贵老”则是蜀学的又一重要传统。作为道教的主要发源地之一，巴蜀地区凭借独具特色的地理环境和文化信仰，在道教及道教思想酝酿和发展的过程中，更是发挥了重要的作用。历史上，巴蜀地区出现了众多的道教宫观、石刻，以及道士学者，对道教的发展来说推波助澜、引领风气之功匪浅。所以说，巴蜀不只是“制度道教”的发源地之一，同样是后世中道教发展最为兴盛的地区之一。

早在先秦时候，巴蜀地区的宗教信仰就非常浓厚，这里亦盛行鬼神崇拜，这种文化融入了巴蜀的方方面面，可以说是巴蜀文化的特色之一。许多文献对于巴蜀古史的记载，也充斥着神仙家的味道。这一崇拜鬼神巫术的文化传统，在巴蜀地区产生了深刻的影响，对于汉代道教的起源、形成和传播奠定了广泛的思想和社会基础。对于道教与巴蜀的渊源，卿希泰先生曾有专论，分别从文化、地域、政治等方面对道教在巴蜀进行了论述。[1]巴蜀地区原始的昆仑仙山、长生不死、肉体升天以及诸神灵等思想，为道教的产生和发展提供了重要的思想文化来源，为道教神系理论的形成奠定了基础；早期道教五斗米道发源于四川大邑鹤鸣山，则与当时蜀地的地域文化不无关系；张鲁政权与李特成汉政权的存在，更是道教政治实践的重要内容。

与此同时，早在先秦的时候，巴蜀地区就深受道家思想影响。“巴俗事道，尤重老子之术。”[2] 对于巴蜀地区来说，道家文化原本是一种次生文化。

[1] 卿希泰：《道教在巴蜀初探（上）》，《社会科学研究》2004 年第 5 期。

[2]（宋）郑樵：《通志》，文渊阁《四库全书》第 379 册，台湾商务印书馆，第 416 页。

两汉时期，随着黄老思想在巴蜀地区的流传，道家著作中富含宗教色彩的巫术和方术传统，同巴蜀地区文化信仰中的巫鬼神仙之术相契合，道家哲学也随之在巴蜀地区找到了新的生长土壤。从严君平开始，巴蜀地区就形成了研治老子的传统，在谶纬神学盛行的东汉时期，老子也逐渐开始被神话。在“重道贵老”的传统下，巴蜀地区老子道家思想同方术神仙家的结合，为道教的产生提供了重要的文化根基。张陵在鹤鸣山创立道教，以宗教思想解读老子思想，其所著《老子想尔注》更是以老子为教主，但这其实是巴蜀文化之产物，将老子之理论与神仙家之思想糅合而成为一种新的思想。在此以后，老子逐渐走向宗教化，被尊为太上老君，被后期道教所信奉。

此外，自佛教传入中国之后，两晋时期佛教已经在巴蜀地区广为流传，至唐宋时期已经发展至极盛。就《高僧传》所记载，与巴蜀有缘之高僧有 43 位。在这其中，在正传列有传记者有 28 人，传记提及之人有 15 人。而且，诸多佛教教派在巴蜀地区都有很大的影响，“伴随域外高僧的相继入蜀，东晋时期巴蜀佛教义学已经有了较好的开展。”[1] 苏轼在《大圣慈寺大悲圆通记》中记载道：“成都，西南大都会也，佛事最胜。”[2] 他还在《宝月大师塔铭》中说：“惟庆为成都僧统，所治万余人。”[3] 也从另一个侧面展示了巴蜀地区佛事的繁盛。

由此可见，根植于巴蜀文化的蜀学，是历经数千年积累和发展的庞大学术体系。随着儒释道诸家学说在巴蜀地区的兴盛，巴蜀文化不仅兼收并摄儒、释、道三家学说，同时在经学发达、重道贵老的传统下，也形成了自身独具特色的文化系统，为儒释道在巴蜀地区的融合发展提供了保障。

[1] 段玉明：《晋唐巴蜀佛教义学述论》，《世界宗教研究》2011 年第 3 期。
[2]（宋）苏轼：《东坡全集》，文渊阁《四库全书》第 1108 册，台湾商务印书馆，第 533 页。
[3]（宋）苏轼：《东坡全集》，文渊阁《四库全书》第 1108 册，台湾商务印书馆，第 436 页。

二、唐代巴蜀重玄学是蜀学的重要内容

"'蜀学'作为中华学术的重要组成部分，曾经历了先秦孕育、两汉初盛、魏晋南北朝持续发展、隋唐五代异军突起、两宋高峰、元明清相对低迷、晚清民国极盛等七个发展阶段。"[1] 尤其是隋唐，巴蜀地区的佛、道二教之发展超过了儒学，儒学处于式微之势。《四川通志》所记载儒家人物，基本是寥寥无几。[2] 而缘起汉末兴盛于隋唐的道教，则填补了这一时期巴蜀儒学缺失的空白，特别是随着唐代巴蜀重玄学的发展，构成了蜀学在唐代的一大特色，也为后世蜀学的发展奠定了深厚的基础。

这一时期的巴蜀地区道教发展迅速，主要表现在其信徒快速增加，道观林立，道教石刻与道教经籍也属于大量增加的态势，同时对于《老子》之解读的著作也在大量出现。如此，隋唐时期巴蜀地区道教的繁盛，集中体现在道教理论体系的进步与发展。尤其是以研治《老子》为途径，对道教重玄思想的进一步拓展，成为唐代蜀学的一大特色。

（一）巴蜀重玄学丰富了巴蜀哲学思想

哲学是时代精神的精华。就巴蜀地区现有的文献资料而言，巴蜀哲学思想中最早留下完整著述的人，应属严君平。严君平著《老子指归》阐发老子思想，可以说是道教从先秦道家时期至魏晋玄学时期转化的重要中间环节。其弟子扬雄模仿《周易》《论语》，著《太玄》《法言》，不囿于今古文经学、谶纬神学，建构起了以"玄"为本、调和儒道的哲学体系。两者合力推开了魏晋玄学的大门，为唐朝重玄学的发展奠定了深厚的基础。学者王德有先生在《严遵与王充、王弼、郭象之学源流》中也曾指出王充、

[1] 舒大刚:《蜀学的流变及其基本特征》,《江苏科技大学学报》(社会科学版)2017年第3期。

[2] 参见舒大刚:《巴蜀文献》第4辑,《四川大学出版社》,2018年第5期。

王弼与郭象的思想均源自严君平。[1]可见严君平、扬雄师徒二人，儒、道相兼，不仅成为魏晋玄学之先河，同时也是巴蜀重玄学之源，为唐代巴蜀地区的重玄之风奠定了深厚的学术传统。在隋唐时期，道教哲学理论的进步与发展，是巴蜀道教兴盛的主要表现与特点。巴蜀地区经历两汉之学后，巴蜀哲学在隋唐时期进入了一个新的发展阶段，佛道之学与儒学鼎足而立。汉代学者严君平、扬雄等所开辟的治学理路，以及研治《老子》的哲学传统，成为隋唐时期巴蜀道教学者理论创新的重要根源，并贯穿于后世蜀学的各个时段。

更为重要的是，随着道教"重玄学"在巴蜀地区的兴盛，在巴蜀地区汇集了一大批道教学者，谈玄论道，在拓展道教义理的同时，也为巴蜀哲学的发展做出了重要的贡献，为巴蜀哲学奠定了融汇三教的思辨传统。杜光庭在总结唐代注《老》之学的时候，一共统计有 29 家。在这其中巴蜀地区一共有 6 家之多，最出名的学者应属王玄览与李荣。对于李荣而言，其思想与成玄英有诸多相似的地方，其思想侧重于讨论修炼得道的可能性问题。这种观念进一步发展，在宋元时代，道教内丹学说逐渐趋于成熟，其特点即是性命双修。可以这样说，"重玄学"即是道教理论发展中一个重要的枢纽，起了承上启下之重要作用，这即是传统的道教从重视肉体的永存而转向了性命双修之内丹理论。在此转变的过程中，巴蜀重玄学起到了重大的作用。

因此，"重玄学"尤其是巴蜀重玄学，无论是从地域还是人员来说，都深受蜀学影响，是蜀学的一个重要组成部分。尤其是巴蜀文化中儒释道交流融合的文化氛围，以及严君平、扬雄等人开创的思辨传统，都为巴蜀重玄学的兴盛奠定了深厚的基础。经由魏晋玄学之后，这一思辨传统在"重玄学"思潮的影响下，进一步朝着三教融合的方向深入发展，在推动道教理论哲学化、思辨化的同时，也进一步丰富了巴蜀哲学的内涵。也正因如此，

[1] 详见王德有：《严遵与王充、王弼、郭象之学源流》，载于陈鼓应主编《道教文化研究》第四辑，上海古籍出版社，1994，第 222-231 页。

巴蜀哲学因其地域性文化的特色和丰富多样的个性，与中国哲学各个发展阶段的时代思潮相联系。而且更以其独特的地域文化影响着中华文化的演进方向，是中国哲学乃至整个中华文化的重要组成成分。

（二）巴蜀重玄学为蜀学开辟了新的内容与方向

在经历魏晋南北朝时期的分化整合，道教在隋唐有了很大的发展，焕发出新的活力和生机。最为显著的特征就是重玄学思潮的盛行，道教义理臻于成熟，呈现出哲理化、思辨化的趋势。而巴蜀地区作为制度道教起源地和道教文化的繁盛之区，在这一过程中发挥了重要作用，进一步促进了蜀学中儒释道的融合，为后世蜀学的发展开辟了新的内容与方向。

一方面，重玄思想与传统道教的终极目标——炼形固体、长生不老之间的终极矛盾，不断催生着道教理论发生新的裂变。另一方面，儒、释、道之间的融合也进一步催生出蜀学新的特色，尤其是汇通诸家的哲理思辨传统成为蜀学的重要特征，对北宋苏氏蜀学的诞生意义匪浅。也正因如此，苏氏之学才会被朱熹认为是“学儒之失”而流于异端的“杂学”。

而这恰恰又是蜀学最为重要的特色。可以说，隋唐时代政权上的统一，为巴蜀文化的发展提供了非常有利的条件。也正因为如此，在佛道、诗文以及印刷等领域，巴蜀文化均有不俗的成绩。[1] 正是巴蜀文化开放包容的风格，造就了唐代重玄学在巴蜀地区的兴盛，也为唐代蜀学注入了新的内容，为后世蜀学的发展开创风气、树立传统。

第二节　巴蜀重玄学的价值与影响

兴起于唐初的重玄学，在道教史和中国哲学思想史上，都有极其重要的意义。在成玄英、李荣等学者的努力下，道教理论通过吸收佛教中观论

[1] 参见舒大刚：《蜀学的流变及其基本特征》，《江苏科技大学学报》（社会科学版）2017 年第 3 期。

等思想，逐渐摆脱了早期炼形固体的外丹学，通过“物我兼忘”的心性追求，实现了神仙道教向心性道教的转变。而巴蜀地区作为唐代重玄学的重镇，更是聚集了黎元兴、李荣、王玄览、张君相、文如海、杜光庭等众多道教学者，在高宗后期承接唐代重玄学旗帜的同时，不断为重玄学注入新的血液，实现了唐代重玄思想从道体论向道性论的飞跃，为唐代重玄学的繁荣壮大乃至道教的发展都做出了重要的贡献。

在形神问题上，道教学者关注的重心逐渐由“形”转到“神”，开始从精神层面追求超越。隋唐以前以炼形固体为主的道教思想，也在这一时期发生了深刻的变化。可以说，从道体论到道性论，唐代重玄学对道教义理的创造性阐发，隐含着道教理论体系的重要转折。这一转变，不仅提升了道教哲学的精神境界，也成为道教性命双修和内丹学的先导，其心性理论以及“理”“性”等概念，也为宋明儒学提供了可资借鉴的思想资源。而巴蜀地区作为唐代重玄学重镇，巴蜀重学者对唐代重玄学理论的成熟与完善来说，发挥了重要的作用，同时也为唐代蜀学的发展提供了新的内容和方向。

一、对唐代重玄学的丰富与完善

唐代，道教一度被视为国教。在统治阶层的推动下，一大批知识精英开始对道教理论进行阐发，由此开启了道教思想史上重玄学逐渐兴盛的新阶段。在魏晋玄学的基础上，唐初重玄学建立起了有无双遣的“重玄之道”，借以排解魏晋士人有无相对、名教与自然相对立的困惑。

唐代重玄学早期代表人物成玄英吸收老庄及佛教思想，将道教道体论提升到了新的高度。在他看来，“道”作为世间万物的本体，既不是有，也不是无，所以不可执滞。

“言至道之为物也，不有而有，虽有不有；不无而无，虽无不无。有无不定，故言恍惚。”[1]

“常道者，不可以名言辨，不可以心虑知，妙绝希夷，理穷恍惚。故知言象之表，方契凝常，可道可说，非常道也。”[2]

在成玄英这里，“道”非有非无，是不可以名言辩的，然而“道”依然与主体处于对立的局面。“成玄英由精深的道体论所引发出来的，却是对人生孤苦的更深刻的觉悟，重玄解脱成了派遣人生孤苦的唯一出路。”[3] 为了解决这一问题，道体论也就必然要向道性论转变，而道性论的阐发则是由巴蜀学者来完成的。

之后，高宗年间的李荣在成玄英道体论的基础上，进一步提出了清虚自然的道体之说，旨在寻找现实世界背后更为深刻的本质，这一努力的最大成果就是进一步将唐代重玄学的研究旨趣向道性论推进。几乎与李荣同一时期，蜀中学者黎元兴、方惠长的《海空经》则明确提出了道性论，将重玄学推进到了新的阶段。在《海空论》中，黎元兴融合儒、佛二教，提出了独具特色的道性说，并进一步探讨了道姓与众生性的问题。

“一切六道四生业性，始有识神，皆悉淳善。唯一不杂，与道同体。依道而行，行住起卧，语默食息，皆合真理。如鱼在水，始生之初，便习江湖，不假教令。亦如玉质本白，黛色本青，火性本冷，不关习学，理分自然。一切众生识神之初，亦复如是，禀乎自然，自应道性，无有差异。”[4]

“众生道性不一不二，究竟平等，犹如虚空，一切众生同共

[1] 蒙文通：《蒙文通文集》第六卷，《道书辑校十种》，巴蜀书社，2001，第417-418页。

[2] 蒙文通：《蒙文通文集》第六卷，《道书辑校十种》，巴蜀书社，2001，第375-376页。

[3] 卢国龙：《中国重玄学》，人民大学出版社，1993，第284页。

[4] 《太上一乘海空智藏经》，《道藏》第1册，天津古籍出版社，1988，第615页。

有之。”[1]

同时，黎元兴还广泛吸收了佛教众生平等的思想来构建自己的道性论体系，以此来说明一切众生皆有道性。并取用佛教六根之说，解答了众生如何背离道性以及如何修持的问题。随后，在黎元兴《海空经》的基础上，王玄览在所著《玄珠录》一书中进一步援佛入道，系统阐发了“道”与万物、与众生的关系，使唐代重玄学道性论体系渐趋完善。

“综观重玄学的历史发展，盖自道体论而道性论，而心性论，这一历史发展，在王玄览的《玄珠录》中基本完成。”[2] 道性论可以说是道体论的升华，更为直接地回答了众生如何修持的问题，为重玄学人性论和修养论提供了更加充分的理论依据。李荣、黎元兴、王玄览等人援佛入道的道教理论，是道教发展到重玄学阶段的一个重要转折，彻底将重玄学的讨论的重点由道体论转向了道性论，不仅丰富了道教思想体系，也标志着唐代巴蜀地区道教思想的形成，带有浓厚的地域色彩。正是在巴蜀重玄学者的努力下，唐代重玄学才逐渐冲出了道体论的桎梏，由道体论而道性论，而心性论，推动了整个唐代道教思想体系的发展与转变。

二、推动道教理论由外丹向内丹转变

“早期道教以元气宇宙论为理论构建，最看重‘生’与‘身’。”[3] 特别是在隋唐之前，炼形固体的外丹学一直是道教理论的主流。直至隋炀帝时期，还不惜花费巨资招揽道士烧炼金丹，企图通过服食仙药达到长生不老的目的。唐初，随着重玄学的兴盛，尤其是随着道体论向道性论和心性论的转变，为道教在炼形固体的外丹学之外开辟了一条新的修持路径，由此开启了道

[1] 《太上一乘海空智藏经》，《道藏》第 1 册，天津古籍出版社，1988，第 621 页。
[2] 卢国龙：《中国重玄学》，人民大学出版社，1993，第 285 页。
[3] 冯达文，郭齐勇：《新编中国哲学史》，人民出版社，2015，第 390 页。

教理论由外丹学向性命双修和内丹学的转变。

李荣、黎元兴等人的重玄思想意在使人不断摆脱对客体的执着，而达到精神上的超脱。这种精神领域的追求，可以说与早期道教对肉体生命的追求大相径庭。成玄英的重玄学思想借助庄子和佛教中观论重新解释《老子》，直接否定了早期道教元气化生万物的实在论，认为形体、身物皆为虚无，自然也就否定了早期道教炼形固体的修习方式，而以“物我兼忘”为主要的修习原则，成为唐初道教理论的新变化。

> “水火金木，异物相假，众诸寄托，共成一身，是知形体由来虚伪……既知形质虚假，无可欣爱，故能内则忘于脏腑，外则忘其根窍故也。”[1]

由此可见，“物我兼忘”是唐代早期重玄学修习的重要法门。“然而，重玄解脱的不断超越，又使精神找不到最终的依寄。”[2]为了解决这一问题，李荣提出了“导之以归虚静”的修养方法，开始推动道体论从成玄英无本可反的独化说向道性论转变。此后，在巴蜀学者黎元兴、王玄览等人的努力下，正式展开了对道性论的探讨。正是在巴蜀重玄学者在不断丰富道教义理的过程中，心性与道性的关系问题得以进一步深化，为性命双修和内丹学说的出现奠定了基础。

黎元兴认为，众生的生死祸福都根源于心神，必须要修炼心性，才能复归于清静自然、无欲无滞的虚空之“道”，即“以修心故，得见道性”。王玄览则进一步指出：

> 众生无常故，所以须假修，道是无常故，众生修即得。[3]

[1]（晋）郭象注，成玄英疏，曹础基、黄兰发点校：《南华真经注疏》，中华书局，1998，第156页。

[2] 卢国龙：《中国重玄学》，人民大学出版社，1993，第284页。

[3] 王玄览：《玄珠录》，《道藏》第23册，第625页。

一切众生欲求道，当灭知见，知见灭尽，乃得道矣。[1]

他认为想要修行成功，就要灭除知见，灭除后天对于事物的分别之心。因此，王玄览在减少俗欲，恢复身心自然清静的基础上，主张坐忘养性，定慧双修。至此，重玄学一系列的理论成果，对早期道教的金丹之术和肉体永生之说产生了剧烈的冲击，从道性论思想中开展出来的“性”学与养气炼形的“命”学相结合，将道教修炼“心性”以求得道成仙的理论进一步推向成熟，为盛唐之后道教修仙信仰的变革以及内丹思想的流行奠定了理论基础，也为中国哲学思想体系的变革提供了新的内容和方向。

三、推动儒、释、道三教的融合

儒、释、道三教融合，是唐代思想文化的重要特征之一。尤其是在唐代初年，当时的政权所倡导的三教并行之政策，与“三教论衡”辩论活动的开展，进一步使得三教鼎力的局面成形以及推动了三教思想的进一步融合。儒、释、道三教之间虽然矛盾不断，但从总体上看，三教基于各自的立场而在理论上相互融摄是这个时期三教关系的基本特点。[2]唐初兴起的重玄学正是在这一文化背景下，在与佛教、儒教的论争中，兼摄佛、儒理论而逐渐发展壮大的。同时，随着重玄学的不断成熟和完善，道教也逐渐实现了向义理阶段的过度，也对后世儒释道的进一步融合奠定了良好的理论基础。

这一时期，巴蜀地区作为道教的发源地，同时也是佛教文化繁盛之区，与重玄学义理相似之三论宗，在唐初同样盛行于此地，为重玄学在蜀中的繁盛提供了良好的文化氛围。而两汉巴蜀经学的发达，也为巴蜀文化奠定

[1] 王玄览：《玄珠录》，《道藏》第 23 册，第 622 页。

[2] 洪修平：《儒佛道三教关系与中国佛教的发展》，《南京大学学报》（哲学·人文科学·社会科学版）2002 年第 3 期。

了深厚的儒学基础。在这一文化背景下，随着唐初儒释道三教之间的论争与交融，李荣、黎元兴、王玄览、张君相、文如海、杜光庭等著名的巴蜀重玄学者，也纷纷援佛入道，不断著书立说，进一步丰富了重玄学理论。

黎元兴《海空经》多援引佛教斩断六根、诸法不定之说。王玄览则吸收了佛教唯识宗的思想，融合佛道二教探讨道性与众生性的问题，其在《玄珠录》中曾明确指出，对“二教经论，悉遍披讨，究其源流，慧发生知”[1]。在他的道性论体系中，王玄览主要引入了佛教关于心的义理，用心性来解道性。同时，他还把佛教“空”的概念引入道论，并对“空”进行了新的解说。不仅实现了重玄学研究重点的转向，也使佛道之间的融合更为深入。

杜光庭作为教门领袖，是唐代道教思想的集大成者，通过融合与吸收儒家和佛教的思想来诊释《道德经》，推进了唐代道教的思辨化、哲理化，其对儒释道三教思想的融会贯通则更具代表性。杜光庭其修养论对佛教的理论多有吸收，而其治国思想则从儒家借鉴了许多。而从认识论上来讲，杜光庭可以说是集三教之大成，把“天人合一”作为了其终极意义，“顺天之时，随地之性，因人之心”[2]除此以外，杜光庭以“清净自然”为其思想之内核，对儒家修齐治平之理念与伦理观多有吸收，又借鉴了大乘佛法自度度他的理念，在治国理论上倡导“经国理身”，这对后来道教全真派“功行俱全”的理论有着非常重要的影响。杜光庭的三教合一的理念对后世道教发展产生了不可估量的作用。

四、对后世蜀学的发展影响深远

经过隋唐重玄思潮的洗礼之后，五代时期的巴蜀文化呈现了三教同时发展流传的局面，这种格局在北宋前期得以进一步延续，三教虽然各立自

[1] 王玄览：《玄珠录》，《道藏》第 23 册，第 626 页。

[2] 杜光庭：《道德真经广圣义序》，《道藏》第 14 册，文物出版社、上海书店、天津古籍出版社 1988 年联合出版，第 35 页。

己的学统，同时又走向汇通。特别是隋唐时期蜀学儒释道兼收并摄的会通精神，经由北宋蜀中理学诸学者得以传承。

同时，巴蜀重玄学的道性论、心性论等思想，也在两宋蜀籍学者的学说中多有体现。如张栻提出的“心主性情”命题，与巴蜀重玄学者关于“心”“性”的论述也颇有渊源，可以一窥蜀学思想传承之脉络。

两宋时期，蜀学进入发展的高潮。在这个阶段，蜀学呈现出别样的特色，三教逐渐融合、提倡义理之学、佛老杂用，这也是隋唐时期蜀学治学理路的进一步延伸。陈抟、周敦颐、程颐、张载等人都曾入蜀游访，直接促进和推动了宋代理学的兴起与发展。二程在其父任职蜀中期间，就曾在四川居住，并得出“易学在蜀”的结论。苏门之夫子别开门径，公开援引佛道之理论而充实儒家之思想，他们影响并形成了有秦观、张耒、晁补之、黄庭坚等诸多学者在其中的巴蜀学派，“其特征为会通诸家，以儒为本。”[1] 苏氏蜀学三教融合的传统，也进一步见证了两宋时期以会通三教、融贯博通为特色的蜀学的兴盛。

除了三教融合、会通诸学的学术风气外，巴蜀重玄学的道性论、心性论等思潮也对宋明理学以及后世蜀学产生了深远影响。在哲学观念上，苏氏蜀学援道入儒，把“道”看作万物的本源：

> “道者，器之上达者也；器者，道之下见者。其事一也，化之者道也，裁之者器也，推而行之者，一之也。”[2]

并对“心”与“物”的关系、“独化”“体无”“贵静”“主柔”等命题进行了系统的论述，体现了以儒为主，融合释道的理学思想倾向。

南宋蜀籍理学宗师张栻，在与朱熹的辩难中提出“心主性情”的命题，

---

[1] 肖永明：《论苏氏蜀学的学派特征》，《学术论坛》1999 年第 1 期。

[2]（宋）苏轼：《东坡易传》，文渊阁《四库全书》第 9 册，台湾商务印书馆，第 134 页。

对南宋理学的理论建构产生了巨大的推动作用，同时也对宋代巴蜀理学以及蜀学的发展产生了深远影响。“南轩先生讲学湘中，蜀人多从之，而范文叔、宇文正甫最著”[1]。许许多多的巴蜀学士曾问学于张栻，后又讲学于蜀中，进一步传播了张栻的理学体系，从而使得宋明理学有了更广的流传与长足的发展。

五、为宋明理学提供了思想资源

唐代不仅是道教思想史上的一大转折，同时在中国哲学思想史上也有着重要的意义。李荣、黎元兴、王玄览、文如海、张君相等一大批巴蜀重玄学者广泛吸收佛教思想，致力于道教义理的建构，为道教思想体系乃至中国哲学思想体系的转变做出了重要贡献。“遂形成上承魏晋玄风，下启宋儒性理之学的敦实的桥梁。”[2] 然而，“在中国哲学史的研究中对宋明理学吸收佛教（禅宗、华严宗）论述较多，而说到对道教的吸收很笼统”[3]。

揆诸事实，唐代坐忘去欲、修心复性的重玄学理论，不仅为盛唐之后的内丹学说产生了重要影响，同时也体现了唐代道教学者对当时心性哲学思潮的自觉和适应。正如任继愈先生所说：“隋唐哲学最突出的贡献，在于把心性论研究推向新的高度。”需要注意的是，重玄学在隋唐心性论中的作用是不可低估的，正是从唐代重玄学开始，道教逐渐实现了从重符禁、丹道、炼气等方术和科仪规范的阶段，进入了重义理的阶段，并与佛教一起成为宋明理学重要的思想来源。除了成玄英之外，巴蜀地区的重玄学者李荣、黎元兴、王玄览、张君相等对道教义理的阐发，进一步丰富了当时的心性学说，对宋明理学有重要的启发作用。

---

[1]（清）全祖望、（清）董秉纯：《鲒埼亭集》卷第三十一，《四部丛刊》，上海涵芬楼藏原刊本，第 657 页。

[2] 卢国龙：《中国重玄学》，人民大学出版社，1993，第 3 页。

[3] 汤一介：《论魏晋玄学到唐初重玄学》代序，见强昱：《从魏晋玄学到隋唐重玄学》，上海文化出版社，2002，第 21-22 页。

“道”“理”“气”“心”“性”等，是中国古代哲学思想史中的重要概念范畴。重玄学以“理”来阐释“道”，提出“道者，虚通之妙理，众生之正性也”[1]，并认为“心”乃是人精神之主体，通过“穷理尽性”，而实现与道合一。这与宋明理学（特别是程朱派）的路数极为相近。”[2]成玄英首次将“理”提升为最高本体范畴，将传统心性论议题引入本体论，通过对“理”“性”“心”等范畴及“穷理尽性”等命题的探讨，为程朱理学开辟了新的方向。程朱理学同样把“理”视为最高范畴，坚持本体论和心性论的统一。除此之外，重玄学者成玄英所提出的“真性”议题，亦为后来儒家心性之学的形成与发展，提供了可以借鉴的思想理路。

宋明理学之宇宙论无外乎“万物一体”，如理学家张载在《西铭》中曾有:“民吾同胞，物吾与也。”[3]所有之人民都是我的同胞，我同天地万物都是一体的。这种思想在文如海之《南华邈》中已有类似之论述，“天尊地卑，乾坤所以列位；君上臣下，贵贱所以崇班。天地均化于无心，君臣股肱于一体”。[4]可见宋明理学“万物一体”之宇宙论，在重玄学之时就已萌芽。

宋明理学家程颢提出了“天命之性”与“气质之性”的分法，“天命之性”即是与天理相通，是全善无恶的。而人出生时就有恶有善，这是“气质之性”。而人之所以有恶，是因为“才”:“才禀于气。气有清浊，禀其清者为贤，禀其浊者为愚”[5]朱熹则进一步继承了此观念，“禀气之清者为圣为贤，禀气之浊者为愚为不肖”。[6]张君相“禀气有别”之人性论，则有“人禀得清气者，则为贤智，禀得浊气者，则为凡愚”[7]。可见，宋明理学之思想对

[1] 原题顾欢：《道德真经注疏》，《道藏》第13册，第337页。

[2] 汤一介：《论魏晋玄学到唐初重玄学》代序，见强昱：《从魏晋玄学到隋唐重玄学》，上海文化出版社，2002，第21-22页。

[3] （清）黄宗羲原撰，（清）全祖望补修，陈金生、梁运华点校《宋元学案》，中华书局，1986，第665页。

[4] 文如海：《南华邈》，《道藏》第16册，第5页。

[5]（宋）程颢、程颐，王孝鱼点校：《二程集》，中华书局，2004，第204页。

[6]（宋）黎靖德编，王星贤点校：《朱子语类》，中华书局，1986，第6页。

[7] 原题顾欢：《道德真经注疏》，《道藏》第13册，第276页。

重玄学者多有借鉴。

宋明理学的特点之一就是本体论和心性论的统一，陆王心学所提倡的“心即理”，把“心”认作是精神世界之主体，“复性”“修心”成为诸多理学家之修养理念。这也与黎元兴、王玄览等重玄学者“以修心故，得见道性”的道性论不谋而合。在《玄珠录》中，王玄览认为修道之根本不在于对身体的炼养而在于心的修炼，修道理应向内而求，从而发现自己本有之道性：

> 识所知为大心，大心性空为解脱。
>
> 空见与有见，并在一心中。此心若也无，空有之见当何在。[1]

这种反省内求的认识论在宋明理学那里同样得到了继承，宋明理学家提出的“存天理、灭人欲”及反省内求理论，可以说是对以黎元兴、王玄览等为代表的唐代重玄学修养思想的发挥和改造，处处显露着重玄思想道性论、心性论的痕迹。除此以外，王玄览所言“心外无物”之理论，亦被后世所承袭与发展。王阳明有言：“天下无心外之物……你未看此花时，此花与汝同归于寂，你来看此花时，此花颜色一时一明白起来，便知此花不在你心外。”[2]

由此可见，唐代兴盛于巴蜀地区的重玄学，是道教与佛学、儒学相互融合的结果。这一融合不仅促进了道教理论的革新，也为宋明理学的发展提供了丰富的思想资源。特别是在生命的主体性与最高价值上，宋明理学家与李荣、黎元兴、王玄览等重玄学者有着高度的一致性。

---

[1] 王玄览：《玄珠录》卷下，《道藏》第 23 册，第 621 页。

[2]（明）王守仁，王晓昕、赵平略点校：《王文成公全书》，中华书局，2015，第 133 页。

参考文献

（一）古籍类

核心古籍

[1]《海空智藏经》:《道藏》，文物出版社、上海书店、天津古籍出版社1988年版（以下简称三家本）。

[2]《老子指归》，严君平，三家本。

[3]《道德真经注》，李荣，三家本。

[4]《海空经》，黎元兴，三家本。

[5]《玄珠录》，王玄览，三家本。

[6]《道德真经注疏》，原题顾欢，三家本。

[7]《南华邈》，文如海，三家本。

[8]《道德真经广圣义》，杜光庭，三家本。

[9]《道教义枢》，唐孟安排编，三家本。

[10]《三洞珠囊》，唐王悬河编，三家本。

[11]《道门经法相承次序》，作者不详，三家本。

[12]《上清道类事相》，唐王悬河编，三家本。

普通古籍

[1]《道藏》，文物出版社、上海书店、天津古籍出版社1988年版。

[2] 李一氓：《藏外道书》，成都：巴蜀书社1994年版。

[3] 任继愈、钟肇鹏：《道藏提要》（第三次修订本），北京：中国社会

科学出版社，1991 年版。

[4]《道藏辑要》，成都：巴蜀书社 1995 年版。

[5] 汤一介：《道书集成》，北京：九州图书出版社 1999 年版。

[6] 胡道静等：《道藏要籍选刊》，上海：上海古籍出版社 1989 年版。

[7] 守一子：《道藏精华录》，杭州：浙江古籍出版社 1989 年版。

[8] 萧天石：《道藏精华》，新北：自由出版社 1956 年版。

[9] 阎永和、新津彭翰然重刻，井研贺龙骧校订：《(重刊）道藏辑要》，清光绪三十二年（1906）巴蜀二仙庵刊本。

[10]（清）永瑢、纪昀等：《景印文渊阁四库全书》，台北：商务印书馆 1986 年版。

[11]（清）永瑢等：《四库全书总目提要》，北京：中华书局 1965 年版。

[12]（晋）葛洪：《抱朴子内篇校释（增订本）》，北京：中华书局 1985 年版。

[13]（晋）葛洪，杨明照校笺：《抱朴子外篇校笺》，北京：中华书局 1997 年版。

[14]（晋）郭象注：《南华真经注疏》，北京：中华书局 1998 年版。

[15]（清）郭庆藩，王孝鱼点校：《庄子集释》，北京：中华书局 1961 年版。

[16]（清）陈梦雷等：《古今图书集成》，北京：中华书局 1990 年版。

[17]（宋）张君房编，李永晟点校，《云笈七签》，北京：中华书局 2003 年版。

[18] 王明：《无能子校注》，北京：中华书局 1981 年版。

[19] 刘渡舟、苏宝刚、庞鹤：《金匮要略》，天津：天津科学技术出版社 1984 年版。

[20]（宋）晁公武，孙猛校证，《郡斋读书志校证》，上海：上海古籍出版社 1990 年版。

[21]（宋）王应麟：《汉艺文志考证》（影印本），北京：北京图书馆出版社 2006 年版。

[22]（清）阮元校刻：《十三经注疏》（清嘉庆刊本）北京：中华书局2009年版。

[23]（汉）许慎，（清）段玉裁注：《说文解字注》，上海：上海古籍出版社1988年版。

[24]（汉）班固，（唐）颜师古注：《汉书》，北京：中华书局1962年版。

[25]（清）陈立，吴则虞点校：《白虎通疏证》上下册，北京：中华书局1994年版。

[26]（南宋）范晔，（唐）李贤等注：《后汉书》，北京：中华书局2012年版。

[27] 郭丹译：《左传》全二册，北京：中华书局2014年版。

[28]（清）郭庆藩，王孝鱼点校：《庄子集释》，北京：中华书局2012年版。

[29]（汉）河上公、（唐）杜光庭等：《道德经集释》上下册，北京：中国书店2012年版。

[30]（汉）贾谊，阎振益、钟夏校注：《新书校注》，北京：中华书局2000年版。

[31] 李民、王健：《尚书译注》上海：上海古籍出版社2009年版。

[32] 黎翔凤，梁运华整理：《管子校注》上中下册，北京：中华书局2004年版。

[33] 刘文典，冯逸、乔华点校：《淮南鸿烈集解》上下册，北京：中华书局1989年版。

[34]（汉）刘向，向宗鲁校证：《说苑校证》，北京：中华书局1987年版。

[35]（汉）司马迁，（南宋）裴骃集解，（唐）司马贞索隐，张守节正义：《史记》，北京：中华书局2014年版。

[36] 苏舆，钟哲点校：《春秋繁露义证》，北京：中华书局1992年版。

[37]（春秋）孙武，（东汉）曹操等注，杨丙安校理：《十一家注孙子校理》，北京：中华书局2012年版。

[38]（清）孙希旦，沈啸寰、王星贤点校：《礼记集解》上中下册，北

京：中华书局 1989 年版。

[39]（清）孙诒让，孙启治点校：《墨子间诂》上下册，北京：中华书局 2001 年版。

[40]（魏）王弼注，楼宇烈校释：《老子道德经注校释》，北京：中华书局 2008 年版。

[41] 王卡点校：《老子道德经河上公章句》，北京：中华书局 1993 年版。

[42] 王利器：《文子疏义》，北京：中华书局 2000 年版。

[43] 汪荣宝，陈仲夫点校：《法言义疏》全二册，北京：中华书局 1987 年版。

[44] 王文锦译解：《礼记译解》，北京：中华书局 2016 年版。

[45]（清）王先谦，沈啸寰、王星贤点校：《荀子集解》上下册，北京：中华书局 1998 年版。

[46]（清）王先慎，钟哲点校：《韩非子集解》，北京：中华书局 1998 年版。

[47]（元）吴澄：《道德真经吴澄注》，上海：华东师范大学出版社 2010 年版。

[48] 许维通：《吕氏春秋集释》上下册，北京：中华书局 2009 年版。

[49]（汉）严遵，王德有点校：《老子指归》，北京：中华书局 1994 年版。

[50]（汉）严遵，王德有译注：《老子指归译注》，北京：商务印书馆 2004 年版。

[51]（汉）严遵，樊波成校笺：《老子指归校笺》，上海：上海古籍出版社 2013 年版。

[52] 杨伯峻：《列子集释》，北京：中华书局 2013 年版。

[53]（汉）扬雄，张震泽校注：《扬雄集校注》，上海：上海古籍出版社 1993 年版。

[54] 姚春鹏译注：《黄帝内经》，北京：中华书局 2016 年版。

[55]（宋）朱熹：《四书章句集注》，北京：中华书局 1983 年版。

[56] 汪荣宝：《法言义疏》，北京：中华书局 1987 年版。

[57]（宋）司马光集注，刘韶军点校：《太玄集注》，北京：中华书局1998年版。

[58] 郑万耕：《太玄校释》，北京：北京师范大学出版社1989年版。

[59] 朱谦之：《新辑本桓谭新论》，北京：中华书局2009年版。

[60] 俞绍初辑校：《建安七子集》，北京：中华书局1989年版。

[61] 刘劭：《人物志》，涵芬楼影印明正德刊本。

（二）工具类

[1] 世界书局整理排印：《历代人物别署居处名通检》，台北：世界书局1962年版。

[2] 陈国符：《道藏源流考》，北京：中华书局1963年版。

[3] 陈国符：《道藏源流续考》，台北：明文书局1983年版。

[4] 古健青、张桂光等：《中国方术大辞典》，广州：中山大学出版社1991年版。

[5] 闵智亭、李养正:《中国道教大辞典》，台中:台湾东久企业（出版）有限公司1999年版。

[6] 胡孚琛:《中华道教大辞典》，北京:中国社会科学出版社1995年版。

[7] 黄海德，李刚:《简明道教辞典》，成都:四川大学出版社1991年版。

[8] 李叔还：《道教大辞典》，杭州：浙江古籍出版社1984年版。

[9] 潘雨廷：《道藏书目提要》，上海：上海古籍出版社2003年版。

[10] 任继愈、钟肇鹏：《道藏提要》，北京：中国社会科学出版社1991年版。

[11] 萧登福：《正统道藏总目提要》，台北：文津出版社2011年版。

[12] 丁培仁：《增注新修道藏目录》，成都：巴蜀书社2007年版。

[13] 吴康：《中华神秘文化辞典》，海口：海南出版社1993年版。

[14] 余嘉锡：《四库提要辨证》第2版，北京：中华书局2007年版。

[15] 朱越利：《道藏分类解题》，北京：华夏出版社 1996 年版。

[16] 朱越利：《道经总论》，沈阳：辽宁教育出版社 1995 年版。

[17] 丁培仁：《道教典籍百问》，北京：今日中国出版社 1996 年版。

[18] 朱越利：《道藏说略》，北京：北京燕山出版社 2009 年版。

[19] 昌彼得：《版本目录学论丛（二）》，台北：学海出版社 1977 年版。

[20] 姚名达：《中国目录学史》，上海：上海古籍出版社 2002 年版。

[21] 余嘉锡：《目录学发微》，成都：巴蜀书社 1991 年版。

[22] 来新夏：《古典目录学浅说》，北京：中华书局 1981 年版。

[23] 高路明：《古籍目录与中国古代学术研究》，南京：江苏古籍出版社 1997 年版。

[24]（宋）晁公武，孙猛校证：《群斋读书志校证》，上海：上海古籍出版社 2011 年版。

[25]（汉）许慎，（宋）徐铉校定：《说文解字》，北京：中华书局 2013 年版。

（三）今人著作

[1] 卿希泰：《中国道教》，上海：知识出版社 1994 年版。

[2] 卿希泰：《中国道教史》，成都：四川人民出版社 1996 年版。

[3] 卿希泰、詹石窗：《中国道教通史》，北京：人民出版社 2019 年版。

[4] 卿希泰、唐大潮：《道教史》，南京：江苏人民出版社 2006 年版。

[5] 卿希泰、詹石窗:《中国道教思想史》，北京:人民出版社 2009 年版。

[6] 许地山，詹石窗讲评：《道教史》，南京：凤凰出版社 2010 年版。

[7] 任继愈：《中国道教史》，北京：中国社会科学出版社 2001 年版。

[8] 汤用彤：《魏晋玄学论稿》，北京：中华书局 1962 年版。

[9] 汤用彤：《理学·佛学·玄学》，北京：北京大学出版社 1991 年版。

[10] 陈寅恪:《陈寅恪文学论文选集》,上海:上海古籍出版社 1992 年版。

[11] 刘师培：《读书随笔：外五种》，扬州：广陵书社 2013 年版。

[12] 贺昌群：《魏晋清谈思想初论》，沈阳：辽宁教育出版社 1998 年版。

[13] 刘大杰：《魏晋思想论》，上海：上海古籍出版社 1998 年版。

[14] 容肇祖：《魏晋的自然主义》，北京：东方出版社 1996 年版。

[15] 唐长孺：《魏晋南北朝史论丛》，北京：生活·读书·新知三联书店 1995 年版。

[16] 汤一介：《郭象与魏晋玄学》，北京：北京大学出版社 2000 年版。

[17] 汤一介、胡仲平：《魏晋玄学研究》，武汉：湖北教育出版社 2008 年版。

[18] 孔繁：《魏晋玄谈》，沈阳：辽宁教育出版社 1991 年版。

[19] 徐斌：《魏晋玄学新论》，上海：上海古籍出版社 2000 年版。

[20] 许抗生：《魏晋南北朝哲学思想研究概述》，天津：天津教育出版社 1991 年版。

[21] 黄开国：《一位玄静的儒学伦理大师——扬雄思想初探》，成都：巴蜀书社 1989 年版。

[22] 郑万耕：《扬雄及其太玄》，北京：北京师范大学出版社 2009 年版。

[23] 郭君铭：《扬雄〈法言〉思想研究》，成都：巴蜀书社 2006 年版。

[24] 解丽霞：《扬雄与汉代经学》，广州：广东人民出版社 2011 年版。

[25] 刘韶军：《杨雄与〈太玄〉研究》，北京：人民出版社 2011 年版。

[26] 于迎春：《汉代文人与文学观念的演进》，北京：东方出版社 1997 年版。

[27] 沈冬青：《扬雄》，台北：台湾幼狮文化事业公司 1993 年版。

[28] 王青：《扬雄评传》，南京：南京大学出版社 2000 年版。

[29] [日] 冈村繁，陆晓光译：《汉魏六朝的思想与文学》，上海：上海古籍出版社 2002 年版。

[30] 蒙文通：《蒙文通文集》，成都：巴蜀书社 2001 年版。

[31] 唐大潮：《明清之际道教"三教合一"思想论》，北京：宗教文化

出版社 2000 年版。

[32] 李大华、李刚、何建明：《隋唐道家与道教》，广州：广东人民出版社 2002 年版。

[33] 朱森溥：《玄珠录校释》，成都：巴蜀书社 1989 年版。

[34] 卢国龙：《中国重玄学——理想与现实的殊途与同归》，北京：中国人民出版社 1993 年版。

[35] 卢国龙：《道教哲学》，北京：华夏出版社 1997 年版。

[36] 强昱：《从魏晋玄学到初唐重玄学》，上海：上海文化出版社 2002 年版。

[37] 李刚：《重玄之道开启众妙之门——道教哲学论稿》，成都：巴蜀书社 2005 年版。

[38] 孙以楷：《道家与中国哲学隋唐五代卷》，北京：人民出版社 2004 年版。

[39] 何建明：《道家思想的历史转折》，上海：华中师范大学出版社 1997 年版。

[40] 董思林：《唐代老学重玄思辨中的理身理国之道》，北京：中国社会科学出版社 2002 年版。

[41] 黄钊：《道家思想史纲》，长沙：湖南师范大学出版社 1991 年版。

[42] 王遽常：《中国历代思想家传记汇诠》，上海：复旦大学出版社 1993 年版。

[43] 贾顺先、戴大禄：《四川思想家》，成都：巴蜀书社 1988 年版。

[44] 黄开国、邓星盈：《巴山蜀水圣哲魂巴蜀哲学史稿》，成都：四川人民出版社 2001 年版。

[45] 王明：《道家和道教思想研究》，北京：中国社会科学出版社 1984 年版。

[46] 潘雨廷：《道教史发微》，上海：社会科学出版社 2003 年版。

[47] 潘雨廷：《道教史丛论》，上海：复旦大学出版社 2012 年版。

[48] 陈国符：《道藏研究论文集》，上海：上海古籍出版社 2004 年版。

[49] 金正耀：《道教与科学》，北京：中国社会科学出版社 1991 年版。

[50] 赵匡华：《中国古代化学史研究》，北京：北京大学出版社 1985 年版。

[51] 詹石窗：《易学与道教符号揭秘》，北京：中国书店 2001 年版。

[52] 马西沙、韩秉方：《中国民间宗教史》，北京：中国社会科学出版社 2004 年版。

[53] 张勋燎、白彬：《中国道教考古》，北京：线装书局 2006 年版。

[54] 陈鼓应：《老子注译及评介》，修订增补本，北京：中华书局 1984 年版。

[55] 陈鼓应：《中国哲学创始者：老子新论》，北京：中华书局 2015 年版。

[56] 陈广忠、梁宗华：《道家与中国哲学（汉代卷）》，北京：人民出版社 2004 年版。

[57] 陈慧娟：《两汉三家〈老子〉注养生思想研究》（上下），新北：花木兰文化出版社 2014 年版。

[58] 陈丽桂：《汉代道家思想》，北京：中华书局 2015 年版。

[59] 陈梦家：《老子分释》，北京：中华书局 2016 年版。

[60] 陈少明：《〈齐物论〉及其影响》，北京：北京大学出版社 2004 年版。

[61] 陈尧义：《严遵〈老子指归〉义理析论》，新北：花木兰文化出版社 2012 年版。

[62] 程贞一、闻人军译注：《周髀算经译注》，上海：上海古籍出版社 2012 年版。

[63] 崔大华：《庄学研究——中国哲学一个观念渊源的历史考察》，北京：人民出版社 1992 年版。

[64] 丁四新：《郭店楚墓竹简思想研究》，北京：东方出版社 2000 年版。

[65] 丁四新：《郭店楚竹书〈老子〉校注》，武汉：武汉大学出版社 2010 年版。

[66] 方光华：《中国古代本体思想史稿》，北京：中国社会科学出版社

2005年版。

[67] 方立天：《方立天文集》第5卷，《中国古代哲学》，北京：中国人民大学出版社2006年版。

[68] 冯达文：《中国哲学的本原——本体论》，广东：广东人民出版社2001年版。

[69] 冯达文、郭齐勇：《新编中国哲学史（上册）》，北京：人民出版社2004年版。

[70] 冯友兰：《中国哲学史》（上、下），北京：生活·读书·新知三联书店2009年版。

[71] 冯友兰：《人生哲学：外二种》，北京：中华书局2014年版。

[72] 冯友兰：《新知言》，北京：北京大学出版社2014年版。

[73] 冯友兰：《新理学》，北京：北京大学出版社2014年版。

[74] 冯友兰：《新原人》，北京：北京大学出版社2014年版。

[75] 冯友兰：《新事论：中国到自由之路》，北京：北京大学出版社2014年版。

[76] 付粉鹤：《自然与自由——老庄生命哲学研究》，北京：人民出版社2010年版。

[77] 傅佩荣：《儒道天论发微》，北京：中华书局2010年版。

[78] 高亨：《周易大传今注》，济南：齐鲁书社2009年版。

[79] 高明：《帛书老子校注》，北京：中华书局1996年版。

[80] 苟小泉：《中国传统哲学本体论形态研究》，北京：北京师范大学出版社2013年版。

[81] 谷衍奎：《汉字源流字典》，北京：语文出版社2008年版。

[82] 郭齐勇：《熊十力哲学研究》，北京：人民出版社2011年版。

[83] 何介福：《巴蜀史》，成都：西南交通大学出版社2009年版。

[84] 侯外庐、赵纪彬、杜国庠：《中国思想通史（第一卷）》，北京：人民出版社2009年版。

[85] 胡适:《先秦名学史》,《先秦名学史》翻译组译、李匡武校,上海:学林出版社 1983 年版。

[86] 贾江鸿:《作为灵魂与身体的统一体的“人”:笛卡尔哲学研究》,北京:中国社会科学出版社 2013 年版。

[87] 金春峰:《汉代思想史》,北京:中国社会科学出版社 1987 年版。

[88] 金岳霖:《逻辑》,北京:中国人民大学出版社 2010 年版。

[89] 金岳霖:《论道》,北京:商务印书馆 2015 年版。

[90] 康中乾:《中国古代哲学的本体论》,北京:人民出版社 2016 年版。

[91] 劳思光:《新编中国哲学史》,北京:生活·读书·新知三联书店 2015 年版。

[92] 李霞:《生死智慧——道家生命观研究》,北京:人民出版社 2004 年版。

[93] 李贤中:《先秦名家“名实”思想探析》,台北:文史哲出版社 1992 年版。

[94] 李泽厚:《历史本体论·己卯五说》,增订本,北京:生活·读书·新知三联书店 2008 年版。

[95] 李忠:《迭代浑沌分形》,北京:科学出版社 2007 年版。

[96] 梁漱溟:《东西文化及其哲学》,北京:商务印书馆 2010 年版。

[97] 林夏水:《数学哲学》,北京:商务印书馆 2003 年版。

[98] 刘笑敢:《庄子哲学及其演变》,北京:中国社会科学出版社 1988 年版。

[99] 刘笑敢:《老子古今:五种对勘与析评引论(附〈老子〉五种原文对照逐字通检)》(修订版)上下卷,北京:中国社会科学出版社 2006 年版。

[100] 罗光:《生命哲学》(修订版),台北:台湾学生书局 1988 年版。

[101] 罗开玉、谢辉:《巴蜀通史·秦汉三国(蜀汉)时期》,成都:四川人民出版社 2011 年版。

[102] 牟宗三:《理则学》,修订版,南京:江苏教育出版社 2006 年版。

[103] 彭裕商、吴毅强:《郭店楚简老子集释》,成都:巴蜀书社 2011 年版。

[104] 蒲创国:《天人合一正义》,北京:中华书局 2015 年版。

[105] 石磊:《先秦汉代儒教天论研究》,北京:中华书局 2015 年版。

[106] 孙宏安:《中国古代数学思想》,大连:大连理工大学出版社 2008 年版。

[107] 孙中原:《中国逻辑研究》,北京:商务印书馆 2006 年版。

[108] 孙中原:《墨子解读》,北京:中国人民大学出版社 2013 年版。

[109] 唐君毅:《道德自我之建立》,上海:商务印书馆 1946 年版。

[110] 唐君毅:《中国哲学原论·原道篇》,北京:中国社会科学出版社 2006 年版。

[111] 唐雄山:《贾谊礼治思想研究》,广州:中山大学出版社 2005 年版。

[112] 汪奠基:《中国逻辑思想史》,武汉:武汉大学出版社 2012 年版。

[113] 王中江:《道家学说的观念史研究》,北京:中华书局 2015 年版。

[114] 熊铁基:《秦汉新道家》,上海:上海人民出版社 2001 年版。

[115] 刘玲娣、熊铁基:《秦汉道家与道教》,西安:三秦出版社 2012 年版。

[116] 熊铁基、马良怀、刘韶军:《中国老学史》,福州:福建人民出版社 2005 年版。

[117] 许春华:《天人合道·老子哲学研究》,北京:人民出版社 2013 年版。

[118] 许建良:《先秦道家的道德世界》,北京:中国社会科学出版社 2006 年版。

[119] 许抗生:《当代新道家》,北京:社会科学文献出版社 2013 年版。

[120] 严群:《柏拉图及思想》,北京:商务印书馆 2011 年版。

[121] 杨展如:《分形物理学》,上海:上海科技教育出版社 1996 年版。

[122] 俞宣孟:《本体论研究》,上海:上海人民出版社 2005 年版。

[123] 袁庭栋:《巴蜀文化志》(修订本),成都:巴蜀书社 2009 年版。

[124] 曾春海:《中国哲学史纲》,上海:华东师范大学出版社 2014 年版。

[125] 翟锦程：《先秦名学研究》，天津：天津古籍出版社 2005 年版。

[126] 詹石窗：《新编中国哲学史》，北京：中国书店 2002 年版。

[127] 张锡哲：《分形繁美——距离比值迭代分形及复迭代函数系统的研究》，沈阳：东北大学出版社 2015 年版。

[128] 张运华：《先秦两汉道家思想研究》，长春：吉林教育出版社 1998 年版。

[129] 张造群：《礼治之道——汉代名教研究》，北京：人民出版社 2011 年版。

[130] 张之沧、张卨：《多元方法论——对传统方法论的批判与解构》，北京：人民出版社 2012 年版。

[131] 周兵：《天人之际的理学新诠释》，成都：巴蜀书社 2006 年版。

[132] 周桂钿：《秦汉思想史（上）》，福州：福建教育出版社 2015 年版。

[133] 祝瑞开：《两汉思想史》，上海：上海古籍出版社 1989 年版。

[134] 冯广宏：《蜀学开山之作——严君平〈老子指归〉》，《蜀学 第 4 辑》，成都：巴蜀书社 2009 年版。

[135] 金生杨：《再论严遵的道家哲学思想》，《蜀学 第 8 辑》，成都：巴蜀书社 2014 年版。

[136] 林明照：《〈老子道德经河上公章句〉、〈老子指归〉中的治道推演》，《道家文化研究·第 29 辑》（陈鼓应主编），北京：生活·读书·新知三联书店 2015 年版。

[137] 王俊彦：《〈老子指归〉、〈老子道德经河上公章句〉、〈老子想尔注〉的气论》，《诸子学刊·第 11 辑》（方勇主编），上海：上海古籍出版社 2014 年版。

[138] 王利器：《道藏本〈道德真经指归〉提要》，《中国哲学》第四辑（包遵信主编），北京：生活·读书·新知三联书店 1980 年版。

[139] 袁朗：《严遵、向秀、郭象“独化”思想之演进》，载于《诸子学刊·第 8 辑》（方勇主编），上海：上海古籍出版社 2013 年版。

[140] 鲁迅：《魏晋风度与文章及药与酒之关系》，《而已集》，北京：人民文学出版社 1973 年。

[141] 袁行霈：《陶渊明与魏晋风流》，《中国典籍与文化论丛》（一），北京：中华书局 1993 年版。

[142] 陈明：《六朝玄音远，谁似解人归一魏晋玄学研究四十年的回顾与反思》，《原学》第 2 辑，北京：中国广播电视出版社 1995 年版。

[143] 魏鹏举：《梳理体制化的书写——扬雄写作的文化诗学研究》，北京：北京师范大学 2003 年版。

（四）期刊

[1] 黄海德：《20 世纪道教重玄学研究之学术检讨》，《诸子学刊》第十五辑。

[2] 詹石窗：《老学重玄宗简论》，《世界宗教研究》1987 年，第 2 期。

[3] 陈云：《唐五代时期巴蜀重玄之风——以李荣、杜光庭为例》，《中华文化论坛》2012 年，第 5 期。

[4] 张成权:《重玄学:超越魏晋玄学的道家哲学》,《安徽大学学报》（哲学社会科学版）1995 年，第 2 期。

[5] 李大华：《道教“重玄”哲学论》，《哲学研究》1994 年，第 9 期。

[6] 董恩林：《试论重玄学的内涵与源流》，华中师范大学学报（人文社会科学版）2002 年 5 月，第 3 期。

[7] 张志芳：《论道教重玄思想的形成及其理论体系》，《青海社会科学》2001 年，第 2 期。

[8] 宇汝松：《道教道性论浅议》，《中国道教》2005 年，第 3 期。

[9] 孙亦平：《论道教心性论的哲学意蕴与理论演化》，《哲学研究》2005 年，第 5 期。

[10] 简明:《“道家重玄学”当议》,《世界宗教研究》1996 年，第 4 期。

[11] 顾春：《唐代道教重玄学对道体的解构和心体的建构》，《宗教学研究》2002 年，第 4 期。

[12] 耿敬：《论唯识宗对道教理论的影响》，《上海大学学报社会科学版》2001 年，第 6 期。

[13] 若水：《本体的解构与重建——唐代道教重玄学发展探微》，《社科科学战线》2005 年，第 5 期。

[14] 刘冠军：《哲学方法论论纲》，《理论学刊》2001 年，第 6 期。

[15] 刘静芳：《体验、解析、会通——张岱年哲学方法论的综合创新》，《学术月刊》2005 年，第 5 期。

[16] 刘笑敢：《反向格义与中国哲学方法论反思》，《哲学研究》2006 年，第 4 期。

[17] 蔡振丰：《严遵、河上公、王弼三家〈老子〉注的诠释方法及其对道的理解》，《国立台湾大学文史哲学报》2000 年，第 52 期。

[18] 陈福滨：《〈老子指归〉中"道"思想之探究》，《哲学与文化》2003 年，第 9 期。

[19] 陈静：《呈明与分化——以〈老子指归〉为中心论汉代宇宙论的特点》，《国学学刊》2016 年，第 2 期。

[20] 陈丽桂：《道家养生观在汉代的演变与转化——以〈淮南子〉、〈老子指归〉、〈老子河上公章句〉、〈老子想尔注〉为核心》，《国文学报》2006 年，第 39 期。

[21] 邓星盈、黄开国：《试论严君平的学术思想》，《社会科学研究》1997 年，第 6 期。

[22] 杜保瑞：《严君平〈老子指归〉哲学体系的方法论检讨》，《哲学与文化》2002 年，第 10 期。

[23] 樊波成：《〈老子指归〉当为严遵〈老子章句〉——严遵〈老子注〉的发现以及〈老子指归〉的性质》，《中国典籍与文化》2013 年，第 1 期。

[24] 黄钊：《严遵〈老子指归〉道德观探析》，《周口师范学院学报》

2008年，第1期。

[25] 林俊宏:《〈老子指归〉之政治思想试论》,《政治科学论丛》2004年，第22期。

[26] 刘玲娣：《汉代老子宇宙观的黄老色彩——以〈老子指归〉为例》，《三峡大学学报（人文社会科学版）》2007年，第4期。

[27] 刘新光:《隐者的信仰持守——〈严遵传〉赏读》,《湖北招生考试》2012年，第32期。

[28] 罗剑云:《严君平卖卜降妖巴蜀市》,《中国道教》1996年，第4期。

[29] 罗因:《战国秦汉几种〈老子〉注养生思想的递变》,《东吴中文学报》2010年，第19期。

[30] 那薇：《严君平〈道德指归〉浅析》，《社会科学研究》1985年，第3期。

[31] 那薇:《试析严君平的直觉思维》,《哲学研究》1988年，第10期。

[32] 那薇:《严君平所崇尚的理想人格》,《孔子研究》1990年，第2期。

[33] 丘乐媛：《〈老子指归〉“无为”思想的易学渊源》，《周易研究》2011年，第6期。

[34] 丘乐媛：《身心之喻——〈老子指归〉身体隐喻中的思想》，《兰州学刊》2011年，第11期。

[35] 万志全:《〈老子指归〉美学思想研究》,《美与时代》2007年,第9期。

[36] 万志全:《〈老子指归〉哲学思想探究》，《湖北社会科学》2010年，第1期。

[37] 王博：《西汉竹书〈老子〉与严遵〈老子指归〉》，《中国哲学史》2013年，第3期。

[38] 王德有:《〈老子指归〉自然观初探》,《哲学研究》1984年,第9期。

[39] 王德有：《严君平〈老子指归〉真伪考辨》，《齐鲁学刊》1985年，第4期。

[40] 王德有、马龙肖：《严君平的人生学说》，《中国哲学史》1992 年，第 1 期。

[41] 王萍：《严遵、扬雄的道家思想》，《山东大学学报（哲学社会科学版）》2001 年，第 1 期。

[42] 王嚷：《〈老子指归〉“不以循循者”之“循循”解》，《船山学刊》2007 年，第 3 期。

[43] 薛公忱：《〈老子指归〉的生命观》，《南京中医药大学学报（社会科学版）》2010 年，第 1 期。

[44] 严一钦：《〈老子指归〉的伪书问题》，《通化师范学院学报（人文社会科学）》2015 年，第 1 期。

[45] 杨玉辉:《〈老子指归〉的养生思想》,《宗教学研究》2004 年,第 4 期。

[46] 余彦焱：《钱曾藏〈道德指归论〉述略》，《古籍整理研究学刊》2006 年，第 5 期。

[47] [韩] 元正根:《浅析〈老子指归〉的思维方式——“无 0 之 0 ”与“不 0 之 0 ”》，《中国哲学史》1999 年，第 3 期。

[48] 张京华：《“与时俱和”——严遵〈老子指归〉及其对现代和谐社会理论的启示》，《船山学刊》2008 年，第 1 期。

[49] 张实龙：《严君平解读〈老子〉之方法》，《安庆师范学院学报（社会科学版）》1999 年，第 4 期。

[50] 张涛:《严遵易学思想浅析》,《内蒙古师大学报（哲学社会科学版）》1999 年，第 3 期。

[51] 张运华：《〈老子指归〉“道开虚无”的自然哲学》，《湘潭大学社会科学学报》2000 年，第 4 期。

[52] 赵景飞:《〈老子指归〉“有无一体”论初探》,《船山学刊》2011 年，第 2 期。

[53] 赵智萍:《〈老子指归〉道家美学思想初探》，《理论前沿》2013 年，

第 11 期。

[54] 郑万耕：《严君平哲学思想述略》，《北京师范大学学报》1984 年，第 3 期。

[55] 周玲：《〈老子指归〉与两汉之际“道”观念的新变化》，《贵阳学院学报（社会科学版）（季刊）》2010 年，第 2 期。

[56] 祝瑞开：《严遵哲学魏晋玄学的先声》，《上海大学学报（社科版）》1988 年，第 5 期。

[57] 张岱年：《扬雄评传》，《中国哲学史研究》1984 年，第 3 期。

[58] 郑文：《对扬雄生平与作品的探索》，《文史》1985 年，总 24 辑。

[59] 许结：《论扬雄与东汉文学思潮》，《中国社会科学》1988 年，第 1 期。

[60] 李军：《扬雄与玄学》，《中华文化论坛》1997 年，第 1 期。

[61] 李军：《论魏晋玄学生成的学术渊源与理论逻辑》，《杭州大学学报》1997 年，第 3 期。

[62] 方铭：《扬雄与刘勰》，《中国文化研究》1997 年，秋之卷。

[63] 杨世明：《扬雄身世褒贬评说考议——林贞爱〈扬雄集校注〉序》，《四川师范学院学报》2001 年，第 2 期。

[64] 周立升：《〈太玄〉对“易”“老”的会通与重构》，《孔子研究》2001 年，第 2 期。

[65] 吴国富：《“五柳先生”及“无弦琴”的守穷守默——从扬雄看陶渊明的“愤宋”》，《九江师专学报》2001 年，第 2 期。

[66] 于迎春：《试论汉代文人的政治退守与文学私人性》，《文学评论》2003 年，第 1 期。

[67] 张兵：《扬雄〈法言〉语言艺术特色初探》，《西平师范大学学报》2004 年，第 2 期。

[68] 徐公持：《论魏晋玄学思想在两汉时期的先期整合》，《福州大学学报》2006 年，第 1 期。

[69] 束景南、郝永：《论扬雄文学思想之“文质相副”论》，《文艺理论研究》2007 年，第 4 期。

[70] 曹建国、张玖青:《赋心与〈诗〉心》,《文学评论》2008 年,第 2 期。

[71] 侯文学：《扬雄智论发微》，《宁夏社会科学》2008 年，第 2 期。

[72] 钟志强：《扬雄的“以文立命”及其对文学自觉的影响》，《四川教育学院学报》2009 年，第 3 期。

[73] 孙少华：《扬雄投阁的文化美学与生命悲情》，《山西师大学报》2009 年，第 6 期。

[74] 汪耀明:《扬雄文学思想对东汉文论的影响》,《重庆教育学院学报》2010 年，第 1 期。

[75] 黄克剑:《经学时代玄言的结胎考略》,《福建论坛》2011 年,第 10 期。

[76] 刘成国：《论唐宋间的“尊扬”思潮与古文运动》，《文学遗产》2011 年，第 3 期。

[77] 闫利春:《从玄、气、心看扬雄的性善恶论》,《周易研究》2012 年，第 4 期。

[78] 范子烨:《“游目汉庭中”: 陶渊明与扬雄之关系发微——以〈饮酒〉其五为中心》，《四川师范大学学报》2013 年，第 2 期。

[79] 侯文学：《中国古典诗歌中的扬雄典事及其主导取向——以扬雄的儒学境遇为参照》，《陕西师范大学学报》2013 年，第 2 期。

[80] 李刚：《王玄览论“道物”》，《中国道教》1991 年，第 1 期。

[81] 朱森溥：《浅析王玄览〈老子〉几处文字的解说和发挥》，《四川大学学报》1987 年，第 1 期。

[82] 朱森溥:《简论王玄览的道论》,《社会科学研究》1986 年，第 3 期。

[83] 雷晓鹏：《王玄览道教重玄美学思想简论》，《中国道教》2005 年，第 6 期。

[84] 李道文：《论王玄览的修道观》，《宗教学研究》2006 年，第 2 期。

[85] 杨维中：《心性本体与道性道体中国佛教心性论对道教心性论的影响》，《世界宗教研究》2003 年，第 2 期。

[86] 黄开国：《王玄览融佛入道的道教学说》，《天府新论》1997 年，第 2 期。

[87] 陈晗光，雷小鹏：《唐高、武朝道教重玄美学的嬗变——以王玄览为例》，《四川行政学院学报》2002 年，第 1 期。

[88] 陈澎：《司马承祯、王玄览思想对宋明理学的影响》，《中国道教》2005 年，第 1 期。

[89] 郭树森：《试析隋唐五代道教道论的哲理化》，《江西社会科学》1989 年，第 3 期。

[90] 李大华：《杜光庭及其著作考》，《上海道教》1990 年，第 1 期。

[91] 李莉：《杜光庭笔下的女仙世界》，《中国道教》2002 年，第 5 期。

[92] 刘蔚、金易：《论杜光庭的道德教育思想》，《船山学刊》2002 年，第 1 期。

[93] 罗争鸣：《书法家杜光庭》，《华夏文化》2001 年，第 3 期。

[94] 孙亦平：《杜光庭经国理身思想初探》，《南京大学学报》2003 年，第 4 期。

[95] 孙亦平：《杜光庭的重玄学思想初探》，《南京大学学报》2003 年，第 4 期。

[96] 孙亦平:《杜光庭与天台山道教》,《浙江社会科学》2003 年,第 6 期。

[97] 孙亦平:《杜光庭与钟吕内丹道》,《世界宗教研究》2004 年,第 1 期。

[98] 孙亦平：《论道教女仙崇拜的特点——从杜光庭〈墉城集仙录〉谈起》，《中国道教》2000 年，第 1 期。

[99] 王瑛著：《杜光庭事迹考辨》，《宗教学研究》1992 年，第 1 期。

[100] 张亚平：《杜光庭著述叙录》，《四川文物》1999 年，第 6 期。

[101] 鞠磊:《论李荣的中道思想》，《中华文化论坛》2009 年，第 4 期。

[102] 葛焕礼：《论李荣重玄学说与程朱理学的关联》，《船山学刊》2011 年，第 4 期。

（五）学位论文

[1] 陈俪文：《〈老子指归〉一书道涵意之探索》，辅仁大学 1997 年硕士学位论文。

[2] 刘为博：《严遵〈老子指归〉研究》，台湾师范大学 2000 年硕士学位论文。

[3] 陈盈秋:《〈老子指归〉的政治观》，台湾大学 2005 年硕士学位论文。

[4] 吕洁：《严君平〈老子指归〉道论思想研究》，陕西师范大学 2007 年硕士学位论文。

[5] 冯静：《严遵〈老子指归〉自然观研究》，西藏民族学院 2014 年硕士学位论文。

[6] 严一钦：《从严遵〈老子指归〉看严遵和扬雄的思想共性》，福建师范大学 2015 年硕士学位论文。

[7] 王雅蕾：《仙道生命解脱论道性思想的开展——以王玄览〈玄珠录〉为研究对象》，台湾慈济大学 2005 年硕士论文。

[8] 张亚宁：《王玄览修道思想研究》，四川大学 2007 年硕士论文。

[9] 王芙丽：《王玄览道教思想研究》，中央民族大学 2011 年硕士论文。

[10] 符莉：《黎元兴与吴筠的道教思想比较》，四川大学 2006 年硕士论文。

[11] 缑泽顺：《〈海空智藏经〉研究》，华中师范大学 2007 年硕士论文。

[12] 李辉祥：《论杜光庭对重玄学思想的总结》，华东师范大学 2006 年硕士论文。

[13] 王志鹏：《杜光庭体道方式发微》，辽宁大学 2018 年硕士论文。

[14] 鞠磊:《李荣重玄思想研究》，四川省社会科学院 2010 年硕士论文。

[15] 李哲 :《“先破有欲，次灭无为”——李荣重玄修真思想》，四川省社会科学院 2010 年硕士论文。

[16] 董恩林:《唐代老学研究——以成玄英、李荣、唐玄宗、杜光庭〈道德经〉注疏为个案》，华中师范大学 2001 年博士论文。

[17] 唐妤 :《扬雄与巴蜀文化》，四川师范大学 2008 年硕士学位论文。

（六）译著及外文资料

[1][日] 镰田茂雄著，郑彭年译 :《简明中国佛教史》，中华书局 2002 年版。

[2][日] 漥德忠、萧坤华译 :《道教史》，上海译文出版社 1987 年版。

[3][日] 小林正美、李庆译 :《六朝道教史研究》，四川人民出版社 2001 年版。

[4][日] 小林正美、王皓月译 :《中国的道教》，齐鲁书社 2010 年版。

[5][日] 福井康顺等监修、朱越利译 :《道教》，上海古籍出版社 1990 年版。

[6][美] 路易斯·P. 波伊曼 :《宗教哲学》，中国人民大学出版社 2006 年版。

[7][美] 迈尔威利·斯图沃德 :《当代西方宗教哲学》，北京大学出版社 2006 年版。

[8][法] 索安 :《西方道教研究编年史》，中华书局 2002 年版。

[9][西班牙] 赵雅博 :《从〈道德指归〉看严遵的思想》（上下），《哲学与文化》1999 年，第 1 期，第 2 期。

[10][新加坡] 郑良树 :《〈老子〉严遵本校记》，《书目季刊》1999 年，第 32 卷，第 4 期。

[11][日]中嶋隆藏:《海空智藏经管窥——主要思想和所据佛典》(上),《宗教学研究》1998年,第4期。

[12][日]中嶋隆藏:《海空智藏经管窥——主要思想和所据佛典》(下),《宗教学研究》1999年,第1期。